■ 응시자격

- **지도사** : 연령 20대 이상 | 학력 제한 없음

    다음 각 호 중 하나에 해당하는 사람

    ① 코딩창의개발능력 1급 자격을 취득한 자(제출서류 : 취득자격증서)

    ② 관련 직무 분야에서 2년 이상 실무에 종사한 자(제출서류 : 경력증명서, 재직증명서)

    ③ 본 기관에서 인정한 교육기관의 교육 훈련과정 이수자 또는 이수예정자(제출서류 : 이수(예정)증명서)

- **1급, 2급, 3급** : 제한없음

■ 검정수수료

- 시험응시료

등급	지도사	1급	2급	3급
응시료	100,000원	30,000원	25,000원	20,000원

  ※ 시험응시료 외 인터넷 원서접수 결제이용수수료(1,200원)별도 부과
- **자격증 발급 수수료** : 5,800원(배송료 포함)

  ※ 자격증 발급 수수료 외 인터넷 결제이용수수료 : 신용카드, 계좌이체, 가상계좌 입금(600원) 별도 부과
- **지도사 자격증서(인증서+자격증) 발급 수수료** : 22,800원(배송료 포함)

  ※ 자격증 발급 수수료 외 인터넷 결제이용수수료 : 신용카드, 계좌이체, 가상계좌 입금(600원) 별도 부과

■ 연기 및 환불 규정

- **접수기간** : 신청서 제출시 연기 또는 응시비용 전액환불
- **시험일 5일전** : 신청서 및 규정된 사유의 증빙서류 제출시 연기 및 응시비용 50%환불
- **시험일 이후** : 연기 및 환불불가

■ 지역 본부 안내

지역본부	전화	이메일	지역본부	전화	이메일
서울	010-3312-9995	amuga79@naver.com	경남	055-295-2286	bsp5444@hanmail.net
경기북부	070-4437-9744	jinnun@naver.com	대구/경북	053-263-2632	jj04370@naver.com
경기중부	02-326-5112	cdt-aso@naver.com	부산	051-326-3939	yeonju404@naver.com
경기동부	02-326-5112	cdt-aso@naver.com	울산	052-257-8094	yjedu8092@nate.com
경기서부/인천	032 469 8058	cdt6464@daum.net	전북	063 284 6268	jbdreamup@naver.com
대전	042-252-9323	sk4210@hanmail.net	광주/전남	1600-7153	ilsy826@nate.com
충청	041-551-6917	manzzang03@naver.com	제주	064-702-8437	comsam9664@nate.com

답안전송프로그램 사용 방법

1. 프로그램 실행

- 바탕화면의 [CTCE-수험자] 바로 가기 아이콘을 더블클릭합니다.

2. 유의사항 확인 및 시험정보 입력

- 수험자 유의사항 및 답안작성요령을 확인 후 시험정보(시험명, 프로그램, 수험번호, 수험자명)를 입력합니다.

- [확인] 버튼을 누르면 대기상대로 전환되며, 감독관에 의해 시험이 시작됩니다.

3. 시험 진행

- 답안전송프로그램에서 자동으로 파일명이 생성되므로, 임의로 파일명을 변경하지 않도록 합니다.

- 코딩 작업 중에도 수시로 답안 파일을 [저장]하고, 최종 답안 파일 완료 후에는 [시험 종료 및 답안전송] 버튼을 눌러 시험을 종료합니다. (다른 이름으로 저장하지 않도록 함)

남은시간과 수험정보 확인

시험종료 및 최종 답안 파일 전송

핵심만 **쏙쏙** 예제는 **빵빵**

CDT

코딩창의개발능력 1급 ···· Entry 엔트리

초판 발행일 | 2022년 3월 14일
2쇄 발행일 | 2023년 9월 20일
저자 | 해람북스 기획팀
펴낸이 | 최용섭
총편집인 | 이준우
기획진행 | 김진희

㈜**해람북스 주소** | 서울시 용산구 한남대로 11길 12, 6층
문의전화 | 02-6337-5419 **팩스** 02-6337-5429
홈페이지 | https://class.edupartner.co.kr

발행처 | (주)미래엔에듀파트너
출판등록번호 | 제2020-000101호

ISBN 979-11-6571-171-9

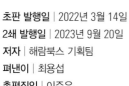

※ 잘못된 책은 바꾸어 드립니다.
※ 책 가격은 뒷면에 있습니다.

코딩창의개발능력(CDT)

- ## 코딩창의개발능력(CDT; Coding creative Development Test)

  - 컴퓨팅의 기본 개념과 원리를 이해하고 알고리즘 사고를 통해 창의적이고 절차적으로 문제를 해결하는 능력을 객관적으로 평가하는 시험입니다.
  - **등록번호** : 과학기술정보통신부 제2016-005355호
  - **자격종류** : 등록민간자격

- ## 시험 기준

등급	검정기준
지도사	SW(코딩) 교육에 필요한 전반적인 지식을 바탕으로 컴퓨팅사고력(CT)과 문제해결력을 체계적으로 교수할 수 있는 역량을 갖추었는지를 평가
1급	제시된 고급 수준의 문제를 이해하고 복합적 제어 구조와 함수, 배열 등을 활용하여 SW코딩(프로그래밍)을 통해 창의적으로 문제를 해결할 수 있는지를 평가
2급	제시된 중급 수준의 문제를 이해하고 다중 구조(반복, 선택)와 연산, 변수 등을 활용하여 SW코딩(프로그래밍)을 통해 창의적으로 문제를 해결할 수 있는지를 평가
3급	제시된 초급 수준의 문제를 이해하고 문제 해결에 필요한 기본적인 구조(순차, 반복, 선택)를 이용하여 절차적으로 SW코딩(프로그래밍)을 할 수 있는지를 평가

- ## 시험 과목

등급	검정과목	검정방법	문항수	시험시간	배점	합격기준
지도사	• SW 교육 개론 • SW 중심 사회 • 컴퓨터 활용 • 컴퓨터 과학 • 문제해결 절차	필기 (객관식)	50문항	50분	100점	필기/실기 평균 70점 이상 (필기/실기 각 50점 이상)
	• 문제해결과 알고리즘 • SW(코딩) 교육용 프로그램 활용	실기 (작업형)	5문항			
1급	• 고급 요구사항 확인 및 화면 구현 • 고급 프로그래밍 언어 활용 • 고급 애플리케이션 테스트 수행	실기 (작업형)	5문항	40분	100점	70점 이상
2급	• 중급 요구사항 확인 및 화면 구현 • 중급 프로그래밍 언어 활용 • 중급 애플리케이션 테스트 수행			40분	100점	70점 이상
3급	• 초급 요구사항 확인 및 화면 구현 • 초급 프로그래밍 언어 활용 • 초급 애플리케이션 테스트 수행			40분	100점	60점 이상

※ 실기(작업형) 시험 프로그램 및 버전 안내

　- 지도사, 1급, 2급, 3급 : ① Entry v2.0.35 이상 / ② Scratch 3.0 v3.23.1 이상 - ①, ②중 택1

엔트리 화면 구성

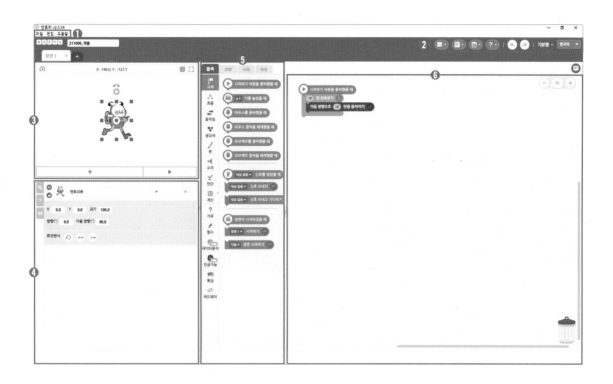

❶ 메뉴 : 파일(새로 만들기, 오프라인 작품 불러오기, 저장하기, 복사본으로 저장하기, 종료), 편집(되돌리기,
   다시실행, 자르기, 복사, 붙여넣기), 도움말(엔트리 정보)로 구성되어 있습니다.

❷ 상단메뉴 : 언어 선택, 파일, 저장하기, 도움말 등의 메뉴가 아이콘 형태로 구성되어 있습니다.

❸ 실행화면 : 오브젝트를 배치하는 공간이며, 시작하기를 클릭하여 명령한 대로 작품이 실행되는지를 확인할
   수 있는 화면입니다.

❹ 오브젝트 목록 : 오브젝트의 이름과 정보 등을 확인하고, 오브젝트의 속성을 설정할 수 있습니다.

❺ 블록 꾸러미 : 블록, 모양, 소리, 속성 탭으로 구성되어 있으며, 각 탭을 통해 오브젝트에 다양한 변화를 줄 수
   있습니다.

❻ 블록 조립소 : 블록 꾸러미의 블록 탭에서 여러 가지 블록을 마우스로 끌어와 조립하는 공간입니다.

CONTENTS
목차

Coding creative Development Test

PART 01 예제로 유형 정복하기

PART 02 실전모의고사

PART 03 최신기출문제

CDT 코딩창의개발능력

PART 01

예제로 유형 정복하기

유형 01

배경/개체 구현-1

- 오브젝트를 선택하여 배경 삽입하기
- 오브젝트를 선택하여 개체 삽입하기
- 개체 이름을 변경하기
- 개체 크기 및 시작 위치 지정하기

프로젝트 설명

'신문'이 배달된 문 앞을 표현하는 프로젝트 만들기

- 완성 파일 : 유형01-1.ent

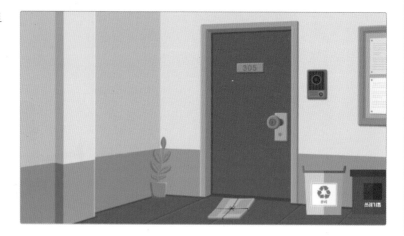

작성요령 : 코딩은 [작성 조건]을 준수하여 최소한의 명령 블록으로 프로젝트가 오류 없이 실행되도록 구성하되 반드시 [주요 블록]을 모두 포함해야 합니다.

작성 조건 ❶
[화면 구현 능력]

▶ 배경 구현 : ① 오브젝트를 선택하여 배경('아파트 현관문')을 삽입하고, 배경 이름('문앞')을 변경한다.
　　　　　　 ② 오브젝트를 선택하여 배경('거실_1')을 추가 삽입한다.
　　　　　　 ③ 명령 블록을 이용하여 배경(프로그램을 실행했을 때 : '아파트 현관문_1', 응답 신호를 받았을 때 : '거실_1')을 지정한다.

▶ 개체 구현 : 오브젝트를 선택하여 다음과 같이 개체를 순서대로(왼쪽→오른쪽) 삽입한다.

오브젝트 선택하기				
'신문지묶음'	'쓰레기통'	'분리수거함'	'동그란 버튼'	'화분_2'
• 이름('신문') • 크기(45) • 시작위치 　(x:37, y:-115)	• 크기(58) • 시작위치 　(x:222, y:-93)	• 크기(60) • 시작위치 　(x:158, y:-91)	• 이름('초인종') • 크기(5) • 시작위치 　(x:154, y:31)	• 이름('화분') • 크기(80) • 시작위치 　(x:-55, y:-63)

— 단, 개체의 모양은 기본값으로 처리하고, 크기 및 시작 위치는 명령 블록을 이용하여 지정할 것

합격 Point

• 1급 시험에서는 [문제1] 화면 구현 시 배경 오브젝트에 코드를 작성하는 형태가 출제되고 있습니다.

배경/개체 구현-2

유형 01

- 파일 올리기로 배경 삽입하기
- 오브젝트 선택 및 파일 올리기로 개체 삽입하기
- 개체 이름을 변경하기
- 개체 크기 및 시작 위치 지정하기

프로젝트 설명

'꼬마'가 '무궁화 꽃이 피었습니다' 게임을 즐기는 프로젝트 만들기

- 예제 파일 : 놀이터.png, 게임종료.png, 1.png, 2.png
- 완성 파일 : 유형01-2.ent

작성요령 : 코딩은 [작성 조건]을 준수하여 최소한의 명령 블록으로 프로젝트가 오류 없이 실행되도록 구성하되 반드시 [주요 블록]을 모두 포함해야 합니다.

작성 조건 ❶

[화면 구현 능력]

▶ 배경 구현 : ① 파일 올리기로 배경('놀이터')을 삽입하고 기존 배경('새그림')은 삭제한다.

② 파일 올리기로 배경('게임종료')을 추가 삽입한다.

③ 명령 블록을 이용하여 배경(프로그램을 실행했을 때 : '놀이터', 게임종료 신호를 받았을 때 : '게임종료')을 지정한다.

▶ 개체 구현 : 오브젝트 선택 및 파일 올리기로 다음과 같이 개체를 순서대로(왼쪽→오른쪽) 삽입한다.

오브젝트 선택하기		파일 올리기	
'어린이(2)'	'난쟁이(3)'	'1'	'2'
• 이름('영희')	• 이름('꼬마')	• 이름('동그라미')	• 이름('세모')
• 크기(100)	• 크기(65)	• 크기(62)	• 크기(62)
• 시작위치(x:8, y:1)	• 시작위치(x:-75, y:-100)	• 시작위치(x:-133, y:-28)	• 시작위치(x:141, y:-28)

— 단, 개체의 모양은 기본값으로 처리하고, 크기 및 시작 위치는 명령 블록을 이용하여 지정할 것

생김새의 변화 -1

- 입력한 내용 말하고 지우기
- 입력한 시간 동안 입력한 내용을 말하기
- 선택한 모양으로 변경하기
- 개체 보이기/숨기기

프로젝트 설명

성에 갇힌 '공주'를 구하러 온 '왕자' 프로젝트 만들기

- 완성 파일 : 유형02-1.ent

작성요령 : 코딩은 [작성 조건]을 준수하여 최소한의 명령 블록으로 프로젝트가 오류 없이 실행되도록 구성하되 반드시 [주요 블록]을 모두 포함해야 합니다.

작성 조건 ❶
[화면 구현 능력]

▶ **배경 구현** : 오브젝트를 선택하여 배경('머리 긴 공주 성')을 삽입하고, 배경 이름('성')을 변경한다.

▶ **개체 구현** : 오브젝트를 선택하여 다음과 같이 개체를 순서대로(왼쪽→오른쪽) 삽입한다.

오브젝트 선택하기			
'메두사(2)'	'머리 긴 공주(2)'	'금발왕자(2)'	'말'
• 이름('왕비')	• 이름('공주')	• 이름('왕자')	• 크기(67)
• 크기(86)	• 크기(66)	• 크기(70)	• 시작위치(x:-165, y:-85)
• 시작위치(x:174, y:-80)	• 시작위치(x:97, y:46)	• 시작위치(x:-107, y:-92)	

– 단, 개체의 모양은 기본값으로 처리하고, 크기 및 시작 위치는 명령 블록을 이용하여 지정할 것

① '왕비' 오브젝트

[설명]
프로젝트가 시작되면 '공주'에게 경고 메시지를 말하고 화면에서 사라진다.

[작성 조건]	[주요 블록]
◎ 프로그램을 실행했을 때 　• '2'초 동안 "나의 젊음을 위해 널 가두겠다!"를 말하고 '2'초 기다리기 　• '2'초 동안 "내가 없는 동안 도망갈 생각 말거라"를 말하고 개체를 화면에서 숨기기	⬤ 을(를) ⬤ 초 동안 말하기 ▾ 모양 숨기기

② '공주' 오브젝트

[설명]
프로젝트가 시작되면 '2'초를 기다린 후 "살려주세요!"를 말하고 '8'초 후 말풍선을 지운다.

[작성 조건]	[주요 블록]
◎ 프로그램을 실행했을 때 　• '2'초 후 "살려주세요!"를 말하기 　• '8'초 후 말하기를 삭제하기	말하기 지우기 ⬤ 을(를) 말하기 ▾

③ '왕자' 오브젝트

[설명]
프로젝트가 시작되면 모양의 좌우를 변경하고 '6'초 후 화면에 나타나 "내가 구해주겠소!"를 말한다.

[작성 조건]	[주요 블록]
◎ 프로그램을 실행했을 때 　• 개체를 화면에서 숨기고 모양을 좌우로 변경하기 　• '6'초 후 개체를 화면에 보이고 '1'초 기다리기 　• '2'초 동안 "네기 구해주겠소!"를 말하기	좌우 모양 뒤집기 ⬤ 을(를) ⬤ 초 동안 말하기 ▾

④ '말' 오브젝트

[설명]
프로젝트가 시작되면 '6'초 후 화면에 나타나고 '3'초 후 모양을 변경한 후 "히이잉~~"을 말한다.

[작성 조건]	[주요 블록]
◎ 프로그램을 실행했을 때 • 개체를 화면에서 숨기기 • '6'초 후 모양을 '말_2'로 변경하기 • 개체를 화면에 보인 후 '3'초 기다리기 • 모양을 '말_3'으로 변경하기 • '2'초 동안 "히이잉~~"을 말하기	모양 숨기기 모양 보이기 ▼ 모양으로 바꾸기

생김새의 변화-2

- 선택한 효과를 변경하기/지정하기
- 지정한 효과를 삭제하기
- 개체의 크기를 변경하기
- 개체의 순서를 변경하기

프로젝트 설명

'회오리바람'이 '집'을 삼키는 프로젝트 만들기

• 완성 파일 : 유형02-2.ent

작성요령 : 코딩은 [작성 조건]을 준수하여 최소한의 명령 블록으로 프로젝트가 오류 없이 실행되도록 구성하되 반드시 [주요 블록]을 모두 포함해야 합니다.

작성 조건 ①   [화면 구현 능력]

▶ 배경 구현 : 오브젝트를 선택하여 배경('회색 도시')을 삽입하고, 배경 이름('배경')을 변경한다.

▶ 개체 구현 : 오브젝트를 선택하여 다음과 같이 개체를 순서대로(왼쪽→오른쪽) 삽입한다.

오브젝트 선택하기		
'회오리바람(1)'	'천막'	'소년(4)'
• 이름('회오리바람')	• 이름('집')	• 이름('우식')
• 크기(100)	• 크기(100)	• 크기(66)
• 시작위치(x:182, y:33)	• 시작위치(x:45, y:-67)	• 시작위치(x:-173, y:-90)

– 단, 개체이 모양은 기본값으로 처리하고, 크기 및 시작 위치는 명령 블록을 이용하여 지정할 것

① '우식' 오브젝트

[설명]
프로젝트가 시작되면 '회오리바람'을 보고 투명해졌다가 '4'초 후 나타나 "우리집이 없어졌네…"를 말한다.

[작성 조건]	[주요 블록]
◎ 프로그램을 실행했을 때 • '2'초 동안 "회오리바람이닷!"을 말하기 • '투명도' 효과를 '80'으로 지정하고 '4'초 기다리기 • '투명도' 효과를 모두 삭제하고 '2'초 동안 "우리집이 없어졌네…"를 말하기	▼ 효과를 ◯ (으)로 정하기 ▼ 효과 모두 지우기 ▼

② '회오리바람' 오브젝트

[설명]
프로젝트가 시작되면 화면의 오른쪽에서 '집' 앞으로 이동한 후 '집'과 함께 화면의 왼쪽 위로 이동한다.

[작성 조건]	[주요 블록]
◎ 프로그램을 실행했을 때 • 개체의 순서를 맨 앞으로 지정하기 • x좌표 '182', y좌표 '33'으로 이동하고 '2'초 기다리기 • x좌표 '36', y좌표 '−72'로 이동하기 • 크기를 '20'만큼 크게 변경하고 '2'초 기다리기 • x좌표 '−125', y좌표 '106'으로 이동하고 크기를 '20'만큼 작게 변경하기	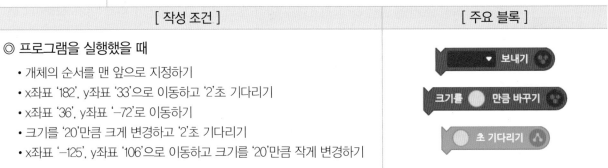

③ '집' 오브젝트

[설명]
프로젝트가 시작되면 '3'초 후 투명해지고 '회오리바람'과 함께 화면의 왼쪽 위로 이동한다.

[작성 조건]	[주요 블록]
◎ 프로그램을 실행했을 때 • '3'초 후 '투명도' 효과를 '50'만큼 변경하기 • '1'초 후 x좌표 '−125', y좌표 '106'으로 이동하기 • 크기를 '30'만큼 작게 변경하기	크기를 ◯ 만큼 바꾸기 ▼ ▼ 효과를 ◯ 만큼 주기 ▼

유형
03

위치의 이동-1

- 위쪽, 아래쪽, 오른쪽, 왼쪽으로 이동하기
- 입력한 시간 동안 입력한 x좌표, y좌표로 이동하기
- 입력한 시간 동안 지정한 개체의 위치로 이동하기
- 선택한 키를 누르면 연결된 블록을 실행하기

프로젝트 설명

임의의 위치로 이동하는 '달'과 '썰매', 방향 키로 움직이는 '요정', 그리고 '요정'의 위치로 이동하는 '루돌프'가 있는 겨울을 표현하는 프로젝트 만들기

- 예제 파일 : 요정.png
- 완성 파일 : 유형03-1.ent

작성요령 : 코딩은 [작성 조건]을 준수하여 최소한의 명령 블록으로 프로젝트가 오류 없이 실행되도록 구성하되 반드시 [주요 블록]을 모두 포함해야 합니다.

작성 조건 ❶

[화면 구현 능력]

▶ **배경 구현** : 오브젝트를 선택하여 배경('크리스마스 마을 풍경(2)')을 삽입하고, 배경 이름('겨울')을 변경한다.

▶ **개체 구현** : 오브젝트 선택 및 파일 올리기로 다음과 같이 개체를 순서대로(왼쪽→오른쪽) 삽입한다.

오브젝트 선택하기			파일 올리기
'달'	'얼음 썰매'	'루돌프'	'요정'
• 크기(20) • 시작위치(x:218, y:110)	• 이름('썰매') • 크기(46) • 시작위치(x:-93, y:-27)	• 크기(50) • 시작위치(x:-181, y:-97)	• 크기(60) • 시작위치(x:180, y:-80)

– 단, 개체의 모양은 기본값으로 처리하고, 크기 및 시작 위치는 명령 블록을 이용하여 지정할 것

① '달' 오브젝트

	[설명]
	화면의 오른쪽에서 왼쪽으로 천천히 이동한다.

[작성 조건]	[주요 블록]
◎ 프로그램을 실행했을 때 • '15'초 동안 x좌표 '−260', y좌표 '106'으로 이동하기	

② '요정' 오브젝트

	[설명]
	키보드의 방향키로 상하좌우 움직임을 제어한다.

[작성 조건]	[주요 블록]
◎ 왼쪽 화살표 키를 눌렀을 때 • 왼쪽으로 '2'만큼 이동하기 ◎ 오른쪽 화살표 키를 눌렀을 때 • 오른쪽으로 '2'만큼 이동하기 ◎ 위쪽 화살표 키를 눌렀을 때 • 위쪽으로 '2'만큼 이동하기 ◎ 아래쪽 화살표 키를 눌렀을 때 • 아래쪽으로 '2'만큼 이동하기	▼ 키를 눌렀을 때 x 좌표를 ◯ 만큼 바꾸기 y 좌표를 ◯ 만큼 바꾸기

③ '썰매' 오브젝트

	[설명]
	'2'초 동안 지정한 위치로 이동한다.

[작성 조건]	[주요 블록]
◎ 프로그램을 실행했을 때 • '2'초 동안 x좌표 '−60', y좌표 '−35'로 이동하기	

④ '루돌프' 오브젝트

[설명]
'8'초 동안 '요정'이 있었던 위치로 이동한다.

[작성 조건]	[주요 블록]
◎ 프로그램을 실행했을 때 • '8'초 동안 '요정'의 위치로 이동하기	초 동안 위치로 이동하기

위치의 이동-2

- x좌표, y좌표를 입력한 값만큼 변경하기
- x좌표를 입력한 값으로 지정하기
- 입력한 시간 동안 입력한 x좌표, y좌표로 이동하기

프로젝트 설명

'돛단배'가 폭포를 따라 떨어져 '잎'을 건드려 이동시키고, 이동하는 '잎'을 이용하여 '개구리'가 강을 건너는 프로젝트 만들기

- 완성 파일 : 유형03-2.ent

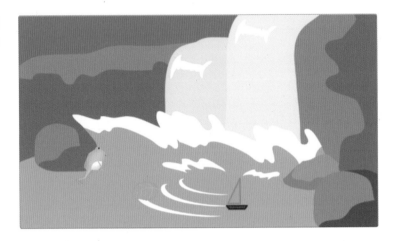

작성요령 : 코딩은 [작성 조건]을 준수하여 최소한의 명령 블록으로 프로젝트가 오류 없이 실행되도록 구성하되 반드시 [주요 블록]을 모두 포함해야 합니다.

작성 조건 ❶

[화면 구현 능력]

▶ **배경 구현** : 오브젝트를 선택하여 배경('거대 폭포')을 삽입하고, 배경 이름('폭포')을 변경한다.

▶ **개체 구현** : 오브젝트를 선택하여 다음과 같이 개체를 순서대로(왼쪽→오른쪽) 삽입한다.

오브젝트 선택하기		
'돛단배'	'나뭇잎'	'개구리'
• 크기(35) • 시작위치(x:110, y:126)	• 이름('잎') • 크기(30) • 시작위치(x:53, y:-70)	• 크기(45) • 시작위치(x:-172, y:0)

－ 단, 개체의 모양은 기본값으로 처리하고, 크기 및 시작 위치는 명령 블록을 이용하여 지정할 것

① '돛단배' 오브젝트

[설명]
폭포를 따라 위에서 아래로 떨어진 후 강물을 따라 이동하는 모습을 표현한다.

[작성 조건]	[주요 블록]
◎ 프로그램을 실행했을 때 • '0.5'초 후 x좌표를 '60'으로 지정하기 • '2'초 동안 x좌표 '60', y좌표 '−43'으로 이동하기 • 오른쪽으로 '5'만큼 이동하고, 아래쪽으로 '10'만큼 이동하기 • '3'초 동안 x좌표 '28', y좌표 '−133'으로 이동하기	x 좌표를 ◯ 만큼 바꾸기 y 좌표를 ◯ 만큼 바꾸기 x: ◯ 위치로 이동하기

② '잎' 오브젝트

[설명]
'돛단배'가 건드리면 화면의 왼쪽 아래로 이동한다.

[작성 조건]	[주요 블록]
◎ 프로그램을 실행했을 때 • '2.5'초 후 '2'초 동안 x좌표 '−125', y좌표 '−96'으로 이동하기 • '0.5'초 후 '2'초 동안 x좌표 '−240', y좌표 '−130'으로 이동하기	

③ '개구리' 오브젝트

[설명]
모양을 변경하여 '잎'의 위치로 이동하고 다시 모양을 변경하여 바위 쪽으로 이동한다.

[작성 조건]	[주요 블록]
◎ 프로그램을 실행했을 때 • '2.5'초 후 모양을 '개구리_2'로 변경하기 • '2'초 동안 x좌표 '−125', y좌표 '−80'으로 이농하기 • 모양을 '개구리_1'로 변경하고 '0.5'초 기다리기 • 모양을 '개구리_2'로 변경하고 '2'초 동안 x좌표 '184', y좌표 '−72'로 이동한 후 다시 모양을 '개구리_1'로 변경하기	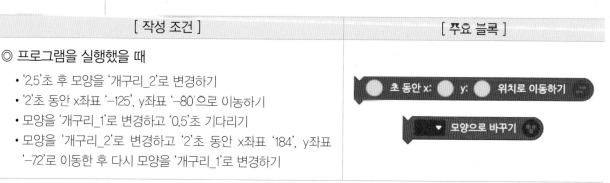

방향의 설정-1

- 입력한 값만큼 이동 방향을 회전하기
- 입력한 값만큼 방향을 회전하기
- 입력한 값만큼 이동 방향으로 이동하기

프로젝트 설명

'화살표'가 말하는 내용을 보고 키보드의 방향키로 '어린이'의 움직임을 제어하여 '집'까지 이동하는 프로젝트 만들기

- 예제 파일 : Arrow.png
- 완성 파일 : 유형04-1.ent

작성요령 : 코딩은 [작성 조건]을 준수하여 최소한의 명령 블록으로 프로젝트가 오류 없이 실행되도록 구성하되 반드시 [주요 블록]을 모두 포함해야 합니다.

작성 조건 ❶

[화면 구현 능력]

▶ **배경 구현** : 오브젝트를 선택하여 배경('엔트리 마을')을 삽입하고, 배경 이름('마을')을 변경한다.

▶ **개체 구현** : 오브젝트 선택 및 파일 올리기로 다음과 같이 개체를 순서대로(왼쪽→오른쪽) 삽입한다.

오브젝트 선택하기		파일 올리기
'병원(1)'	'어린이(1)'	'Arrow'
• 이름('집')	• 이름('어린이')	• 이름('화살표')
• 크기(100)	• 크기(53)	• 크기(100)
• 시작위치(x:150, y:106)	• 시작위치(x:−150, y:−92)	• 시작위치(x:−150, y:50)

– 단, 개체의 모양은 기본값으로 처리하고, 크기 및 시작 위치는 명령 블록을 이용하여 지정할 것

① '집' 오브젝트

[설명]
프로젝트가 시작되면 "과일 가게에 들러 집으로 오세요!"를 말한다.

[작성 조건]	[주요 블록]
◎ 프로그램을 실행했을 때 　• '2'초 동안 "과일 가게에 들러 집으로 오세요!"를 말하기	

② '어린이' 오브젝트

[설명]
'스페이스' 키로 이동 방향을 회전하고, 키보드의 좌우 방향키로 전진과 후진을 제어한다.

[작성 조건]	[주요 블록]
◎ 왼쪽 화살표 키를 눌렀을 때 　• '-100'만큼 이동하기 ◎ 오른쪽 화살표 키를 눌렀을 때 　• '100'만큼 이동하기 ◎ 스페이스 키를 눌렀을 때 　• 이동 방향을 '90'만큼 회전하기	이동 방향을 ◯ 만큼 회전하기 이동 방향으로 ◯ 만큼 움직이기

③ '화살표' 오브젝트

[설명]
프로젝트가 시작되면 이동 방법을 말하고, '스페이스' 키를 누르면 방향을 회전한다.

[작성 조건]	[주요 블록]
◎ 프로그램을 실행했을 때 　• '2'초 기다리기 　• '3'초 동안 "좌/우 방향키로 전/후진을 합니다."를 말하기 　• '3'초 동안 "스페이스 키로 이동 방향을 변경합니다."를 말하기 　• '1'초 동안 "그럼 시작!"을 말하기 ◎ 스페이스 키를 눌렀을 때 　• 방향을 시계 방향으로 '90'만큼 회전하기	 방향을 ◯ 만큼 회전하기

방향의 설정-2

유형
04

- 입력한 값만큼 이동 방향을 회전하기
- 지정한 개체 방향을 바라보기
- 화면 끝에 닿으면 방향 변경하기

프로젝트 설명

'유령', '박쥐', '좀비', '호박'이 화면 안에서 움직이다가 화면의 벽에 닿으면 방향을 바꿔 움직이는 프로젝트 만들기

- 예제 파일 : 호박.png
- 완성 파일 : 유형04-2.ent

작성요령 : 코딩은 [작성 조건]을 준수하여 최소한의 명령 블록으로 프로젝트가 오류 없이 실행되도록 구성하되 반드시 [주요 블록]을 모두 포함해야 합니다.

작성 조건 ❶   [화면 구현 능력]

▶ 배경 구현 : 오브젝트를 선택하여 배경('무덤')을 삽입하고, 배경 이름('배경')을 변경한다.
▶ 개체 구현 : 오브젝트 선택 및 파일 올리기로 다음과 같이 개체를 순서대로(왼쪽→오른쪽) 삽입한다.

오브젝트 선택하기			파일 올리기
'유령'	'박쥐(1)'	'좀비(4)'	'호박'
• 크기(40) • 시작위치(x:-140, y:-80) • 회전방식('좌우 회전')	• 이름('박쥐') • 크기(40) • 시작위치(x:-185, y:25)	• 이름('좀비') • 크기(55) • 시작위치(x:-200, y:-20)	• 크기(40) • 시작위치(x:-120, y:-80) • 회전방식('좌우 회전')

– 단, 개체의 모양은 기본값으로 처리하고, 크기 및 시작 위치는 명령 블록을 이용하여 지정할 것

① '호박' 오브젝트

[설명]
화면의 벽에 닿으면 방향을 변경하여 위아래로 반복하여 이동한다.

[작성 조건]	[주요 블록]
◎ 프로그램을 실행했을 때 　• 이동 방향을 시계 방향으로 '90'만큼 회전하기 　• 다음 조건을 계속 반복하기 　　– '2'만큼 이동하기 　　– 화면의 벽에 닿으면 방향을 바꾸기	이동 방향을 ◯ 만큼 회전하기

② '박쥐' 오브젝트

[설명]
화면의 벽에 닿으면 방향을 변경하여 상하좌우로 반복하여 이동한다.

[작성 조건]	[주요 블록]
◎ 프로그램을 실행했을 때 　• 이동 방향을 시계 방향으로 '45'만큼 회전하기 　• '밝기' 효과를 '60'으로 지정한 후 다음 조건을 계속 반복하기 　　– '3'만큼 이동하다 화면의 벽에 닿으면 방향을 바꾸기	화면 끝에 닿으면 튕기기 ▼ 효과를 ◯ (으)로 정하기

③ '유령' 오브젝트

[설명]
화면의 벽에 닿으면 방향을 변경하여 상하좌우로 반복하여 이동한다.

[작성 조건]	[주요 블록]
◎ 프로그램을 실행했을 때 　• 이동 방향을 시계 방향으로 '15'만큼 회전하기 　• 다음 조건을 계속 반복하기 　　– '2'만큼 이동하디 화면의 벽에 닿으면 방향을 바꾸기	이동 방향으로 ◯ 만큼 움직이기

④ '좀비' 오브젝트

[설명]
계속해서 '박쥐'를 따라 이동한다.

[작성 조건]	[주요 블록]

◎ 프로그램을 실행했을 때
  • 다음 조건을 계속 반복하기
    – '박쥐' 쪽을 바라보며, '1'만큼 이동하기
	▼ 쪽 바라보기

반복 제어-1

- 감싸고 있는 블록들을 계속하여 반복 실행하기
- 감싸고 있는 블록들을 입력한 값만큼 반복 실행하기

프로젝트 설명

'풀'을 뜯는 '얼룩말'이 지나가는 '조랑말'에게 다가가 말을 건네는 프로젝트 만들기

- 완성 파일 : 유형05-1.ent

> **작성요령** : 코딩은 [작성 조건]을 준수하여 최소한의 명령 블록으로 프로젝트가 오류 없이 실행되도록 구성하되 반드시 [주요 블록]을 모두 포함해야 합니다.

작성 조건 ❶

[화면 구현 능력]

▶ **배경 구현** : 오브젝트를 선택하여 배경('울타리')을 삽입하고, 배경 이름('목장')을 변경한다.

▶ **개체 구현** : 오브젝트를 선택하여 다음과 같이 개체를 순서대로(왼쪽→오른쪽) 삽입한다.

오브젝트 선택하기			
'독수리(1)'	'사과나무'	'얼룩말'	'말'
• 이름('독수리')	• 이름('풀')	• 크기(80)	• 이름('조랑말')
• 크기(35)	• 크기(200)	• 시작위치(x:140, y:-80)	• 크기(50)
• 시작위치(x:0, y:95)	• 시작위치(x:240, y:-130)		• 시작위치(x:-210, y:-37)
• 회전방식('좌우 회전')			

– 단, 개체의 모양은 기본값으로 처리하고, 크기 및 시작 위치는 명령 블록을 이용하여 지정할 것

① '독수리' 오브젝트

[설명]
프로젝트가 시작되면 모양을 변경하며, 화면의 좌우로 이동하는 것을 반복한다.

[작성 조건]	[주요 블록]
◎ 프로그램을 실행했을 때 　• 다음 조건을 계속 반복하기 　　– '10'만큼 이동하다 화면의 벽에 닿으면 방향을 바꾸기 　　– 모양을 변경하고 '0.1'초 기다리기	계속 반복하기 ▼ 모양으로 바꾸기

② '얼룩말' 오브젝트

[설명]
방향을 회전하여 '풀'을 먹는 모습을 표현하다 '조랑말' 쪽으로 이동하고 "나랑 놀자!"를 말한다.

[작성 조건]	[주요 블록]
◎ 프로그램을 실행했을 때 　• 다음 조건을 '10'번 반복하기 　　– 방향을 시계 방향으로 '10'만큼 회전하고 '0.5'초 기다리기 　　– 방향을 반시계 방향으로 '10'만큼 회전하고 '0.5'초 기다리기 　• 모양을 좌우로 변경하고 다음 조건을 '15'번 반복하기 　　– 왼쪽으로 '3'만큼 이동하고, 위쪽으로 '2'만큼 이동하기 　　– 모양을 변경하고 크기를 '2'만큼 작게 변경하기 　　– '0.1'초 기다리기 　• '2'초 동안 "나랑 놀자!"를 말하기	◯ 번 반복하기 x 좌표를 ◯ 만큼 바꾸기 y 좌표를 ◯ 만큼 바꾸기

합격 Point

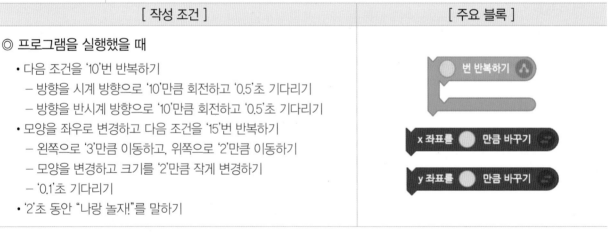

• 반복되는 명령 블록을 반복하기 블록이 감싸도록 주의하여 조립합니다.

• 　번 반복하기　블록의 반복 횟수를 제시된 작성 조건과 동일하게 입력합니다.

③ '조랑말' 오브젝트

[설명]
모양을 변경하며 화면의 오른쪽으로 반복하여 이동하다 멈추고, '얼룩말'이 다가와 "나랑 놀자!"를 말하면 "그래~"를 말한다.

[작성 조건]	[주요 블록]
◎ 프로그램을 실행했을 때 　• 다음 조건을 '50'번 반복하기 　　– '5'만큼 이동하고 모양을 '말_2'로 변경하기 　　– '0.1'초 후 모양을 '말_3'으로 변경하고 '0.1'초 기다리기 　• '3'초 후 '2'초 동안 "그래~"를 말하기	◯ 번 반복하기 ⌄ ▼ 모양으로 바꾸기 ✛

유형 05 반복 제어-2

- 판단이 참이 될 때까지 감싸고 있는 블록들을 반복 실행하기
- 판단이 참이 될 때까지 실행을 멈추고 기다리기

프로젝트 설명

'꽥꽥이'와 '삐약이'가 이어달리기를 하는 프로젝트 만들기

- 완성 파일 : 유형05-2.ent

> **작성요령 :** 코딩은 [작성 조건]을 준수하여 최소한의 명령 블록으로 프로젝트가 오류 없이 실행되도록 구성하되 반드시 [주요 블록]을 모두 포함해야 합니다.

작성 조건 ❶ [화면 구현 능력]

▶ **배경 구현 :** 오브젝트를 선택하여 배경('오솔길')을 삽입한다.
▶ **개체 구현 :** 오브젝트를 선택하여 다음과 같이 개체를 순서대로(왼쪽→오른쪽) 삽입한다.

오브젝트 선택하기		
'오리'	'병아리'	'가랜드'
• 이름('꽥꽥이')	• 이름('삐약이')	• 이름('골')
• 크기(50)	• 크기(50)	• 크기(60)
• 시작위치(x:-198, y:-50)	• 시작위치(x:17, y:-70)	• 시작위치(x:220, y:-75)

– 단, 개체의 모양은 기본값으로 처리하고, 크기 및 시작 위치는 명령 블록을 이용하여 지정할 것

① '꽥꽥이' 오브젝트

[설명]
'삐약이'에 닿을 때까지 모양을 변경하며 이동한 후 방향을 회전하여 위쪽을 바라보고 "헥헥"을 말한다.

[작성 조건]	[주요 블록]
◎ 프로그램을 실행했을 때 　• '삐약이'에 닿을 때까지 다음 조건을 반복하기 　　– '3'만큼 이동하다 모양을 변경하고 '0.1'초 기다리기 　• 방향을 반시계 방향으로 '90'만큼 회전하기 　• 아래쪽으로 '20'만큼 이동하고 "헥헥"을 말하기	

② '삐약이' 오브젝트

[설명]
'꽥꽥이'에 닿을 때까지 기다렸다가 '꽥꽥이'에 닿으면 '골'에 닿을 때까지 모양을 변경하며 이동한다.

[작성 조건]	[주요 블록]
◎ 프로그램을 실행했을 때 　• '1'초 후 '꽥꽥이'에 닿을 때까지 기다리기 　• 모양을 좌우로 변경하고 '골'에 닿을 때까지 다음 조건을 반복하기 　　– '4'만큼 이동하고 모양을 '병아리_1'로 변경하기 　　– '0.1'초 후 모양을 '병아리_2'로 변경하고 '0.1'초 기다리기 　• 모양을 '병아리_3'으로 변경하고 '2'초 동안 "성공!"을 말하기	

③ '골' 오브젝트

[설명]
반향을 회전한 후 '삐약이'에 닿을 때까지 색깔을 변경한다.

[작성 조건]	[주요 블록]
◎ 프로그램을 실행했을 때 　• 방향을 시계 방향으로 '90'만큼 회전하기 　• '삐약이'에 닿을 때까지 다음 조건을 반복하기 　　– 모양을 변경하고 '0.1'초 기다리기	

조건과 판단-1

- 선택한 키가 눌렸는지 판단하여 실행하기
- 선택한 개체에 닿았는지 판단하여 실행하기
- 판단하여 반복을 중지하기

프로젝트 설명

'제리'가 '톰'을 피해 '치즈'가 있는 곳으로
이동하는 프로젝트 만들기

- 완성 파일 : 유형06-1.ent

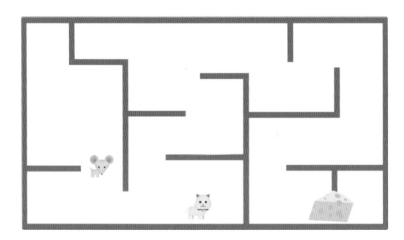

작성요령 : 코딩은 [작성 조건]을 준수하여 최소한의 명령 블록으로 프로젝트가 오류 없이 실행되도록 구성하되 반드시 [주요 블록]을 모두 포함해야 합니다.

작성 조건 ①

[화면 구현 능력]

▶ **배경 구현 :** 오브젝트를 선택하여 배경('미로(4)')을 삽입하고, 배경 이름('미로')을 변경한다.

▶ **개체 구현 :** 오브젝트를 선택하여 다음과 같이 개체를 순서대로(왼쪽→오른쪽) 삽입한다.

오브젝트 선택하기		
'쥐'	'고양이'	'치즈'
• 이름('제리') • 크기(30) • 시작위치(x:−205, y:100)	• 이름('톰') • 크기(35) • 시작위치(x:−205, y:−105) • 회전방식('좌우 회전')	• 크기(40) • 시작위치(x:165, y:−105)

– 단, 개체의 모양은 기본값으로 처리하고, 크기 및 시작 위치는 명령 블록을 이용하여 지정할 것

① '제리' 오브젝트

[설명]
키보드의 방향키로 상하좌우 움직임을 제어하고 '미로'에 닿거나 '톰'에 닿으면 시작 위치로 이동한다.

[작성 조건]	[주요 블록]

◎ 프로그램을 실행했을 때
 	
• 모양을 좌우로 변경하고 다음 조건을 계속 반복하기
  – '오른쪽 화살표' 키를 누르면 오른쪽으로 '2'만큼 이동하기
  – '왼쪽 화살표' 키를 누르면 왼쪽으로 '2'만큼 이동하기
  – '위쪽 화살표' 키를 누르면 위쪽으로 '2'만큼 이동하기
  – '아래쪽 화살표' 키를 누르면 아래쪽으로 '2'만큼 이동하기
  – '미로'에 닿으면 시작 위치로 이동하기
  – '톰'에 닿으면 시작 위치로 이동하기

② '톰' 오브젝트

[설명]
'미로'의 일정 구역에서 좌우로 이동하는 것을 반복한다.

[작성 조건]	[주요 블록]
◎ 프로그램을 실행했을 때 • 다음 조건을 계속 반복하기 – '2'만큼 이동하다 '미로'에 닿으면 이동 방향을 '180'만큼 회전하기	

③ '치즈' 오브젝트

[설명]
일정 시간 간격으로 크기를 변경하다 '제리'에 닿으면 "성공"을 말한다.

[작성 조건]	[주요 블록]

◎ 프로그램을 실행했을 때
 	
• 다음 조건을 계속 반복하기
  – 크기를 '10'만큼 크게 변경하고 '0.2'초 기다리기
  – 크기를 '10'만큼 작게 변경하고 '0.2'초 기다리기
  – '제리'에 닿으면 "성공"을 말하고 반복을 중단하기	

유형 06

조건과 판단-2

• 조건을 판단하여 참일 때 실행하기
• 조건을 판단하여 참과 거짓일 때 각각 실행하기
• 첫 번째 값과 두 번째 값이 같은지 비교하기

프로젝트 설명

'공장'의 정전으로 '경고등'이 켜지고, '공장장'이 어둠 속에서 이동하다 넘어지는 프로젝트 만들기

• 예제 파일 : 공장2.png

• 완성 파일 : 유형06-2.ent

앗! 정전이다.

작성요령 : 코딩은 [작성 조건]을 준수하여 최소한의 명령 블록으로 프로젝트가 오류 없이 실행되도록 구성하되 반드시 [주요 블록]을 모두 포함해야 합니다.

작성 조건 ❶

[화면 구현 능력]

▶ **배경 구현** : ① 오브젝트를 선택하여 배경('공장(2)')을 삽입하고, 배경 이름('공장')을 변경한다.

　　　　　　② 파일 올리기로 배경('공장2')을 추가 삽입한다.

　　　　　　③ 명령 블록을 이용하여 다음과 같이 지정한다.

　　　　　　　◎ 프로그램을 실행했을 때

　　　　　　　　• 모양을 '공장(2)_1'로 변경하고 '5'초 후 모양을 '공장2'로 변경하기

▶ **개체 구현** : 오브젝트를 선택하여 다음과 같이 개체를 순서대로(왼쪽→오른쪽) 삽입한다.

오브젝트 선택하기		
'빨간LED'	'괴짜박사'	'교탁'
• 이름('경고등')	• 이름('공장장')	• 이름('제품')
• 크기(38)	• 크기(100)	• 크기(49)
• 시작위치(x:-207, y:-100)	• 시작위치(x:172, y:-62)	• 시작위치(x:-132, y:-46)

－ 단, 개체의 모양은 기본값으로 처리하고, 크기 및 시작 위치는 명령 블록을 이용하여 지정할 것

1 '경고등' 오브젝트

[설명]
'공장'의 모양 번호가 '1'이면 꺼짐 모양으로 변경하고, 그렇지 않으면 계속해서 '0.1'초 간격으로 켜짐 모양과 꺼짐 모양을 변경한다.

[작성 조건]	[주요 블록]

◎ 프로그램을 실행했을 때
 	
• 모양을 '빨간LED_꺼짐'으로 변경하기
• 다음 조건을 계속 반복하기
  – '공장'의 '모양 번호'가 '1'이면 모양을 '빨간LED_꺼짐'으로 변경하고, 그렇지 않으면 다음 조건을 실행하기
    ▸ 모양을 '빨간LED_켜짐'으로 변경하고 '0.1'초 기다리기
    ▸ 모양을 '빨간LED_꺼짐'으로 변경하고 '0.1'초 기다리기

2 '공장장' 오브젝트

[설명]
프로젝트가 시작되면 '5'초 후 "앗! 정전이다."를 말하고 화면의 왼쪽으로 이동하다 방향을 회전하여 넘어지는 모습을 표현한다.

[작성 조건]	[주요 블록]
◎ 프로그램을 실행했을 때 • '2'초 동안 "음 잘 만들어지고 있군!"을 말하고 '3'초 기다리기 • '2'초 동안 "앗! 정전이다."를 말하고 다음 조건을 '10'번 반복하기 – 왼쪽으로 '3'만큼 이동하고 '0.1'초 기다리기 • 방향을 반시계 방향으로 '90'만큼 회전하기 • 왼쪽으로 '80'만큼, 아래쪽으로 '50'만큼 이동하기 • "에구구 안보여서 넘어졌네..."를 말하기	  

③ '제품' 오브젝트

[설명]
화면의 오른쪽으로 조금씩 이동하다 '공장'의 '모양 번호'가 '2'면 색깔을 변경하고 이동을 중지한다.

[작성 조건]	[주요 블록]
◎ 프로그램을 실행했을 때 • 다음 조건을 계속 반복하기 − '0.5'만큼 이동하다 '공장'의 '모양 번호'가 '2'면 '색깔' 효과를 '80'으로 지정하고 반복을 중단하기	(▼ 의 ▼) (● = ●) 반복 중단하기 ⌃

유형 07

이벤트 프로시저-1

• 오브젝트를 클릭하여 연결된 블록들을 실행하기
• 특정 오브젝트가 동작하도록 신호 보내기
• 신호를 받으면 연결된 블록들을 실행하기

프로젝트 설명

'선수A'를 클릭하면 '선수A'가 '공'을 차 '골대'로 골인시키는 프로젝트 만들기

• 예제 파일 : 축구장.png

• 완성 파일 : 유형07-1.ent

작성요령 : 코딩은 [작성 조건]을 준수하여 최소한의 명령 블록으로 프로젝트가 오류 없이 실행되도록 구성하되 반드시 [주요 블록]을 모두 포함해야 합니다.

작성 조건 ❶

[화면 구현 능력]

▶ **배경 구현 :** 파일 올리기로 배경('축구장')을 삽입하고, 기존 배경('새그림')은 삭제한다.
▶ **개체 구현 :** 오브젝트를 선택하여 다음과 같이 개체를 순서대로(왼쪽→오른쪽) 삽입한다.

오브젝트 선택하기			
'축구선수'	'축구공'	'축구선수'	'골대(2)'
• 이름('선수A')	• 이름('공')	• 이름('선수B')	• 이름('골대')
• 크기(85)	• 크기(24)	• 크기(80)	• 크기(100)
• 시작위치(x:188, y:0)	• 시작위치(x:164, y:-50)	• 시작위치(x:-116, y:58)	• 시작위치(x:-190, y:-13)

– 단, 개체이 모양은 기본값으로 처리하고, 크기 및 시작 위치는 명령 블록을 이용하여 지정할 것

① '선수A' 오브젝트

[설명]
클릭하면 모양을 변경하고 '슛' 신호를 보낸다. '골인' 신호를 받으면 "골인~~"을 말한다.

[작성 조건]	[주요 블록]
◎ 프로그램을 실행했을 때 　• 모양을 '축구선수_1'로 변경하기 ◎ 오브젝트를 클릭했을 때 　• 모양을 '축구선수_3'으로 변경하고 '0.3'초 기다리기 　• 모양을 '축구선수_2'로 변경하고 '슛' 신호를 보내기 ◎ 골인 신호를 받았을 때 : '2'초 동안 "골인~~"을 말하기	● 오브젝트를 클릭했을 때 ▼ 신호 보내기

② '공' 오브젝트

[설명]
'슛' 신호를 받으면 '공'의 'x좌푯값'이 '-180'보다 클 때까지 회전하며 화면의 왼쪽으로 이동하고 '골대'에 닿으면 '골인' 신호를 보낸다.

[작성 조건]	[주요 블록]
◎ 슛 신호를 받았을 때 　• 다음 조건을 계속 반복하기 　　– '공'의 'x좌푯값'이 '-180'보다 크면 방향을 반시계 방향으로 '5'만큼 회전하고 왼쪽으로 '3'만큼 이동하기 　　– '선수B'에 닿으면 '노골' 신호를 보내고 반복을 중단하기 　　– '골대'에 닿으면 '골인' 신호를 보내기	▼ 신호를 받았을 때 x 좌표를 ◯ 만큼 바꾸기

③ '선수B' 오브젝트

[설명]
프로젝트가 시작되면 화면의 위아래로 반복하여 이동하며 '골대'를 지키는 모습을 표현하고 '노골' 신호를 받으면 "막았지롱~!"을 말한다.

[작성 조건]	[주요 블록]
◎ 프로그램을 실행했을 때 　• 모양을 좌우로 변경하고 다음 조건을 계속 반복하기 　　– '2'초 동안 x좌표 '-116', y좌표 '-40'으로 이동하기 　　– '2'초 동안 x좌표 '-116', y좌표 '60'으로 이동하기 ◎ 노골 신호를 받았을 때 : '2'초 동안 "막았지롱~!"을 말하기	▼ 신호를 받았을 때 ◯ 초 동안 x: ◯ y: ◯ 위치로 이동하기

이벤트 프로시저-2

• 특정 오브젝트가 동작하도록 신호 보내기
• 신호를 받으면 연결된 블록들을 실행하기

프로젝트 설명

'스페이스' 키로 '물방울'을 떨어뜨려 '씨앗'이
'꽃'으로 피어나게 하는 프로젝트 만들기

• 완성 파일 : 유형07-2.ent

작성요령 : 코딩은 [작성 조건]을 준수하여 최소한의 명령 블록으로 프로젝트가 오류 없이 실행되도록
구성하되 반드시 [주요 블록]을 모두 포함해야 합니다.

작성 조건 ①

[화면 구현 능력]

▶ **배경 구현** : 오브젝트를 선택하여 배경('식물배경')을 삽입하고, 배경 이름('화분')을 변경한다.
▶ **개체 구현** : 오브젝트를 선택하여 다음과 같이 개체를 순서대로(왼쪽→오른쪽) 삽입한다.

오브젝트 선택하기		
'신호'	'물방울'	'장미'
• 이름('씨앗') • 크기(10) • 시작위치(x:-176, y:-70)	• 크기(20) • 시작위치(x:0, y:0)	• 이름('꽃') • 크기(15) • 시작위치(x:0, y:0)

– 단, 개체의 모양은 기본값으로 처리하고, 크기 및 시작 위치는 명령 블록을 이용하여 지정할 것

① '씨앗' 오브젝트

[설명]
화면의 임의의 위치 네 곳을 반복하여 이동한다. '물방울'에 닿으면 '꽃피우기' 신호를 보내고 '꽃피우기' 신호를 받으면 화면에서 사라진다.

[작성 조건]	[주요 블록]

◎ 프로그램을 실행했을 때
 	
• 다음 조건을 계속 반복하기
  – x좌표 '-176', y좌표 '-70'으로 이동하고 '1'초 기다리기
  – x좌표 '-88', y좌표 '-70'으로 이동하고 '1'초 기다리기
  – x좌표 '88', y좌표 '-70'으로 이동하고 '1'초 기다리기
  – x좌표 '176', y좌표 '-70'으로 이동하고 '1'초 기다리기
 	
◎ 프로그램을 실행했을 때
 	
• 다음 조건을 계속 반복하기
  – '물방울'에 닿으면 '꽃피우기' 신호를 보내기
 	
◎ 꽃피우기 신호를 받았을 때
 	
• 개체를 화면에서 숨기기
	▼ 에 닿았는가?
	
	x: ◯ y: ◯ 위치로 이동하기
	
	▼ 신호 보내기 🏳

② '물방울' 오브젝트

[설명]
계속해서 마우스의 'x좌표'를 따라 이동하고 '스페이스' 키를 누르면 화면의 아래쪽으로 이동한다. '꽃피우기' 신호를 받으면 화면에서 사라진다.

[작성 조건]	[주요 블록]

◎ 프로그램을 실행했을 때
 	
• 다음 조건을 계속 반복하기
  – x좌표 마우스의 'x좌표', y좌표 '120'으로 이동하기
  – '스페이스' 키를 누르면 '65'번 반복하여 아래쪽으로 '3'만큼 이동하기
 	
◎ 꽃피우기 신호를 받았을 때
 	
• 개체를 화면에서 숨기기
	🐱 ▼ 신호를 받았을 때
	
	◀ ▼ 키가 눌러져 있는가?
	
	마우스 ▼ 좌표

③ '꽃' 오브젝트

[설명]
화면에서 숨겨져 있다가 '꽃피우기' 신호를 받으면 '물방울' 위치에서 나타나 크기가 점점 커진다.

[작성 조건]	[주요 블록]
◎ 프로그램을 실행했을 때 　[개체의 중심을 줄기 아래쪽 끝으로 지정하기] 　• 개체를 화면에서 숨기기 ◎ 꽃피우기 신호를 받았을 때 　• 개체를 화면에 보이고, 위치를 '물방울'로 지정하기 　• 다음 조건을 '10'번 반복하기 　　– 크기를 '2'만큼 크게 변경하고 '0.1'초 기다리기	

합격 Point

중심점 이동 방법

• 엔트리에서 좌표는 오브젝트의 중심점 위치를 표시합니다. 오브젝트의 중심점을 기준으로 값(좌푯값, 크기값 등)을 변경하여 위치를 이동하거나 크기를 변경합니다.

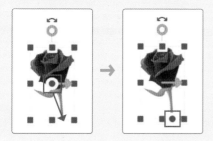

• 중심점을 변경하면 지정한 x좌표, y좌표의 값도 변경됩니다.

 →

유형 08

종료 제어-1

- 현재 실행 중인 코드를 종료하기
- 개체에 있는 다른 코드를 종료하기
- 모든 코드를 종료하기

프로젝트 설명

'암탉'이 '알'에서 부화한 '노란병아리' 쪽으로 다가가는 프로젝트 만들기

- 완성 파일 : 유형08-1.ent

작성요령 : 코딩은 [작성 조건]을 준수하여 최소한의 명령 블록으로 프로젝트가 오류 없이 실행되도록 구성하되 반드시 [주요 블록]을 모두 포함해야 합니다.

작성 조건 ❶   [화면 구현 능력]

▶ **배경 구현** : 오브젝트를 선택하여 배경('움집')을 삽입하고, 배경 이름('뜰')을 변경한다.

▶ **개체 구현** : 오브젝트를 선택하여 다음과 같이 개체를 순서대로(왼쪽→오른쪽) 삽입한다.

오브젝트 선택하기			
'수탉'	'암탉(2)'	'계란'	'병아리'
• 크기(66) • 시작위치(x:-97, y:35)	• 이름('암탉') • 크기(62) • 시작위치(x:-100, y:-80)	• 이름('알') • 크기(45) • 시작위치(x:163, y:-100)	• 이름('노란병아리') • 크기(42) • 시작위치(x:158, y:-100)

– 단, 개체의 모양은 기본값으로 처리하고, 크기 및 시작 위치는 명령 블록을 이용하여 지정할 것

① '수탉' 오브젝트

[설명]

'뜰'의 뒤편에서 좌우로 이동하는 것을 반복하다 '부화성공' 신호를 받으면 이동을 멈추고 크기를 변경한다.

[작성 조건]	[주요 블록]
◎ 프로그램을 실행했을 때 • 다음 조건을 계속 반복하기 　－ 다음 조건을 '40'번 반복하고 모양을 좌우로 변경하기 　　▸ '3'만큼 이동하고 '0.2'초 기다리기 　－ 다음 조건을 '40'번 반복하고 모양을 좌우로 변경하기 　　▸ '-3'만큼 이동하고 '0.2'초 기다리기 ◎ 부화성공 신호를 받았을 때 • 개체의 다른 코드를 종료하고 다음 조건을 계속 반복하기 　－ 크기를 '5'만큼 크게 변경하고 '0.2'초 기다리기 　－ 크기를 '5'만큼 작게 변경하고 '0.2'초 기다리기	

② '암탉' 오브젝트

[설명]

방향을 변경하여 모이를 쪼아 먹는 모습을 표현하다 '부화성공' 신호를 받으면 '노란병아리' 쪽으로 이동하여 "우리 병아리가 태어났구나~"를 말하고 프로젝트를 종료한다.

[작성 조건]	[주요 블록]
◎ 프로그램을 실행했을 때 • 다음 조건을 계속 반복하기 　－ 방향을 반시계 방향으로 '30'만큼 회전하고 '1'초 기다리기 　－ 방향을 시계 방향으로 '30'만큼 회전하고 '1'초 기다리기 ◎ 부화시작 신호를 받았을 때 • 개체의 다른 코드를 종료하기 • 방향을 '위쪽'으로 지정하고 모양을 좌우로 변경하기 ◎ 부화성공 신호를 받았을 때 • '노란병아리'에 닿을 때까지 다음 조건을 반복하기 　－ '3'만큼 이동하고 '0.2'초 기다리기 • '2'초 동안 "우리 병아리가 태어났구나~"를 말하고 모든 코드를 종료하기	

③ '알' 오브젝트

[설명]
'스페이스' 키를 누르면 '부화시작' 신호를 보내고, '부화시작' 신호를 받으면 흔들림을 표현한 후 '부화성공' 신호를 보낸다.

[작성 조건]	[주요 블록]

◎ 프로그램을 실행했을 때
 	
• '2'초 후 '2'초 동안 "스페이스 키를 눌러보세요!"를 말하기
• 다음 조건을 계속 반복하기
  – '스페이스' 키를 누르면 '부화시작' 신호를 보내고 해당 코드를 종료하기
 	
◎ 부화시작 신호를 받았을 때
 	
• 다음 조건을 '4'번 반복하기
  – 방향을 시계 방향으로 '3'만큼 회전하고 '0.1'초 기다리기
  – 방향을 반시계 방향으로 '6'만큼 회전하고 '0.1'초 기다리기
  – 방향을 시계 방향으로 '3'만큼 회전하고 '0.1'초 기다리기
• 개체를 화면에서 숨기고 '부화성공' 신호를 보내기

④ '노란병아리' 오브젝트

[설명]
프로젝트가 시작되면 숨겨져 있다가 '부화성공' 신호를 받으면 화면에 나타난다. '암탉'에 닿으면 계속해서 모양을 변경한다.

[작성 조건]	[주요 블록]
◎ 프로그램을 실행했을 때 • 개체를 화면에서 숨기기 ◎ 부화성공 신호를 받았을 때 • 개체를 화면에 보이고 '2'초 동안 "짜잔 내가 태어났어요~!"를 말하기 • '암탉'에 닿을 때까지 기다린 후 다음 조건을 계속 반복하기 – 모양을 변경하고 '0.2'초 기다리기	

종료 제어-2

- 현재 실행 중인 코드를 종료하기
- 개체의 다른 코드를 종료하기
- 개체의 모든 코드를 종료하기
- 모든 코드를 종료하기

프로젝트 설명

동물들이 '무궁화 꽃이 피었습니다' 놀이를
하는 프로젝트 만들기

- 완성 파일 : 유형08-2.ent

무궁화 꽃이 피었습니...

작성요령 : 코딩은 [작성 조건]을 준수하여 최소한의 명령 블록으로 프로젝트가 오류 없이 실행되도록
구성하되 반드시 [주요 블록]을 모두 포함해야 합니다.

작성 조건 ①

[화면 구현 능력]

▶ **배경 구현** : 오브젝트를 선택하여 배경('오솔길(2)')을 삽입하고, 배경 이름('오솔길')을 변경한다.

▶ **개체 구현** : 오브젝트를 선택하여 다음과 같이 개체를 순서대로(왼쪽→오른쪽) 삽입한다.

오브젝트 선택하기			
'당나귀(2)'	'부엉이'	'호랑이'	'타조'
• 이름('당나귀') • 크기(65) • 시작위치(x:195, y:-47)	• 크기(60) • 시작위치(x:25, y:80)	• 크기(68) • 시작위치(x:-113, y:-49)	• 크기(75) • 시작위치(x:-170, y:5)

— 단 개체의 모양은 기본값으로 처리하고, 크기 및 시작 위치는 명령 블록을 이용하여 지정할 것

① '당나귀' 오브젝트

[설명]
화면의 오른쪽에서 "무궁화 꽃이 피었습니다."를 말하며 뒤돌아보고 '멈춤' 신호를 보낸다. '게임 종료' 신호를 받았을 때 '스페이스' 키를 누르면 '게임재시작' 신호를 보낸다.

[작성 조건]	[주요 블록]
◎ 프로그램을 실행했을 때 　• 모양을 좌우로 변경하고 '2'초 동안 "그럼 시작한다!"를 말하기 　• '게임시작' 신호를 보내기 ◎ 게임시작 신호를 받았을 때 　• 모양을 좌우로 변경하고, '3'초 동안 "무궁화 꽃이 피었습니..."를 말하기 　• '0.5'초 동안 "다!"를 말하고 모양을 좌우로 변경하기 　• '멈춤' 신호를 보내기 ◎ 게임종료 신호를 받았을 때 　• '2'초 동안 "다시 시작하려면 스페이스 키를 눌러요!"를 말하기 　• 다음 조건을 계속 반복하기 　　– '스페이스' 키를 누르면 다음 조건을 실행하기 　　　▶ 모양을 좌우로 변경하고 '게임재시작' 신호를 보내기 　　　▶ '3'초 동안 "무궁화 꽃이 피었습니..."를 말하고 해당 코드를 종료하기	▼ 코드 멈추기 좌우 모양 뒤집기 ▼ 키가 눌러져 있는가?

② '호랑이', '타조' 오브젝트

[설명]
화면의 왼쪽에 위치하여 '게임시작' 신호를 받으면 모양을 변경하고, '멈춤' 신호를 받으면 모양 변경을 중지한다.

[작성 조건]	[주요 블록]
◎ 게임시작 신호를 받았을 때 / ◎ 게임재시작 신호를 받았을 때 　• 다음 조건을 계속 반복하기 　　– 모양을 변경하고 '0.2'초 기다리기 ◎ 멈춤 신호를 받았을 때 　• 개체의 모든 코드를 종료하기	▼ 코드 멈추기

③ '부엉이' 오브젝트

[설명]
화면의 위쪽에서 계속해서 모양을 변경한다. '멈춤' 신호를 받으면 화면 아래로 떨어지는 모습을 표현하고 '게임재시작' 신호를 받으면 화면의 오른쪽 위로 이동한 후 프로젝트를 종료한다.

[작성 조건]	[주요 블록]

◎ 프로그램을 실행했을 때
 	
• 다음 조건을 계속 반복하기
  – 모양을 변경하고 '0.2'초 기다리기
 	
◎ 멈춤 신호를 받았을 때
 	
• 개체의 다른 코드를 종료하고 모양을 '부엉이_1'로 변경하기
• '3'초 동안 x좌표 '25', y좌표 '−60'으로 이동하기
• '2'초 동안 "난 멈출 수가 없어"를 말하고 '게임종료' 신호를 보내기
 	
◎ 게임재시작 신호를 받았을 때
 	
• '1'초 동안 "재미없어!"를 말하기
• '1'초 동안 "나 집에 갈래..."를 말하기
• 화면의 '벽'에 닿을 때까지 다음 조건을 반복하기
  – 오른쪽으로 '10'만큼, 위쪽으로 '10'만큼 이동하기
  – 크기를 '1'만큼 작게 변경하기
  – 모양을 변경하고 '0.1'초 기다리기
• 모든 코드를 종료하기

합격 Point

• 시험에서는 종료를 제어하는 주요 블록을 ▼ 코드 멈추기 블록으로 표시하고 있어 목록 단추를 클릭하여 종료할 코드를 선택해야 합니다.

• 모든 ▼ 코드 멈추기 : 모든 코드를 종료하기

• 자신의 ▼ 코드 멈추기 : 개체의 모든 코드를 종료하기

• 이 ▼ 코드 멈추기 : 해당 코드를 종료하기

• 자신의 다른 ▼ 코드 멈추기 : 개체의 다른 코드를 종료하기

• 다른 오브젝트의 ▼ 코드 멈추기 : 다른 개체의 코드를 종료하기

복제본 만들기-1

유형
09

- 해당 오브젝트의 복제본 만들기
- 해당 복제본을 삭제하기
- 복제본이 새로 생성되었을 때 연결된 블록들을 실행하기

프로젝트 설명

'광수'가 '공주'가 던지는 '선물'을 '바구니'로 받는 프로젝트 만들기

- 예제 파일 : 바구니.png
- 완성 파일 : 유형09-1.ent

작성요령 : 코딩은 [작성 조건]을 준수하여 최소한의 명령 블록으로 프로젝트가 오류 없이 실행되도록 구성하되 반드시 [주요 블록]을 모두 포함해야 합니다.

작성 조건 ①

[화면 구현 능력]

▶ **배경 구현** : 오브젝트를 선택하여 배경('눈오는 날')을 삽입하고, 배경 이름('배경')을 변경한다.

▶ **개체 구현** : 오브젝트 선택 및 파일 올리기로 다음과 같이 개체를 순서대로(왼쪽→오른쪽) 삽입한다.

오브젝트 선택하기				파일 올리기
'새하얀 공주'	'하늘나는 배'	'만세하는 사람(1)'	'선물상자_분홍'	'바구니'
• 이름('공주') • 크기(55) • 시작위치 　(x:0, y:99)	• 크기(75) • 시작위치(x:5, y:84) • 회전방식 　('좌우 회전')	• 이름('광수') • 크기(66) • 시작위치 　(x:9, y:-85)	• 이름('선물') • 크기(30) • 시작위치 　(x:34, y:-36)	• 크기(31) • 시작위치 　(x:9, y:-97)

– 단, 개체의 모양은 기본값으로 처리하고, 크기 및 시작 위치는 명령 블록을 이용하여 지정할 것

① '하늘나는 배' 오브젝트

	[설명]
	프로젝트가 시작되면 "선물을 받으세요!"를 말하고 '게임시작' 신호를 보낸다. '게임시작' 신호를 받으면 화면의 좌우로 이동하는 것을 반복한다.

[작성 조건]	[주요 블록]
◎ 프로그램을 실행했을 때 　• '2'초 동안 "선물을 받으세요!"를 말하기 　• '게임시작' 신호를 보내기 ◎ 게임시작 신호를 받았을 때 　• 다음 조건을 계속 반복하기 　　– '3'만큼 이동하다 화면의 벽에 닿으면 방향을 바꾸기	이동 방향으로 ⬤ 만큼 움직이기 ↺ 화면 끝에 닿으면 튕기기 ↺

② '광수' 오브젝트

	[설명]
	'게임시작' 신호를 받으면 키보드의 좌/우 방향키로 움직임을 제어한다. '받기성공' 신호를 받으면 "앗싸"를 말하고 '받기실패' 신호를 받으면 "실패"를 말한다.

[작성 조건]	[주요 블록]
◎ 게임시작 신호를 받았을 때 　• 다음 조건을 계속 반복하기 　　– '왼쪽 화살표' 키를 누르면 왼쪽으로 '3'만큼 이동하기 　　– '오른쪽 화살표' 키를 누르면 오른쪽으로 '3'만큼 이동하기 ◎ 받기성공 신호를 받았을 때 　• '0.3'초 동안 "앗싸"를 말하기 ◎ 받기실패 신호를 받았을 때 　• '0.3'초 동안 "실패"를 말하기	▼ 키가 눌러져 있는가? x 좌표를 ⬤ 만큼 바꾸기 ↺

③ '선물' 오브젝트

[설명]
'게임시작' 신호를 받으면 복제되어 '공주'의 위치에서 화면의 아래쪽으로 이동하고 '바구니'나 화면의 '아래쪽 벽'에 닿으면 복제본이 삭제된다.

[작성 조건]	[주요 블록]
◎ 프로그램을 실행했을 때 　• 개체를 화면에서 숨기고, 개체의 순서를 맨 앞으로 지정하기 ◎ 게임시작 신호를 받았을 때 　• 다음 조건을 계속 반복하기 　　– 나 자신('선물')을 복제하고 '2'초 기다리기 ◎ 복제본이 처음 생성되었을 때 　• 위치를 '공주'로 지정한 후 개체를 화면에 보이기 　• 화면의 '아래쪽 벽'에 닿을 때까지 다음 조건을 반복하기 　　– 아래쪽으로 '5'만큼 이동하기 　　– '바구니'에 닿으면 '받기성공' 신호를 보내고 해당 복제본을 삭제하기 　• '받기실패' 신호를 보내고 해당 복제본을 삭제하기	 

④ '공주', '바구니' 오브젝트

[설명]
프로그램이 시작되면 '공주'는 '하늘나는 배'의 'x좌푯값'을 따라 이동하고, '바구니'는 '광수'의 'x좌푯값'을 따라 이동한다.

[작성 조건]	[주요 블록]
[공주] ◎ 프로그램을 실행했을 때 　• 다음 조건을 계속 반복하기 　　– x좌표를 '하늘나는 배'의 'x좌푯값'으로 지정하기 [바구니] ◎ 프로그램을 실행했을 때 　• 다음 조건을 계속 반복하기 　　– x좌표를 '광수'의 'x좌푯값'으로 지정하기	

복제본 만들기-2

유형 09

- 해당 오브젝트의 복제본 만들기
- 해당 복제본을 삭제하기
- 모든 복제본을 삭제하기
- 복제본이 새로 생성되었을 때 연결된 블록들을 실행하기

프로젝트 설명

'우주인'이 '행성'에서 날아오는 '돌'을 '방울'로
쏘아 우주를 지키는 프로젝트 만들기

- 예제 파일 : 방울.png, Success.png, End.png
- 완성 파일 : 유형09-2.ent

작성요령 : 코딩은 [작성 조건]을 준수하여 최소한의 명령 블록으로 프로젝트가 오류 없이 실행되도록
구성하되 반드시 [주요 블록]을 모두 포함해야 합니다.

작성 조건 ❶

[화면 구현 능력]

▶ 배경 구현 : ① 오브젝트를 선택하여 배경('우주(3)')을 삽입하고, 배경 이름('우주')을 변경한다.
　　　　　　 ② 파일 올리기로 배경('Success', 'End')을 추가 삽입한다.
　　　　　　 ③ 명령 블록을 이용하여 배경(프로그램을 실행했을 때 : '우주(3)_1', 성공 신호를 받았을 때 : 'Success',
　　　　　　　　 종료 신호를 받았을 때 : 'End')을 지정한다.

▶ 개체 구현 : 오브젝트 선택 및 파일 올리기로 다음과 같이 개체를 순서대로(왼쪽→오른쪽) 삽입한다.

오브젝트 선택하기			파일 올리기
'돌멩이'	'행성(3)'	'우주인(3)'	'방울'
• 이름('돌')	• 이름('행성')	• 이름('우주인')	• 크기(21)
• 크기(17)	• 크기(46)	• 크기(42)	• 시작위치(x:-20, y:45)
• 시작위치(x:-80, y:0)	• 시작위치(x:-82, y:-95)	• 시작위치(x:12, y:95)	
		• 회전방식('좌우 회전')	

— 단, 개체의 모양은 기본값으로 처리하고, 크기 및 시작 위치는 명령 블록을 이용하여 지정할 것

① '돌' 오브젝트

[설명]
'돌' 신호를 받으면 복제되어 '행성'의 위치에서 화면의 위쪽으로 이동한다. '방울'에 닿으면 복제본을 삭제하고 화면의 '벽'에 닿으면 '종료' 신호를 보낸다.

[작성 조건]	[주요 블록]

◎ 프로그램을 실행했을 때
  • 개체를 화면에서 숨기고 '2'초 기다리기
  • '돌' 신호를 보낸 후 다음 조건을 계속 반복하기
    – 위치를 '행성'으로 지정하기
 	
◎ 돌 신호를 받았을 때
  • 다음 조건을 계속 반복하기
    – 나 자신('돌')을 복제하고 '2'초 기다리기
 	
◎ 복제본이 처음 생성되었을 때
  • 개체를 화면에 보이고 다음 조건을 계속 반복하기
    – 위쪽으로 '5'만큼 이동하기
    – '방울'에 닿으면 해당 복제본을 삭제하고 화면의 '벽'에 닿으면 '종료'
      신호를 보내기
 	
◎ 종료 신호를 받았을 때
  • 개체의 다른 코드를 종료하기

② '행성' 오브젝트

[설명]
계속하여 화면의 왼쪽에서 오른쪽으로 이동한다. '타이머' 신호를 받으면 '30'초 후 '성공' 신호를 보내고 프로젝트를 종료한다.

[작성 조건]	[주요 블록]

◎ 프로그램을 실행했을 때
  • '타이머' 신호를 보내고 다음 조건을 계속 반복하기
    – x좌표를 '–200'으로 지정하고 다음 조건을 '40'번 반복하기
      ▶ '10'만큼 이동하고 '0.1'초 기다리기
 	
◎ 타이머 신호를 받았을 때
  • '30'초 후 '성공' 신호를 보내고 모든 코드를 종료하기
 	
◎ 종료 신호를 받았을 때
  • 개체의 다른 코드를 송료하기
	▼ 코드 멈추기
	
	x: ◯ 위치로 이동하기

③ '우주인' 오브젝트

[설명]
계속해서 '마우스 포인터'를 따라 이동하다 '돌'에 닿으면 '종료' 신호를 보낸다. '종료' 신호를 받으면 "실패"를 말하고 '성공' 신호를 받으면 "성공"을 말한다.

[작성 조건]	[주요 블록]

◎ 프로그램을 실행했을 때

- 다음 조건을 계속 반복하기
  - 위치를 '마우스 포인터'로 지정하기
  - '돌'에 닿으면 '종료' 신호를 보내기

◎ 종료 신호를 받았을 때

- 개체의 다른 코드를 종료하고 "실패"를 말하기
- '1'초 동안 x좌표 '0', y좌표 '−110'으로 이동하고 모든 코드를 종료하기

◎ 성공 신호를 받았을 때

- 개체의 다른 코드를 종료하고 '1'초 동안 "성공"을 말하기

④ '방울' 오브젝트

[설명]
'스페이스' 키를 누르면 복제되어 '우주인'의 위치에서 화면의 아래쪽으로 이동하고 '돌'이나 화면의 '벽'에 닿으면 복제본이 삭제된다.

[작성 조건]	[주요 블록]

◎ 프로그램을 실행했을 때

- 개체를 화면에서 숨기고 다음 조건을 계속 반복하기
  - '스페이스' 키를 누르면 나 자신('방울')을 복제하고 '0.1'초 기다리기

◎ 복제본이 처음 생성되었을 때

- 위치를 '우주인'으로 지정하고 개체를 화면에 보이기
- 다음 조건을 계속 반복하기
  - 아래쪽으로 '5'만큼 이동하기
  - '돌'에 닿으면 '0.1'초 후 해당 복제본을 삭제하기
  - 화면의 '벽'에 닿으면 해당 복제본을 삭제하기

◎ 송료 신호를 받았을 때 / ◎ 성공 신호를 받았을 때

- 개체의 다른 코드를 종료하고 모든 복제본을 삭제하기

계산과 판단-1

- 첫 번째 판단 또는 두 번째 판단이 참인지 판단하기
- 초시계를 작동하고 초시계값을 계산하기

프로젝트 설명

'요정'이 '결계' 안에서 '공'을 피해 '물약'을
획득하는 프로젝트 만들기

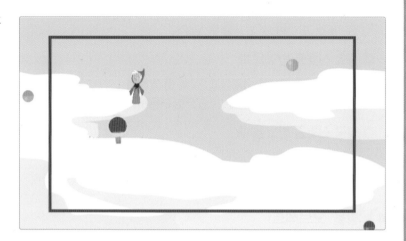

- 예제 파일 : 결계.png, 하늘2.png, 하늘3.png
- 완성 파일 : 유형10-1.ent

작성요령 : 코딩은 [작성 조건]을 준수하여 최소한의 명령 블록으로 프로젝트가 오류 없이 실행되도록 구성하되 반드시 [주요 블록]을 모두 포함해야 합니다.

작성 조건 ❶
[화면 구현 능력]

▶ **배경 구현 :** ① 오브젝트를 선택하여 배경('구름 세상')을 삽입하고, 배경 이름('하늘')을 변경한다.

② 파일 올리기로 배경('하늘2', '하늘3')을 추가 삽입한다.

③ 명령 블록을 이용하여 배경(프로그램을 실행했을 때 : '구름 세상_1', 게임성공 신호를 받았을 때 : '하늘2', 게임실패 신호를 받았을 때 : '하늘3')을 지정한다.

▶ **개체 구현 :** 오브젝트 선택 및 파일 올리기로 다음과 같이 개체를 순서대로(왼쪽→오른쪽) 삽입한다.

오브젝트 선택하기			파일 올리기
'요정 할머니_1'	'신호'	'물약(빨강)'	'결계'
• 이름('요정')	• 이름('공')	• 이름('물약')	• 크기(375)
• 크기(33)	• 크기(15)	• 크기(32)	• 시작위치(x:0, y:0)
• 시작위치(x:0, y:0)	• 시작위치(x:0, y:0)	• 시작위치(x:30, y:−40)	
• 회전방식('좌우 회전')			

– 단, 개체의 모양은 기본값으로 처리하고, 크기 및 시작 위치는 명령 블록을 이용하여 지정할 것

① '요정' 오브젝트

[설명]
'게임시작' 신호를 받으면 '마우스 포인터' 쪽을 바라보며 이동하다 '공' 또는 '결계'에 닿으면 '게임 실패' 신호를 보내고 기다린다.

[작성 조건]	[주요 블록]
◎ 프로그램을 실행했을 때 　• '2'초 동안 "공을 피해 물약을 잡아요!"를 말하기 　• '게임시작' 신호를 보내기 ◎ 게임시작 신호를 받았을 때 　• 다음 조건을 계속 반복하기 　　– '마우스 포인터' 쪽을 바라보고 '3'만큼 이동하기 　　– '공'에 닿거나 '결계'에 닿으면 '게임실패' 신호를 보내고 기다리기 ◎ 게임성공 신호를 받았을 때 / ◎ 게임실패 신호를 받았을 때 　• 개체의 다른 코드를 종료하고 '1'초 동안 (게임성공 신호를 받았을 때) "게임성공", (게임실패 신호를 받았을 때) "게임실패"를 말한 후 모든 코드를 종료하기	

② '공' 오브젝트

[설명]
프로젝트가 시작되면 '2'초 간격으로 모양을 변경하며 복제되어 임의의 위치에서 나타나 이동한다.

[작성 조건]	[주요 블록]
◎ 프로그램을 실행했을 때 　• 개체를 화면에서 숨기고 이동 방향을 '45'로 지정하기 　• '2'초 후 다음 조건을 계속 반복하기 　　– '2'초 후 모양을 변경하고 나 자신('공')을 복제하기 ◎ 복제본이 처음 생성되었을 때 　• x좌표 '-200'~'200', y좌표 '-110'~'110'으로 이동하기 　• 개체를 화면에 보이고 다음 조건을 계속 반복하기 　　– '3'만큼 이동하다 화면의 벽에 닿으면 방향을 바꾸기 ◎ 공삭제 신호를 받았을 때 　• 모든 복제본을 삭제하기 ◎ 게임성공 신호를 받았을 때 / ◎ 게임실패 신호를 받았을 때 　• 개체의 다른 코드를 종료하기	

③ '물약' 오브젝트

[설명]
'게임시작' 신호를 받으면 '5'초 간격으로 복제되어 임의의 위치에서 나타나 화면의 '벽'에 닿을 때까지 '마우스 포인터' 쪽을 바라보고 이동하다 '요정'에 닿으면 '공삭제' 신호를 보낸다.

[작성 조건]	[주요 블록]

◎ 프로그램을 실행했을 때 : 개체를 화면에서 숨기기

◎ 게임시작 신호를 받았을 때

• '5'초 후 나 자신('물약')을 복제하기를 계속 반복하기

◎ 복제본이 처음 생성되었을 때

• x좌표 '−30'~'30', y좌표 '0'으로 이동하기
• '마우스 포인터' 쪽을 바라보고 개체를 화면에 보이기
• 화면의 '벽'에 닿을 때까지 다음 조건을 반복하기
  – '2'만큼 이동하다 '요정'에 닿으면 '공삭제' 신호를 보내고 해당 복제본을 삭제하기
• 해당 복제본을 식제하기

◎ 게임성공 신호를 받았을 때 / ◎ 게임실패 신호를 받았을 때

• 개체의 다른 코드를 종료하기

---

④ '결계' 오브젝트

[설명]
'게임시작' 신호를 받으면 초시계를 시작하고 '10'초 간격으로 크기가 작아진다. '초시계값'이 '60'보다 크면 '게임성공' 신호를 보내고 기다린다.

[작성 조건]	[주요 블록]

◎ 프로그램을 실행했을 때

• 다음 조건을 계속 반복하기
  – '초시계값'이 '60'보다 크면 '게임성공' 신호를 보내고 기다리기

◎ 게임시작 신호를 받았을 때

• 초시계를 화면에서 숨기고 '초기화'한 후 '시작'하기
• 다음 조건을 계속 반복하기
  – '10'초 후 크기를 '30'만큼 작게 변경하기

◎ 게임성공 신호를 받았을 때 / ◎ 게임실패 신호를 받았을 때

• 개체의 다른 코드를 종료하기

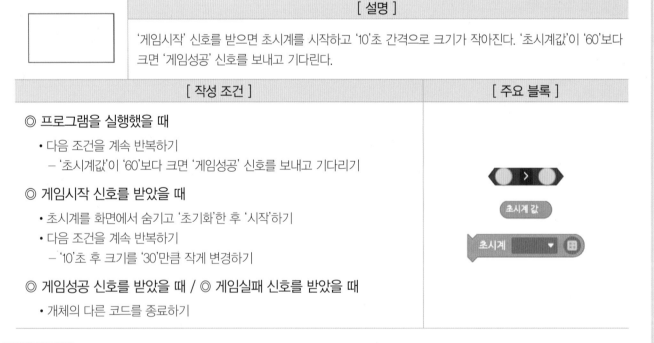

합격 Point

• 〈 그리고 ▾ 〉 블록은 두 개의 판단이 모두 참인 경우 '참'으로 판단하고 〈 또는 ▾ 〉 블록은 두 개의 판단 중 하나라도 참인 경우 '참'으로 판단합니다.

계산과 판단-2

- 첫 번째 값과 두 번째 값 사이에서 무작위 수 추출하기
- 첫 번째 값과 두 번째 값을 결합하기
- 초시계를 작동하고 초시계값을 계산하기
- 반올림값을 계산하기

프로젝트 설명

'곰'이 '원주민'을 피해 전진해야 성공하는
프로젝트 만들기

- 완성 파일 : 유형10-2.ent

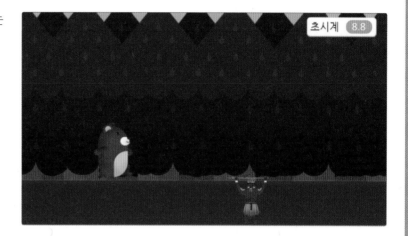

작성요령 : 코딩은 [작성 조건]을 준수하여 최소한의 명령 블록으로 프로젝트가 오류 없이 실행되도록
구성하되 반드시 [주요 블록]을 모두 포함해야 합니다.

작성 조건 ❶

[화면 구현 능력]

▶ **배경 구현 :** 오브젝트를 선택하여 배경('숲속(1)')을 삽입하고, 배경 이름('숲속')을 변경한다.
▶ **개체 구현 :** 오브젝트를 선택하여 다음과 같이 개체를 순서대로(왼쪽→오른쪽) 삽입한다.

오브젝트 선택하기	
'곰(1)'	'원주민(1)'
• 이름('곰')	• 이름('원주민')
• 크기(60)	• 크기(60)
• 시작위치(x:-210, y:-90)	• 시작위치(x:205, y:-100)

– 단, 개체의 모양은 기본값으로 처리하고, 크기 및 시작 위치는 명령 블록을 이용하여 지정할 것

합격 Point

• 작성 조건에 따라 작성할 때 생성되는 초시계 0.0 , 대답 0 등의 개체는 〈실행화면〉처럼 배치해야 감점되지 않습니다.

① '곰' 오브젝트

[설명]
'시작' 신호를 받으면 '초시계'를 작동한다. '오른쪽 화살표' 키를 누르면 화면의 오른쪽으로 이동하고 '위쪽 화살표' 키를 누르면 점프하는 효과를 표현한다.

[작성 조건]	[주요 블록]

◎ **프로그램을 실행했을 때**
• 대답을 화면에서 숨기고, "사용자의 이름을 입력하면 시작합니다!"를 묻고 대답을 기다리기
• 모양을 '곰(1)_1'로 변경하고 '시작' 신호를 보내기
 	
◎ **시작 신호를 받았을 때**
• 초시계를 '초기화'하고 '시작'하기
• 화면의 '오른쪽 벽'에 닿을 때까지 다음 조건을 반복하기
  – 모양을 '곰(1)_1'로 변경하고 '0.1'초 기다리기
  – 모양을 '곰(1)_2'로 변경하고 '0.1'초 기다리기
  – '오른쪽 화살표' 키를 누르면 오른쪽으로 '2'만큼 이동하기
  – '위쪽 화살표' 키를 누르면 다음 조건을 실행하기
    ▸ 모양을 '곰(1)_4'로 변경하기
    ▸ 위쪽으로 '10'만큼 이동하기를 '12'번 반복하기
    ▸ 오른쪽으로 '2'만큼, 아래쪽으로 '10'만큼 이동하고 '0.1'초 기다리기를 '12'번 반복하기
• '성공' 신호를 보내기
 	
◎ **성공 신호를 받았을 때**
• '1'초 동안 '초시계 값'을 소수점 반올림한 값과 "초로 성공!" 텍스트를 결합하여 말하기(예: 35초로 성공!)
• 모든 코드를 종료하기
 	
◎ **실패 신호를 받았을 때**
• 개체의 다른 코드를 종료하고, '1'초 동안 "실패"를 말하기
• 모든 코드를 종료하기
	● 을(를) 묻고 대답 기다리기 ?
	
	초시계 값
	
	초시계 ▼ ⊞
	
	● 과(와) ● 를 합치기
	
	● 의 소수점 반올림값 ▼

합격 Point

• 초시계 값 블록은 초시계 시작하기▼ ⊞ 블록이 실행된 시점부터의 시간값을 나타내며, 초시계 초기화하기▼ ⊞ 블록은 초시계 값 을 '0'으로 초기화합니다.

• ● 의 소수점 반올림값 ▼ 블록은 지정된 수의 소수점 첫째 자리에서 반올림합니다. 예를 들어 '3.285'를 입력하면 '3'이 됩니다.

② '원주민' 오브젝트

[설명]
'시작' 신호를 받으면 복제되어 화면의 오른쪽에서 왼쪽으로 반복하여 이동한다.

[작성 조건]	[주요 블록]

◎ 프로그램을 실행했을 때
 	
  • 개체를 화면에서 숨기기
 	
◎ 시작 신호를 받았을 때
 	
  • 다음 조건을 계속 반복하기
    – 나 자신('원주민')을 복제하고 '2.5'~'3'초 기다리기
 	
◎ 복제본이 처음 생성되었을 때
 	
  • 개체를 화면에 보인 후 다음 조건을 계속 반복하기
    – 왼쪽으로 '2'만큼 이동하기
    – 화면의 '왼쪽 벽'에 닿으면 해당 복제본을 삭제하기
    – '초시계 값'이 '35'보다 크거나 '곰'에 닿으면 초시계를 '정지'하고 '실패'
      신호를 보내기

합격 Point

- **⬤ 부터 ⬤ 사이의 무작위 수** 블록은 입력한 두 수를 포함하여 두 수 사이의 무작위 수(임의의 수)를 추출합니다. 이 블록은 매회 출제될 정도로 자주 사용되는 주요 블록입니다.

변수의 활용-1

- 변수를 생성하고 이름을 지정하기
- 변수의 초기 값을 지정하기
- 변수의 값을 변경하기

프로젝트 설명

'2'개의 다른 그림을 찾아 클릭하는 프로젝트
만들기

- 예제 파일 : O.png, X.png, 그림.png, 깃발.png
- 완성 파일 : 유형11-1.ent

작성요령 : 코딩은 [작성 조건]을 준수하여 최소한의 명령 블록으로 프로젝트가 오류 없이 실행되도록 구성하되 반드시 [주요 블록]을 모두 포함해야 합니다.

작성 조건 ①

[화면 구현 능력]

▶ **배경 구현 :** 파일 올리기로 배경('그림')을 삽입하고, 배경 이름('배경그림')을 변경한다.

▶ **개체 구현 :** 오브젝트 선택 및 파일 올리기로 다음과 같이 개체를 순서대로(왼쪽→오른쪽) 삽입한다.

오브젝트 선택하기	파일 올리기		
'신호'	'깃발'	'O'	'X'
• 이름('원') • 크기(7) • 시작위치(x:81, y:-32)	• 크기(23) • 시작위치(x:180, y:16)	• 이름('정답') • 크기(40) • 시작위치(x:-40, y:0)	• 이름('오답') • 크기(40) • 시작위치(x:40, y:0)

– 단, 개체의 모양은 기본값으로 처리하고, 크기 및 시작 위치는 명령 블록을 이용하여 지정할 것

합격 Point

- 변수를 생성할 때 이름은 띄어쓰기 등 문제에 제시된 사항과 동일하게 지정해야 감점되지 않습니다.
- 작성 조건에 따라 변수를 생성할 때 기회 ⓪ 등의 개체는 〈실행화면〉처럼 배치해야 감점되지 않습니다.

① '원', '깃발' 오브젝트

[설명]
'마우스 포인터'에 닿았을 때 마우스를 클릭하면 '정답' 신호를 보낸다.

[작성 조건]	[주요 블록]
◎ 프로그램을 실행했을 때 • 다음 조건을 계속 반복하기 – '마우스 포인터'에 닿고 마우스를 클릭하면 '정답' 신호를 보내기	마우스를 클릭했는가? ▼ 에 닿았는가? 그리고 ▼

② '정답' 오브젝트

[설명]
'정답' 신호를 받으면 '마우스 포인터' 위치에서 모양을 보였다가 숨긴다.

[작성 조건]	[주요 블록]
◎ 프로그램을 실행했을 때 • 개체를 화면에 보이기 • '2'초 동안 "다른 부분을 찾아 오른쪽 그림을 클릭하세요!"를 말하기 • '2'초 동안 "기회는 5번, 2개를 찾아보세요!"를 말하고 개체를 화면에서 숨기기 ◎ 정답 신호를 받았을 때 • 위치를 '마우스 포인터'로 지정한 후 개체를 화면에 보이기 • '1'초 후 개체를 화면에서 숨기기	모양 숨기기 모양 보이기

[설명]
 마우스를 클릭하면 '기회'를 감소하고 모양을 보였다가 숨긴다. '기회'가 '0'이면 프로젝트를 종료한다.

[작성 조건]	[주요 블록]

◎ 프로그램을 실행했을 때 [변수 : 모든 오브젝트에서 사용]
 	
• '기회' 변수를 생성하고, 초기 값을 '5'로 지정하기
• 개체를 화면에 보이고 '4'초 후 다시 화면에서 숨기기
• '판단' 신호를 보내기
 	
◎ 판단 신호를 받았을 때
 	
• 다음 조건을 계속 반복하기
  – 마우스를 클릭하면 다음 조건을 실행하기
    ▶ '0.1'초 후 '기회'를 '1'만큼 감소하고 위치를 '마우스 포인터'로 지정하기
    ▶ 개체를 화면에 보이고 '0.5'초 후 다시 개체를 화면에서 숨기기
  – '기회'가 '0'이면 모든 코드를 종료하기
 	
◎ 정답 신호를 받았을 때
 	
• 개체의 다른 코드를 종료하고 '판단' 신호를 보내기
	(▼ 값)
	
	(▼ 를 ◯ (으)로 정하기 ?)
	
	(▼ 에 ◯ 만큼 더하기 ?)

합격 Point

• 변수(Variable)란 자료가 저장되는 공간으로 수뿐만 아니라 문자를 저장합니다. 시험에서는 대부분 수를 저장하거나 저장한 수를 변경하도록 출제되고 있습니다.

• (변수▼ 를 ◯ (으)로 정하기) : '변수'에 입력한 값을 저장합니다. 예를 들어 '3'을 입력하면 '변수'에 어떤 값이 저장되어 있든지 '변수' 값은 '3'이 됩니다.

• (변수▼ 에 ◯ 만큼 더하기) : '변수'에 저장되어 있는 값에서 입력한 값을 더하여 저장합니다. 예를 들어 '3'이 저장되어 있는 '변수'에 '–3'을 입력하면 '변수' 값은 '0'이 됩니다.

• (변수 변수▼ 보이기) : '변수' 변수가 화면에 보이게 합니다.

• (변수 변수▼ 숨기기) : '변수' 변수가 화면에 보이지 않게 합니다.

유형 11

변수의 활용-2

- 변수를 생성하고 이름을 지정하기
- 변수의 초기 값을 지정하기
- 변수의 값을 변경하기

프로젝트 설명

'우주인'이 '총알'로 '행성'을 없애고, '별'을 획득하여 '에너지'를 증가시키는 프로젝트 만들기

- 완성 파일 : 유형11-2.ent

작성요령 : 코딩은 [작성 조건]을 준수하여 최소한의 명령 블록으로 프로젝트가 오류 없이 실행되도록 구성하되 반드시 [주요 블록]을 모두 포함해야 합니다.

작성 조건 ❶   [화면 구현 능력]

▶ **배경 구현** : 오브젝트를 선택하여 배경('별 헤는 밤')을 삽입하고, 배경 이름('우주')을 변경한다.

▶ **개체 구현** : 오브젝트를 선택하여 다음과 같이 개체를 순서대로(왼쪽→오른쪽) 삽입한다.

오브젝트 선택하기			
'우주인(2)'	'총알'	'회전하는 별'	'태양계 – 수성'
• 이름('우주인') • 크기(40) • 시작위치(x:0, y:–80)	• 크기(10) • 시작위치(x:0, y:0)	• 이름('별') • 크기(10) • 시작위치(x:–200, y:100)	• 이름('행성') • 크기(15) • 시작위치(x:0, y:0)

– 단, 개체의 모양은 기본값으로 처리하고, 크기 및 시작 위치는 명령 블록을 이용하여 지정할 것

① '총알' 오브젝트

[설명]
'스페이스' 키를 누르면 복제되어 화면의 위쪽으로 이동한다. '별' 또는 화면의 '벽'에 닿으면 복제본이 삭제된다.

[작성 조건]	[주요 블록]
◎ 프로그램을 실행했을 때 　• 개체를 화면에서 숨기고 '1'초 기다리기 　• 다음 조건을 계속 반복하기 　　– '스페이스' 키를 누르면 나 자신('총알')을 복제하고 '0.1'초 기다리기 ◎ 복제본이 처음 생성되었을 때 　• 위치를 '우주인'으로 지정하고 개체를 화면에 보이기 　• 화면의 '벽'에 닿을 때까지 다음 조건을 반복하기 　　– 위쪽으로 '5'만큼 이동하기 　　– '별'에 닿으면 '0.1'초 후 해당 복제본을 삭제하기 　• 해당 복제본을 삭제하기	 

② '별' 오브젝트

[설명]
원을 그리며 '11'개로 복제되어 화면의 '벽'에 닿을 때까지 이동하고, '총알'에 닿으면 복제본이 삭제된다.

[작성 조건]	[주요 블록]
◎ 프로그램을 실행했을 때 　• 개체를 화면에서 숨기고 '1'초 기다리기 　• 다음 조건을 계속 반복하기 　　– x좌표 '−180'~'180', y좌표 '0'~'120'으로 이동하기 　　– 다음 조건을 '11'번 반복하고 '7'초 기다리기 　　▶ 나 자신('별')을 복제하고 방향을 시계 방향으로 '30'만큼 회전하기 ◎ 복제본이 처음 생성되었을 때 　• 개체를 화면에 보이기 　• 화면의 '벽'에 닿을 때까지 다음 조건을 반복하기 　　– '3'만큼 이동하다 '총알'에 닿으면 '0.1'초 후 해당 복제본을 삭제하기 　• 해당 복제본을 삭제하기	

③ '우주인' 오브젝트

[설명]
키보드의 방향키로 좌우 움직임을 제어한다. '시작' 신호를 받으면 '시간'을 '1'씩 증가하고 '시간'이 '60'이거나 '에너지'가 '0' 이하면 프로젝트를 종료한다.

[작성 조건]	[주요 블록]

◎ 프로그램을 실행했을 때 [변수 : 모든 오브젝트에서 사용]
- '에너지', '시간' 변수를 생성하고, 초기 값을 각각 '3', '0'으로 지정하기
- '1'초 동안 "60초 동안 행성 무찌르기"를 말하기
- '시작' 신호를 보내고 다음 조건을 계속 반복하기
  - '왼쪽 화살표' 키를 누르면 왼쪽으로 '5'만큼 이동하기
  - '오른쪽 화살표' 키를 누르면 오른쪽으로 '5'만큼 이동하기
  - '행성'에 닿으면 '에너지'를 '1'만큼 감소하고 '0.2'초 기다리기
  - '별'에 닿으면 '에너지'를 '1'만큼 증가하고 '0.2'초 기다리기

◎ 시작 신호를 받았을 때
- 다음 조건을 계속 반복하기
  - '1'초 후 '시간'을 '1'만큼 증가하고, '시간'을 '10'으로 나눈 나머지가 '0'이면 크기를 '5'만큼 크게 변경하기
  - '시간'이 '60'이거나 '에너지'가 '0'보다 작거나 같으면 모든 코드를 종료하기

---

④ '행성' 오브젝트

[설명]
복제되어 나타나 임의의 방향으로 회전하면서 이동한다. 화면의 벽에 닿으면 방향을 바꾸고 '총알'에 닿으면 '점수'를 증가한다.

[작성 조건]	[주요 블록]

◎ 프로그램을 실행했을 때 [변수 : 모든 오브젝트에서 사용]
- '점수' 변수를 생성하고, 초기 값을 '0'으로 지정하기
- 개체를 화면에서 숨기고 '1'초 기다리기
- 나 자신('행성')을 복제하고 '2'초 기다리기를 계속 반복하기

◎ 복제본이 처음 생성되었을 때
- 'x좌표 '-200'~'200', y좌표 '100'으로 이동하기
- 개체를 화면에 보이고 다음 조건을 계속 반복하기
  - 모양을 변경하고 방향을 시계 방향으로 '1'~'5'만큼 회전하기
  - '1'~'3'만큼 이동하다 화면의 벽에 닿으면 방향을 바꾸기
  - '총알'에 닿으면 '점수'를 '1'만큼 증가하고 '0.1'초 후 해당 복세본을 삭제하기
  - '우주인'에 닿으면 해당 복제본을 삭제하기

리스트의 활용-1

• 리스트를 생성하고 이름을 지정하기
• 새로운 항목을 리스트에 추가하기
• 리스트 보이기/숨기기

프로젝트 설명

'잠수부'가 '물고기'를 피해 '황금동전'을 줍는 프로젝트 만들기

• 완성 파일 : 유형12-1.ent

기회 3

작성요령 : 코딩은 [작성 조건]을 준수하여 최소한의 명령 블록으로 프로젝트가 오류 없이 실행되도록 구성하되 반드시 [주요 블록]을 모두 포함해야 합니다.

작성 조건 ❶

[화면 구현 능력]

▶ 배경 구현 : 오브젝트를 선택하여 배경('바닷속(3)')을 삽입하고, 배경 이름('바닷속')을 변경한다.
▶ 개체 구현 : 오브젝트를 선택하여 다음과 같이 개체를 순서대로(왼쪽→오른쪽) 삽입한다.

오브젝트 선택하기			
'아기 고래'	'잠수부(1)'	'주황 물고기'	'동전'
• 이름('고래') • 크기(35) • 시작위치(x:190, y:-50)	• 이름('잠수부') • 크기(50) • 시작위치(x:-145, y:65)	• 이름('물고기') • 크기(20) • 시작위치(x:123, y:-123) • 회전방식('좌우 회전')	• 이름('황금동전') • 크기(25) • 시작위치(x:-23, y:-105)

─ 단, 개체의 모양은 기본값으로 처리하고, 크기 및 시작 위치는 명령 블록을 이용하여 지정할 것

① '고래' 오브젝트

[설명]
'게임시작' 신호를 받으면 초시계를 '시작'하고 '10'초가 지나면 '5'초 동안 "황금 동전을 찾아라!"를 말하는 것을 반복한다.

[작성 조건]	[주요 블록]

◎ 프로그램을 실행했을 때
 	
• 대답과 초시계를 화면에서 숨기고, 다음 조건을 계속 반복하기
  – "이름을 입력하세요."를 묻고 대답을 기다린 후 '2'초 동안 입력
    받은 값과 "님! 시작합니다!" 텍스트를 결합하여 말하기
  – '게임시작' 신호를 보내고 해당 코드를 종료하기
 	
◎ 게임시작 신호를 받았을 때
 	
• 개체를 화면에서 숨기고 초시계를 '시작'하기
• 다음 조건을 계속 반복하기
  – '초시계 값'이 '10'보다 크면 개체를 화면에 보이고 '5'초 동안
    "황금 동전을 찾아라!"를 말하기
  – '초시계 값'이 '15'보다 크면 개체를 화면에서 숨기고 초시계를
    '초기화'하기
 	
◎ 게임성공 신호를 받았을 때
 	
• 개체를 화면에 보이고 '2'초 동안 입력 받은 값과 "님 성공!!" 텍스트를
  결합하여 말한 후 모든 코드를 종료하기

② '잠수부' 오브젝트

[설명]
'게임시작' 신호를 받으면 키보드의 방향키로 상좌우 움직임을 제어하고 '물고기'에 닿으면 '기회'를 '1'만큼 감소한다.

[작성 조건]	[주요 블록]

◎ 프로그램을 실행했을 때 [변수 : 모든 오브젝트에서 사용]
- '기회' 변수를 생성하고, 초기 값을 '5'로 지정하기
- 방향을 시계 방향으로 '90'만큼 회전하고 개체를 화면에서 숨기기

◎ 게임시작 신호를 받았을 때
- '판단' 신호를 보내고 개체를 화면에 보이기
- 다음 조건을 계속 반복하기
  - 아래쪽으로 '1'만큼 이동하다 화면의 '아래쪽 벽'에 닿으면 위쪽으로 '2'만큼 이동하기
  - '왼쪽 화살표', '오른쪽 화살표' 키를 누르면 해당 방향으로 '1'만큼 이동하기
  - '위쪽 화살표' 키를 누르면 위쪽으로 '2'만큼 이동하기

◎ 판단 신호를 받았을 때
- 다음 조건을 계속 반복하기
  - '물고기'에 닿으면 다음 조건을 실행하기
    ▶ '기회'를 '1'만큼 감소하고 시작 위치로 이동하기
    ▶ '기회'가 '0'이면 '게임실패' 신호를 보내기

◎ 게임성공 신호를 받았을 때
- 개체의 다른 코드를 종료하기

◎ 게임실패 신호를 받았을 때
- 개체의 다른 코드를 종료하고 '1'초 동안 "황금 동전 줍기 실패"를 말한 후 모든 코드를 종료하기

③ '물고기' 오브젝트

[설명]
'게임시작' 신호를 받으면 복제되어 '선택' 값에 따라 화면의 왼쪽 또는 오른쪽에서 나타나 이동 방향을 정해 이동한다.

[작성 조건]	[주요 블록]
◎ 프로그램을 실행했을 때 [변수 : 모든 오브젝트에서 사용] • '선택' 변수를 생성하고, 초기 값을 '0'으로 지정하기 • '선택' 변수와 개체를 화면에서 모두 숨기기 ◎ 게임시작 신호를 받았을 때 • 다음 조건을 계속 반복하기 　– '선택'을 '1'∼'2'로 지정하고 나 자신('물고기')을 복제하기 　– '0.5'∼'1'초 후 '색깔' 효과를 '10'만큼 변경하기 ◎ 복제본이 처음 생성되었을 때 • '선택'이 '1'이면 이동 방향을 '오른쪽'으로 지정하고 x좌표 '−220', y좌표 '90'∼'20'으로 이동하기 • '선택'이 '2'면 이동 방향을 '왼쪽'으로 지정하고 x좌표 '220', y좌표 '−90'∼'20'으로 이동하기 • 개체를 화면에 보이고 화면의 '벽'에 닿을 때까지 다음 조건을 반복하기 　– '2'만큼 이동하다 '잠수부'에 닿으면 '0.1'초 후 해당 복제본을 삭제하기 • 해당 복제본을 삭제하기 ◎ 게임성공 신호를 받았을 때 / ◎ 게임실패 신호를 받았을 때 • 개체의 다른 코드를 종료하기	

④ '황금동전' 오브젝트

[설명]
'반짝임' 신호를 받으면 화면의 아래쪽 임의의 위치에서 개체를 보였다 숨기기를 반복하여 반짝임을 표현한다. '게임성공' 신호를 받으면 리스트를 화면에 보인다.

[작성 조건]	[주요 블록]
◎ 프로그램을 실행했을 때 [리스트 : 모든 오브젝트에서 사용] 　• '플레이어', '남은기회' 리스트를 생성한 후 리스트를 화면에서 모두 숨기기 　• 개체를 화면에서 숨기고 다음 조건을 계속 반복하기 　　– 모양을 변경하고 '0.1'초 기다리기 ◎ 게임시작 신호를 받았을 때 　• '반짝임' 신호를 보내고 다음 조건을 계속 반복하기 　　– '잠수부'에 닿으면 '게임성공' 신호를 보내고 기다리기 ◎ 반짝임 신호를 받았을 때 　• 다음 조건을 계속 반복하기 　　– x좌표 '-210'~'210', y좌표 '-105'로 이동하기 　　– 개체를 화면에 보이고 '1'초 기다리기 　　– 개체를 화면에서 숨기고 '3'초 기다리기 ◎ 게임성공 신호를 받았을 때 　• 개체의 다른 코드를 종료하고 개체를 화면에서 숨기기 　• 입력 받은 값을 '플레이어'에, '기회'를 '남은기회'에 각각 저장하고 '플레이어', '남은기회' 리스트를 화면에 모두 보이기 ◎ 게임실패 신호를 받았을 때 　• 개체의 다른 코드를 종료하기	

합격 Point

• 리스트(List)란 비슷한 특성을 가진 자료들을 연결해 놓은 것으로 하나만 저장하는 변수와는 달리 여러 개의 자료를 저장할 수 있습니다. 수뿐만 아니라 문자를 저장할 수 있으며 리스트에 저장된 값은 변경하여 저장할 수 있습니다. 또한 모든 리스트에는 이름이 주어집니다.

시험에 자주 출제되는 블록

• ● 항목을 리스트▾ 에 추가하기 ? : 입력한 항목을 선택한 '리스트'에 차례대로 저장합니다.(1번째 항목에 저장된 값이 있다면 2번째 항목에 저장됩니다.)

• ● 번째 항목을 리스트▾ 에서 삭제하기 ? : '리스트' 리스트에 저장되어 있는 해당 항목을 삭제합니다.

• ● 을(를) 리스트▾ 의 ● 번째에 넣기 ? : 입력한 항목을 선택한 '리스트'의 입력한 번째에 저장합니다.

• 리스트 리스트▾ 보이기 ? : '리스트' 리스트가 화면에 보이게 합니다.

• 리스트 리스트▾ 숨기기 ? : '리스트' 리스트가 화면에 보이지 않게 합니다.

리스트의 활용-2

- 리스트를 생성하고 이름을 지정하기
- 새로운 항목을 리스트에 추가하기
- 리스트 보이기/숨기기

프로젝트 설명

'로사'가 '구름'에서 떨어지는 '빗방울'을
피해 '보드'를 타는 프로젝트 만들기

- 예제 파일 : 길2~길5.png
- 완성 파일 : 유형12-2.ent

작성요령 : 코딩은 [작성 조건]을 준수하여 최소한의 명령 블록으로 프로젝트가 오류 없이 실행되도록 구성하되 반드시 [주요 블록]을 모두 포함해야 합니다.

작성 조건 ❶

[화면 구현 능력]

▶ **배경 구현 :** ① 오브젝트를 선택하여 배경('길거리')을 삽입하고, 배경 이름('길')을 변경한다.

② 파일 올리기로 배경('길2'~'길5')을 추가 삽입한다.

③ 명령 블록을 이용하여 다음과 같이 지정한다.

◎ 프로그램을 실행했을 때

- 모양을 '길거리_1'로 변경하고 다음 조건을 '5'번 반복한 후 '게임시작' 신호를 보내기
  - '1'초 후 모양을 변경하기

▶ **개체 구현 :** 오브젝트를 선택하여 다음과 같이 개체를 순서대로(왼쪽→오른쪽) 삽입한다.

오브젝트 선택하기			
'물방울'	'구름(4)'	'소녀(2)'	'노란색 보드'
• 이름('빗방울')	• 이름('구름')	• 이름('로사')	• 이름('보드')
• 크기(15)	• 크기(50)	• 크기(70)	• 크기(50)
• 시작위치(x:0, y:130)	• 시작위치(x:-210, y:100)	• 시작위치(x:-210, y:-90)	• 시작위치(x:-70, y:-125)
			• 회전방식('회전하지 않음')

– 단, 개체의 모양은 기본값으로 처리하고, 크기 및 시작 위치는 명령 블록을 이용하여 지정할 것

① '구름' 오브젝트

	[설명]
	'게임시작' 신호를 받으면 화면의 오른쪽에 나타나 'x좌푯값'이 '-220'보다 작을 때까지 왼쪽으로 이동한다.

[작성 조건]	[주요 블록]
◎ 프로그램을 실행했을 때 　• 개체를 화면에서 숨기기 ◎ 게임시작 신호를 받았을 때 　• '4'초 후 개체를 화면에 보이고 다음 조건을 계속 반복하기 　　– x좌표 '240', y좌표 '100'으로 이동하기 　　– '구름'의 'x좌푯값'이 '-220'보다 작을 때까지 왼쪽으로 '1'~'5'만큼 　　　이동하기를 반복하기 ◎ 미션성공 신호를 받았을 때 / ◎ 미션실패 신호를 받았을 때 　• 개체의 다른 코드를 종료하기	

② '빗방울' 오브젝트

	[설명]
	'게임시작' 신호를 받으면 복제되어 '구름'의 위치에서 화면의 아래쪽으로 떨어지는 모습을 표현한다. '로사' 또는 '보드'에 닿으면 '기회'를 감소한다.

[작성 조건]	[주요 블록]
◎ 프로그램을 실행했을 때 [변수 : 모든 오브젝트에서 사용] 　• '기회' 변수를 생성하고, 초기 값을 '5'로 지정하기 　• 개체를 화면에서 숨기기 ◎ 게임시작 신호를 받았을 때 　• '3'초 후 다음 조건을 계속 반복하기 　　– '0.5'~'2'초 후 나 자신('빗방울')을 복제하기 ◎ 복제본이 처음 생성되었을 때 　• 위치를 '구름'으로 지정한 후 개체를 화면에 보이기 　• 화면의 '아래쪽 벽'에 닿을 때까지 다음 조건을 반복하기 　　– 아래쪽으로 '2'~'5'만큼 이동하다 '로사' 또는 '보드'에 닿으면 '기회'를 　　　'1'만큼 감소하고 해당 복제본을 삭제하기 　　– '기회'가 '0'이면 '미션실패' 신호를 보내기 　• 해당 복제본을 삭제하기 ◎ 미션성공 신호를 받았을 때 / ◎ 미션실패 신호를 받았을 때 　• 개체의 다른 코드를 종료하기	

③ '보드' 오브젝트

[설명]
키보드의 방향키로 좌우 이동 방향을 제어한다. 이동 방향으로 '속도'만큼 움직이고 화면의 벽에 닿으면 반대 방향으로 이동한다.

[작성 조건]	[주요 블록]

◎ 프로그램을 실행했을 때 [변수 : 모든 오브젝트에서 사용]

• '시간', '속도' 변수를 생성하고, 초기 값을 각각 '0', '2'로 지정하기
• '속도' 변수와 개체를 화면에서 모두 숨기고 모양을 좌우로 변경하기

◎ 게임시작 신호를 받았을 때

• 개체를 화면에 보이고 '속도설정' 신호를 보내기
• '4'초 후 다음 조건을 계속 반복하기
– '속도'만큼 이동하다 화면의 벽에 닿으면 방향을 바꾸기
– '왼쪽 화살표', '오른쪽 화살표' 키를 누르면 이동 방향을 해당 방향으로 지정하기

◎ 속도설정 신호를 받았을 때

• 다음 조건을 계속 반복하기
– '시간'이 '0'보다 크고 '21'보다 작으면 '속도'를 '2'로 지정하기
– '시간'이 '20'보다 크고 '41'보다 작으면 '속도'를 '4'로 지정하기
– '시간'이 '40'보다 크고 '61'보다 작으면 '속도'를 '6'으로 지정하기

◎ 출발 신호를 받았을 때

• 다음 조건을 계속 반복하기
– '1'초 후 '시간'을 '1'만큼 증가하기
– '시간'이 '60'보다 크면 다음 조건을 실행하기
▸ '시간'을 '60'으로 지정하고 '미션성공' 신호를 보내기
▸ 해당 코드를 종료하기

◎ 미션성공 신호를 받았을 때 / ◎ 미션실패 신호를 받았을 때

• 개체의 다른 코드를 종료하기

주요 블록:

좌우 모양 뒤집기
화면 끝에 닿으면 튕기기
이동 방향을 ● (으)로 정하기
▼ 키가 눌러져 있는가?

④ '로사' 오브젝트

[설명]
화면의 왼쪽에서 '보드'에 닿을 때까지 이동한 후 '보드'를 타고 움직이는 모습을 표현한다. '미션성공' 신호를 받으면 이름을 '플레이어' 리스트에 저장한 후 리스트를 화면에 보인다.

[작성 조건]	[주요 블록]

◎ 프로그램을 실행했을 때 [리스트 : 모든 오브젝트에서 사용]

• '플레이어' 리스트를 생성한 후 리스트를 화면에서 숨기기
• 개체의 순서를 맨 앞으로 지정하고 대답과 개체를 화면에서 모두 숨기기

◎ 게임시작 신호를 받았을 때

• 개체를 화면에 보이고 '2'초 동안 "60초 동안 빗방울을 피해 보드 타기!"를 말하기
• '보드'에 닿을 때까지 오른쪽으로 '2'만큼 이동하기를 반복하기
• '출발' 신호를 보내기

◎ 출발 신호를 받았을 때

• 다음 조건을 계속 반복하기
  – x좌표 '보드'의 'x좌푯값', y좌표 '보드'의 'y좌푯값'+'40'으로 이동하기

◎ 미션성공 신호를 받았을 때

• '1'초 동안 "성공!"을 말한 후 "플레이어 이름은?"을 묻고 대답을 기다리기
• 입력 받은 값을 '플레이어' 리스트의 '1'번째에 저장하기
• '플레이어' 리스트를 화면에 보이고 모든 코드를 종료하기

◎ 미션실패 신호를 받았을 때

• 개체의 다른 코드를 종료한 후 '1'초 동안 "실패!"를 말하고 모든 코드를 종료하기

함수의 활용-1

- 함수 블록 생성하기
- 이름을 지정하여 함수 정의하기
- 함수 호출하기

프로젝트 설명

'어부'가 '문어'가 쏘는 '먹물'을 피해 '붉바리'를 잡는 프로젝트 만들기

- 예제 파일 : 바닷속1~3.png

- 완성 파일 : 유형13-1.ent

작성요령 : 코딩은 [작성 조건]을 준수하여 최소한의 명령 블록으로 프로젝트가 오류 없이 실행되도록 구성하되 반드시 [주요 블록]을 모두 포함해야 합니다.

작성 조건 ❶

[화면 구현 능력]

▶ **배경 구현 :** ① 파일 올리기로 배경('바닷속1')을 삽입하고 기존 배경('새그림')은 삭제한 후 배경 이름('바닷속')을 변경한다.

② 파일 올리기로 배경('바닷속2', '바닷속3')을 추가 삽입한다.

③ 명령 블록을 이용하여 배경(프로그램을 실행했을 때 : '바닷속1', 성공 신호를 받았을 때 : '바닷속2', 실패 신호를 받았을 때 : '바닷속3')을 지정한다.

▶ **개체 구현 :** 오브젝트를 선택하여 다음과 같이 개체를 순서대로(왼쪽→오른쪽) 삽입한다.

오브젝트 선택하기			
'잠수부(2)'	'문어(1)'	'주황 물고기'	'신호'
• 이름('어부')	• 이름('문어')	• 이름('붉바리')	• 이름('먹물')
• 크기(40)	• 크기(70)	• 크기(20)	• 크기(7)
• 시작위치(x:148, y:60)	• 시작위치(x:-185, y:-102)	• 시작위치(x:-190, y:-20)	• 시작위치(x:-188, y:-90)
• 회전방식('좌우 회전')		• 회전방식('좌우 회전')	

– 단, 개체의 모양은 기본값으로 처리하고, 크기 및 시작 위치는 명령 블록을 이용하여 지정할 것

① '어부' 오브젝트

[설명]
'시작' 신호를 받으면 '마우스 포인터'를 따라 이동하다 '먹물'에 닿으면 '1'초간 움직임을 멈추고, '붉바리'에 닿으면 색깔을 변경한다.

[작성 조건]	[주요 블록]

◎ 프로그램을 실행했을 때 : 개체를 화면에 보이기
 	
◎ 시작 신호을 받았을 때
  • 다음 조건을 계속 반복하기
   – '마우스 포인터' 쪽을 바라보며 '2'만큼 이동하기
   – '먹물'에 닿으면 '1'초 기다리기
   – '붉바리'에 닿으면 '그래픽효과' 신호를 보내기
 	
◎ 그래픽효과 신호를 받았을 때
  • '색깔' 효과를 '25'만큼 변경하고 '0.2'초 후 '색깔' 효과를 모두 삭제하기
 	
◎ 성공 신호를 받았을 때
  • 개체의 다른 코드를 종료하고 '0.5'초 동안 "미션성공"을 말하기
 	
◎ 실패 신호를 받았을 때 : '0.5'초 동안 "미션실패"를 말하기
	▼ 쪽 바라보기
	
	▼ 에 닿았는가?
	
	▼ 효과를 ◯ 만큼 주기
	
	효과 모두 지우기

② '문어' 오브젝트

[설명]
'시작' 신호를 받으면 계속해서 모양을 변경한다. '시간체크' 신호를 받으면 '시간'을 '1'씩 증가하고 '시간'이 '30'보다 크면 '종료' 신호를 보낸다.

[작성 조건]	[주요 블록]

◎ 프로그램을 실행했을 때 [변수 : 모든 오브젝트에서 사용]
  • '시간' 변수를 생성하고, 초기 값을 '0'으로 지정하기
  • 모양을 '문어(1)_2'로 변경하고 개체의 순서를 맨 앞으로 지정하기
  • '시간체크' 신호를 보내기
 	
◎ 시작 신호를 받았을 때
  • '발사' 신호를 보내고 다음 조건을 계속 반복하기
   – '0.3'~'0.8'초 후 모양을 '문어(1)_3'으로 변경하기
   – '0.5'초 후 모양을 '문어(1)_2'로 변경하기
 	
◎ 시간체크 신호를 받았을 때
  • 다음 조건을 계속 반복하기
   – '1'초 후 '시간'을 '1'만큼 증가하고, '시간'이 '30'보다 크면 '색깔' 효과를
    '25'만큼 변경한 후 '종료' 신호를 보내기
 	
◎ 성공 신호를 받았을 때 : 개체의 다른 코드를 종료하기
	◯ 부터 ◯ 사이의 무작위 수
	
	◯ 초 기다리기 ⌃
	
	▼ 보내기
	
	▼ 에 ◯ 만큼 더하기 ?

③ '붉바리' 오브젝트

[설명]
프로젝트가 시작되면 복제되어 화면의 왼쪽에서 나타나 이동 방향을 회전하며 이동한다. '어부'에 닿으면 '획득'을 '1'만큼 증가한다.

[작성 조건]	[주요 블록]
◎ 프로그램을 실행했을 때 [변수, 리스트 : 모든 오브젝트에서 사용]	

◎ 프로그램을 실행했을 때 [변수, 리스트 : 모든 오브젝트에서 사용]

- '획득' 변수를 생성하고, 초기 값을 '0'으로 지정하기
- '성공한 사용자' 리스트를 생성한 후 리스트를 화면에서 숨기기
- 대답을 화면에서 숨기고 '1'초 동안 "나를 잡아봐!"를 말하기
- '시작' 신호를 보내고 개체를 화면에서 숨기기
- 다음 조건을 계속 반복하기
  - '1'~'3'초 후 나 자신('붉바리')을 복제하기

◎ 복제본이 처음 생성되었을 때

- 개체를 화면에 보이고 x좌표 '−210', y좌표 '0'~'100'으로 이동하기
- 화면의 '벽'에 닿을 때까지 다음 조건을 반복하기
  - '3'만큼 이동하고 이동 방향을 '2'만큼 회전하기
  - '어부'에 닿으면 '획득'을 '1'만큼 증가하고 해당 복제본을 삭제하기
- 해당 복제본을 삭제하기

◎ 종료 신호를 받았을 때

- 개체의 다른 코드를 종료하기
- '획득'이 '10'보다 크고 '시간'이 '30'보다 크면 다음 조건을 실행하고 그렇지 않으면 '실패' 신호를 보내고 기다리기
  - '성공' 신호를 보내고 '이름' 신호를 보내고 기다리기
  - 입력 받은 값을 '성공한 사용자'에 저장하기
- '성공한 사용자' 리스트를 화면에 보이고 모든 코드를 종료하기

◎ 이름 신호를 받았을 때

- "사용자 이름은?"을 묻고 대답을 기다리기

[주요 블록]

- ◯ 부터 ◯ 사이의 무작위 수
- ▼ 에 닿았는가?
- 이동 방향을 ◯ 만큼 회전하기
- ◯ 을(를) 묻고 대답 기다리기

④ '먹물' 오브젝트

[설명]
'발사' 신호를 받으면 복제되어 '문어'의 위치에서 임의의 방향으로 발사된다. '어부'에 닿으면 '기회'를 감소하고 '기회'가 '0'이면 프로젝트를 종료한다.

[작성 조건]	[주요 블록]

◎ 프로그램을 실행했을 때 [변수 : 모든 오브젝트에서 사용]
- '기회' 변수를 생성하고, 초기 값을 '5'로 지정하기
- '색깔' 효과를 '80'으로 지정하고 개체를 화면에서 숨기기

◎ 함수 정의 [이름 : '삭제하기']
- '0.1'초 후 해당 복제본을 삭제하기

◎ 발사 신호를 받았을 때
- 다음 조건을 계속 반복하기
  – '1'~'3'초 후 나 자신('먹물')을 복제하기

◎ 복제본이 처음 생성되었을 때
- 개체를 화면에 보이고 x좌표 '문어'의 'x좌푯값'+'10', y좌표 '−90'으로 이동한 후 이동 방향을 '90'~'0'으로 지정하기
- 화면의 '벽'에 닿을 때까지 다음 조건을 반복하기
  – '8'만큼 이동하다 '어부'에 닿으면 다음 조건을 실행하기
    ▸ '기회'를 '1'만큼 감소하고 '기회'가 '0'이면 '기회'를 '0'으로 지정한 후 '종료' 신호를 보내기
    ▸ '삭제하기'를 호출하기
- '삭제하기'를 호출하기

◎ 성공 신호를 받았을 때 / ◎ 종료 신호를 받았을 때
- 개체의 다른 코드를 종료한 후 '삭제하기'를 호출하기

합격 Point

- 함수(Function)란 프로그램에서 정해진 동작을 수행하는 부분을 의미합니다. 함수가 어떤 기능을 수행할지 만드는 것을 '함수 정의'라 하고 정의된 함수를 불러와 실행하는 것을 '함수 호출'이라고 합니다.
- 엔트리에서는 '함수' 카테고리의 '함수 만들기'로 함수를 만들 수 있습니다.

매개변수가 없는 블록 만들기

① [함수]–[함수 만들기]를 클릭하여 `함수 정의하기` 블록에 함수 이름을 입력하고 아래에 명령 블록을 연결한 후 [확인]을 클릭하면 함수가 정의됩니다.
예를 들어 다음과 같이 블록을 연결하고 [확인]을 클릭합니다.

② 함수 만들기로 생성된 `오른쪽으로이동` 블록을 다른 블록에 연결하여 정의된 기능을 호출합니다.

유형 13 함수의 활용-2

- 함수 블록 생성하기
- 이름을 지정하여 함수 정의하기
- 함수 호출하기

프로젝트 설명

'표적'으로 '박쥐'를 조준하여 '공'으로 포획하는 프로젝트 만들기

- 예제 파일 : bg2.png, bg3.png, 박쥐.png
- 완성 파일 : 유형13-2.ent

작성요령 : 코딩은 [작성 조건]을 준수하여 최소한의 명령 블록으로 프로젝트가 오류 없이 실행되도록 구성하되 반드시 [주요 블록]을 모두 포함해야 합니다.

작성 조건 ❶

[화면 구현 능력]

▶ **배경 구현 :** ① 오브젝트를 선택하여 배경('공동묘지')을 삽입하고, 배경 이름('배경')을 변경한다.
　　　　　　② 파일 올리기로 배경('bg2', 'bg3')을 추가 삽입한다.
　　　　　　③ 명령 블록을 이용하여 배경(프로그램을 실행했을 때 : '공동묘지_1', 포획 신호를 받았을 때 : 'bg2', 미션실패 신호를 받았을 때 : 'bg3')을 지정한다.

▶ **개체 구현 :** 오브젝트 선택 및 파일 올리기로 다음과 같이 개체를 순서대로(왼쪽→오른쪽) 삽입한다.

오브젝트 선택하기			파일 올리기
'농구공'	'룰렛 화살표'	'곱하기'	'박쥐'
• 이름('공')	• 이름('방향')	• 이름('표적')	• 크기(70)
• 크기(15)	• 크기(20)	• 크기(30)	• 시작위치(x:102, y:100)
• 시작위치(x:0, y:-120)	• 시작위치(x:0, y:-110)	• 시작위치(x:-89, y:62)	• 회전방식('좌우 회전')

– 단, 개체의 모양은 기본값으로 처리하고, 크기 및 시작 위치는 명령 블록을 이용하여 지정할 것

① '공' 오브젝트

[설명]
'미션시작' 신호를 받으면 반시계 방향으로 회전하다 '스페이스' 키를 누르면 화면의 '벽'에 닿을 때까지 이동한다.

[작성 조건]	[주요 블록]
◎ 프로그램을 실행했을 때 • 이동 방향을 '0'으로 지정하고 개체를 화면에서 숨기기 ◎ 미션시작 신호를 받았을 때 • 개체를 화면에 보이고 다음 조건을 계속 반복하기 　– 방향을 반시계 방향으로 '5'만큼 회전하기 　– '스페이스' 키를 누르면 '발사' 신호를 보내고 기다린 후 시작 위치로 이동하고 개체를 화면에 보이기 ◎ 발사 신호를 받았을 때 • 화면의 '벽'에 닿을 때까지 다음 조건을 반복하기 　– '5'만큼 이동하다 '박쥐'에 닿으면 '0.1'초 후 개체를 화면에서 숨기고 해당 코드를 종료하기 ◎ 포획 신호를 받았을 때 / ◎ 미션실패 신호를 받았을 때 • 개체의 다른 코드를 종료하기	▼ 키가 눌러져 있는가? ▼ 에 닿았는가? 모양 숨기기 ⊗ ▼ 코드 멈추기 ⚠

② '방향' 오브젝트

[설명]
'미션시작' 신호를 받으면 방향을 '공'의 '방향'으로 지정하고 '시간'이 '30'이면 '미션실패' 신호를 보낸다.

[작성 조건]	[주요 블록]

◎ 프로그램을 실행했을 때 [변수 : 모든 오브젝트에서 사용]
 	
• '시간' 변수를 생성하고, 초기 값을 '0'으로 지정하기
• 개체를 화면에서 숨기기
 	
◎ 미션시작 신호를 받았을 때
 	
• '시간체크' 신호를 보내고 위치를 '공'으로 지정하기
• 개체를 화면에 보이고 다음 조건을 계속 반복하기
  – 방향을 '공'의 '방향'으로 지정하기
 	
◎ 시간체크 신호를 받았을 때
 	
• 다음 조건을 계속 반복하기
  – '1'초 후 '시간'을 '1'만큼 증가하기
  – '시간'이 '30'이면 '미션실패' 신호를 보내기
 	
◎ 포획 신호를 받았을 때 / ◎ 미션실패 신호를 받았을 때
 	
• 개체의 다른 코드를 종료하기

③ '박쥐' 오브젝트

[설명]
'미션시작' 신호를 받으면 화면의 임의의 위치로 계속하여 이동한다. '포획' 신호를 받으면 "미션성공!"을, '미션실패' 신호를 받으면 "시간초과!"를 말한다.

[작성 조건]	[주요 블록]
◎ 프로그램을 실행했을 때 [변수 : 모든 오브젝트에서 사용] • 대답과 초시계를 화면에서 숨기기 • '1'초 동안 "나 잡아봐라~"를 말하고 "사용자 이름은?"을 묻고 대답을 기다리기 • '이름' 변수를 생성하고, 초기 값을 입력 받은 값으로 지정하기 • '이름' 변수를 화면에서 숨기고 '미션시작' 신호를 보내기 • '크기변동' 신호를 보내기 ◎ 미션시작 신호를 받았을 때 • 다음 조건을 계속 반복하기 　– '1'초 동안 x좌표 '–180'~'180', y좌표 '80'~'0'으로 이동하고 '0.5'초 기다리기 ◎ 크기변동 신호를 받았을 때 • '2'초 후 다음 조건을 계속 반복하기 　– '시간'을 '10'으로 나눈 나머지가 '0'이면 다음 조건을 실행하기 　▶ 크기를 '20'만큼 작게 변경하고 '색깔' 효과를 '25'만큼 변경하기 　▶ '1'초 후 '색깔' 효과를 모두 삭제하기 ◎ 함수 정의 [이름 : '결과확인', 매개변수('문자/숫자값 1')] • 개체의 다른 코드를 종료하고 '1'초 동안 '문자/숫자값 1'을 말하기 ◎ 포획 신호를 받았을 때 / ◎ 미션실패 신호를 받았을 때 • '문자/숫자값 1'에 (포획 신호를 받았을 때) "미션성공!", (미션실패 신호를 받았을 때) "시간초과!"를 지정하여 '결과확인'을 호출하기	

합격 Point

'문자/숫자값' 매개변수가 있는 블록 만들기

① [함수]–[함수 만들기]를 클릭하여 `함수 정의하기` 블록에 함수 이름을 입력하고 `문자/숫자값` 블록을 이름 오른쪽에 연결하고, 아래에 명령 블록을 연결한 후 [확인]을 클릭하면 함수가 정의됩니다.
예를 들어 다음과 같이 블록을 연결하고 [확인]을 클릭합니다.

② 함수 만들기로 생성된 `말하기` 블록을 다른 블록에 연결하여 정의된 기능을 호출합니다.
예를 들어 `말하기 안녕` 으로 사용하면 "안녕"을 말합니다.

④ '표적' 오브젝트

[설명]

'공'과 '박쥐'에 동시에 닿으면 '포획수'를 증가하고, '포획' 신호를 받으면 성공 시간을 '기록' 리스트에 저장한다.

[작성 조건]

◎ 프로그램을 실행했을 때 [변수, 리스트 : 모든 오브젝트에서 사용]

- '기록' 리스트를 생성한 후 리스트를 화면에서 숨기기
- '포획수' 변수를 생성하고, 초기 값을 '0'으로 지정하기
- '색깔' 효과를 '100'으로 지정하고 개체를 화면에서 숨기기
- 개체의 순서를 맨 앞으로 지정하고 다음 조건을 계속 반복하기
  - 위치를 '마우스 포인터'로 지정한 후 방향을 시계 방향으로 '2'만큼 회전하기
  - '박쥐'에 닿으면 '색깔' 효과를 '25'로 지정하고 그렇지 않으면, '색깔' 효과를 '100'으로 지정하기
  - '포획수'가 '3'이면 '포획' 신호를 보내고 기다리기

◎ 함수 정의 [이름 : '성공기준', 매개변수('판단값 1', '판단값 2')]

- '판단값 1'이면서 '판단값 2'이면 '포획수'를 '1'만큼 증가하고 '0.2'초 기다리기

◎ 미션시작 신호를 받았을 때

- 개체를 화면에 보이고 다음 조건을 계속 반복하기
  - '판단값 1'과 '판단값 2'에 각각 '공에 닿았는가?'와 '박쥐에 닿았는가?'를 지정하여 '성공기준'을 호출하기

◎ 포획 신호를 받았을 때

- 개체의 다른 코드를 종료하고 '1'초 기다리기
- '이름'과 "님의 성공 시간은" 텍스트, '시간'과 "초 입니다." 텍스트를 결합하여 '기록'에 저장한 후 '기록' 리스트를 화면에 보이기

◎ 미션실패 신호를 받았을 때 : 개체의 다른 코드를 종료하기

[주요 블록]

합격 Point

'판단값' 매개변수가 있는 블록 만들기

① [함수]-[함수 만들기]를 클릭하여 [함수 정의하기] 블록에 함수 이름을 입력하고 [판단값] 블록을 이름 오른쪽에 연결하고, 아래에 명령 블록을 연결한 후 [확인]을 클릭하면 함수가 정의됩니다.
예를 들어 다음과 같이 블록을 연결하고 [확인]을 클릭합니다.

② 함수 만들기로 생성된 [클릭하기 참] 블록을 다른 블록에 연결하여 정의된 기능을 호출합니다.
예를 들어 [클릭하기 마우스를 클릭했는가?] 로 사용하면 마우스를 클릭할 때마다 "클릭"을 말합니다.

PART 02

실전모의고사

제 01 회 실전모의고사

코딩창의개발능력(Coding creative Development Test)

시험일	프로그램명	시험시간	수험번호	성명
202X. XX. XX	엔트리(Entry)	40분		

1급 A형

1. 수험자는 신분증 또는 동등한 자격을 갖춘 증빙서류를 지참하여야 시험에 응시할 수 있으며, 미지참 시 퇴실 조치합니다.

2. 시험 전 시스템(PC작동여부, 네트워크 상태 등)의 이상여부를 반드시 확인하여야 하며, 시스템 이상이 있을 시에는 감독관에게 조치를 받으셔야 합니다.

3. 시험 중 부주의 또는 고의로 시스템을 파손한 경우는 수험자 부담으로 합니다.

4. 답안 파일은 답안 전송 프로그램을 통하여 다운로드 한 파일을 이용하여 작성하셔야 합니다.

5. 작성한 답안 파일은 답안 전송 프로그램을 통하여 자동으로 전송되므로, 감독관의 지시에 따라 주시기 바랍니다.
   • 답안 전송 프로그램의 사용이 불가능한 경우에는 답안 파일명을 **본인의 "수험번호-성명"**으로 지정하여 감독 관의 지시에 따라 시험을 진행하시기 바랍니다(예: CDTE-2200-101234-홍길동.ent).

6. 시험 중 엔트리(Entry) 이외에 시험과 관련 없는 다른 프로그램을 작동 시 부정행위로 간주하여 실격 처리됨을 유의하시기 바랍니다.

7. 다음 사항의 경우 실격(0점) 혹은 부정행위 처리됩니다.
   • 답안을 저장하지 않았거나, 미제출 또는 저장한 파일이 손상되었을 경우
   • 답안 파일을 다른 보조 기억장치(USB) 또는 이메일(E-mail) 등으로 전송할 경우
   • 휴대용 전화기 등 통신장비를 사용할 경우
   • 시스템 조작의 미숙으로 시험이 불가능할 경우

8. 시험의 완료는 작성이 완료된 답안을 저장하고, 답안 전송이 완료된 상태를 확인한 것으로 합니다. 답안 전송 확인 후 문제지는 감독관에게 제출한 후 퇴실하여야 합니다.

9. 주어진 시험시간 이후에는 수정 또는 정정이 불가능합니다.

10. 〈수험자 유의사항〉에 기재된 방법대로 이행하지 않아 생기는 불이익은 수험자 본인에게 책임이 있음을 알려 드립니다.

답안 작성요령

- 코딩은 [작성 조건]을 준수하여 <u>최소한의 명령 블록으로 프로젝트가 오류 없이 실행</u>되도록 구성하되 반드시 [주요 블록]을 모두 포함해야 합니다.
- 불필요한 명령 블록 및 미디어를 사용한 경우, [작성 조건]을 임의로 변경 또는 추가한 경우, [주요 블록]을 사용하지 않은 경우에는 **감점 또는 실격 처리**됩니다.
- 파일 삽입 시에는 반드시 주어진 폴더 내에서 다운로드 한 파일을 사용해야 합니다.
- 별도의 조건이 없는 경우에는 기본 값(Default)으로 처리해야 합니다.

※ 다음 사항을 확인하고 주어진 조건에 따라 [문제 1–5]를 완성하시오. (전체완성도 5점)

[프로젝트 주제]	[결과 화면]
잠수하는 엔트리봇 '60'초 동안 엔트리봇이 바닥에 닿지 않도록 공으로 물고기를 맞히는 프로젝트 만들기	

[프로젝트 구성]

배경	오브젝트
① 바다 bg2 bg3	② 라인 ③ 물고기 ④ 엔트리봇 ⑤ 공

01 화면 구현 능력 10점

다음 조건에 따라 프로젝트 화면을 구현하시오.

▶ 배경 구현 : ① 파일 올리기로 배경('bg1')을 삽입한 후 배경 이름('바다')을 변경하고, 기존 배경('새그림')은 삭제한다.
　　　　　　　② 파일 올리기로 배경('bg2', 'bg3')을 추가 삽입한다.
　　　　　　　③ 명령 블록을 이용하여 배경(프로그램을 시작했을 때 : 'bg1', 미션성공 신호를 받았을 때 : 'bg2', 미션 실패 신호를 받았을 때 : 'bg3')을 지정한다.

▶ 개체 구현 : 오브젝트를 선택하여 다음과 같이 개체를 순서대로(왼쪽→오른쪽) 삽입한다.

오브젝트 선택하기			
'빨간 물고기'	'대칭축'	'해변에 간 엔트리봇'	'신호'
• 이름('물고기') • 크기(20) • 시작위치(x:–173, y:125)	• 이름('라인') • 크기(300) • 시작위치(x:0, y:–125)	• 이름('엔트리봇') • 크기(60) • 시작위치(x:0, y:130) • 회전방식('좌우 회전')	• 이름('공') • 크기(10) • 시작위치(x:3, y:128)

– 단, 개체의 모양은 기본값으로 처리하고, 크기 및 시작 위치는 명령 블록을 이용하여 지정할 것

02 심화 능력

15점

다음 설명을 읽고 [주요 블록]을 참고하여 [작성 조건]에 따라 코딩하시오.

[설명]
'물고기' : 프로젝트가 시작되면 복제되어 임의의 위치에 나타나 임의의 방향으로 이동한다. 일정 거리만큼 이동하거나, '공'에 닿으면 복제본이 삭제된다.

[작성 조건]	[주요 블록]

◎ **프로그램을 시작했을 때**

- 개체를 화면에서 숨기고, 다음 조건을 계속 반복하기
  - '색깔' 효과를 '25'만큼 변경하기
  - '0.1'~'0.2'초 후 나 자신('물고기')을 복제하기

◎ **복제본이 처음 생성되었을 때**

- x좌표 '−220'~'220', y좌표 '−130'~'130'으로 이동하기
- 방향을 '−180'~'180'으로 바라보고, 개체를 화면에 보이기
- 다음 조건을 '70'번 반복한 후 해당 복제본을 삭제하기
  - '3'만큼 이동하다 화면의 벽에 닿으면 방향을 바꾸기
  - '공'에 닿으면 해당 복제본을 삭제하기

◎ **미션성공 신호를 받았을 때** / ◎ **미션실패 신호를 받았을 때**

- 개체의 다른 코드를 종료하기

03 응용 능력(변수) 20점

다음 설명을 읽고 [주요 블록]을 참고하여 [작성 조건]에 따라 코딩하시오.

	[설명]
———	'라인' : 게임의 시작/종료를 알린다. 프로젝트가 시작되면 색깔 변경을 반복하고 '60'초 후 '미션성공' 신호를 보낸다.

[작성 조건]	[주요 블록]
◎ **프로그램을 시작했을 때** [변수 : 모든 오브젝트에서 사용] • '시간' 변수를 생성하고, 초기 값을 '0'으로 지정하기 • 모양을 '대칭축_가로'로 변경하고 개체의 순서를 맨 앞으로 지정하기 • '1'초 동안 "게임 시작"을 말하고 '시간체크' 신호를 보내기 　－ '0.5'초 후 '색깔' 효과를 '10'만큼 변경하기를 계속 반복하기 ◎ **시간체크 신호를 받았을 때** • 다음 조건을 계속 반복하기 　－ '1'초 후 '시간'을 '1'만큼 증가하고 '시간'이 '60'이면 '미션성공' 신호를 보내기 ◎ **미션실패 신호를 받았을 때** • 개체의 다른 코드를 종료하고, '1'초 동안 "게임 종료"를 말한 후 모든 코드를 종료하기 ◎ **미션성공 신호를 받았을 때** • 개체의 다른 코드를 종료하기	 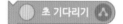

04 응용 능력(변수) 25점

다음 설명을 읽고 [주요 블록]을 참고하여 [작성 조건]에 따라 코딩하시오.

	[설명]
	'**엔트리봇**' : 키보드의 좌/우 방향키를 이용하여 바라보는 방향을 변경하고 '잠김' 값에 따라 아래쪽으로 이동하는 속도를 지정한다. '상승' 신호를 받으면 위쪽으로 이동하고, '라인'에 닿으면 '기회'를 감소한다.

[작성 조건]	[주요 블록]

[작성 조건]

◎ 프로그램을 시작했을 때 [변수 : 모든 오브젝트에서 사용]

- '기회', '잠김' 변수를 생성하고, 초기 값을 각각 '5', '−0.5'로 지정하기
- '잠김' 변수를 화면에서 숨기고, 모양을 '해변에 간 엔트리봇_1'로 변경하기
- 모양을 좌우로 변경하고 '1'초 후 '잠김속도체크' 신호를 보내기
- '미션확인' 신호를 보내고 다음 조건을 계속 반복하기
  – 아래쪽으로 '잠김'만큼 이동하다 '왼쪽 화살표', '오른쪽 화살표' 키를 누르면 이동 방향을 해당 방향으로 지정하기

◎ 잠김속도체크 신호를 받았을 때

- 다음 조건을 계속 반복하기
  – '시간'이 '20'이면 '잠김'을 '−0.5'로 지정하고, '시간'이 '40'이면 '잠김'을 '−1'로 지정하기

◎ 미션확인 신호를 받았을 때

- 다음 조건을 계속 반복하기
  – '라인'에 닿으면 다음 조건을 실행하기
    ▸ '기회'를 '1'만큼 감소하고 '기회'가 '0'이면 다음 조건을 실행하기
      ▪ 개체의 다른 코드를 종료하고, '미션실패' 신호를 보내고 기다리기
    ▸ 위쪽으로 '200'만큼 이동하기

◎ 상승 신호를 받았을 때

- 위쪽으로 '30'만큼 이동하기

◎ 미션성공 신호를 받았을 때

- 개체의 다른 코드를 종료하기

[주요 블록]

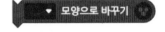

05 응용 능력(변수/리스트) 25점

다음 설명을 읽고 [주요 블록]을 참고하여 [작성 조건]에 따라 코딩하시오.

[설명]
'공' : 키보드의 좌/우 방향키를 누르면 복제되어 '엔트리봇'의 위치에서 해당 방향으로 이동하다 화면의 '벽'에 닿으면 사라진다. '물고기'에 닿으면 '점수'를 증가하고, '미션성공' 신호를 받으면 사용자의 이름과 '점수'를 '기록' 리스트에 저장한다.

[작성 조건]	[주요 블록]

[작성 조건]

◎ 프로그램을 시작했을 때 [변수, 리스트 : 모든 오브젝트에서 사용]

• '점수' 변수를 생성하고, 초기 값을 '0'으로 지정하기
• '기록' 리스트를 생성하고, 리스트를 화면에서 숨기기
• 대답을 화면에서 숨기고 다음 조건을 계속 반복하기
  – 개체를 화면에서 숨기고, '왼쪽 화살표' 키를 누르거나 '오른쪽 화살표' 키를 누르면 다음 조건을 실행하기
    ▶ '색깔' 효과를 '25'만큼 변경한 후 나 자신('공')을 복제하고 '0.3'초 기다리기

◎ 복제본이 처음 생성되었을 때

• 위치를 '엔트리봇'으로 지정하기
• 이동 방향을 '엔트리봇'의 '이동방향'으로 지정하고, 개체를 화면에 보이기
• 다음 조건을 화면의 '벽'에 닿을 때까지 반복하기
  – '20'만큼 이동하다 '물고기'에 닿으면 다음 조건을 실행하기
    ▶ '점수'를 '1'만큼 증가한 후 '상승' 신호를 보내고 해당 복제본을 삭제하기
• 해당 복제본을 삭제하기

◎ 미션성공 신호를 받았을 때

• 개체의 다른 코드를 종료하고 x좌표 '195', y좌표 '–50'으로 이동한 후 "사용자 이름은?"을 묻고 대답을 기다리기
• 입력 받은 값과 "님 기록 점수 : " 텍스트, '점수'를 결합하여 '기록'에 저장하기
• '기록' 리스트를 화면에 보인 후 모든 코드를 종료하기

◎ 미션실패 신호를 받았을 때

• 개체의 다른 코드를 종료하기

[주요 블록]

또는 ▼

( ) 과(와) ( ) 를 합치기

▼ 키가 눌러져 있는가?

▼ 에 닿았는가?

실전모의고사

제**02**회

코딩창의개발능력(Coding creative Development Test)

시험일	프로그램명	시험시간	수험번호	성명
202X. XX. XX	엔트리(Entry)	40분		

1급 B형
수험자 유의사항

1. 수험자는 신분증 또는 동등한 자격을 갖춘 증빙서류를 지참하여야 시험에 응시할 수 있으며, 미지참 시 퇴실 조치합니다.

2. 시험 전 시스템(PC작동여부, 네트워크 상태 등)의 이상여부를 반드시 확인하여야 하며, 시스템 이상이 있을 시에는 감독관에게 조치를 받으셔야 합니다.

3. 시험 중 부주의 또는 고의로 시스템을 파손한 경우는 수험자 부담으로 합니다.

4. 답안 파일은 답안 전송 프로그램을 통하여 다운로드 한 파일을 이용하여 작성하셔야 합니다.

5. 작성한 답안 파일은 답안 전송 프로그램을 통하여 자동으로 전송되므로, 감독관의 지시에 따라 주시기 바랍니다.
   • 답안 전송 프로그램의 사용이 불가능한 경우에는 답안 파일명을 **본인의 "수험번호−성명"**으로 지정하여 감독관의 지시에 따라 시험을 진행하시기 바랍니다(예: CDTE−2200−101234−홍길동.ent).

6. 시험 중 엔트리(Entry) 이외에 시험과 관련 없는 다른 프로그램을 작동 시 부정행위로 간주하여 실격 처리됨을 유의하시기 바랍니다.

7. 다음 사항의 경우 실격(0점) 혹은 부정행위 처리됩니다.
   • 답안을 저장하지 않았거나, 미제출 또는 저장한 파일이 손상되었을 경우
   • 답안 파일을 다른 보조 기억장치(USB) 또는 이메일(E−mail) 등으로 전송할 경우
   • 휴대용 전화기 등 통신장비를 사용할 경우
   • 시스템 조작의 미숙으로 시험이 불가능할 경우

8. 시험의 완료는 작성이 완료된 답안을 저장하고, 답안 전송이 완료된 상태를 확인한 것으로 합니다. 답안 전송 확인 후 문제지는 감독관에게 제출한 후 퇴실하여야 합니다.

9. 주어진 시험시간 이후에는 수정 또는 정정이 불가능합니다.

10. 〈수험자 유의사항〉에 기재된 방법대로 이행하지 않아 생기는 불이익은 수험자 본인에게 책임이 있음을 알려드립니다.

답안 작성요령

- 코딩은 [작성 조건]을 준수하여 <u>최소한의 명령 블록으로 프로젝트가 오류 없이 실행</u>되도록 구성하되 반드시 [주요 블록]을 모두 포함해야 합니다.
- 불필요한 명령 블록 및 미디어를 사용한 경우, [작성 조건]을 임의로 변경 또는 추가한 경우, [주요 블록]을 사용하지 않은 경우에는 <u>감점 또는 실격 처리</u>됩니다.
- 파일 삽입 시에는 반드시 주어진 폴더 내에서 다운로드 한 파일을 사용해야 합니다.
- 별도의 조건이 없는 경우에는 기본 값(Default)으로 처리해야 합니다.

※ 다음 사항을 확인하고 주어진 조건에 따라 [문제 1–5]를 완성하시오. (전체완성도 5점)

[프로젝트 주제]	[결과 화면]
햄버거 획득하기 독수리를 피해 양탄자에서 점프하여 햄버거를 획득하는 프로젝트 만들기	

[프로젝트 구성]

배경	오브젝트
① 배경 　bg2 　bg3	② 아이 ③ 햄버거 ④ 양탄자 ⑤ 독수리

01 화면 구현 능력 10점

다음 조건에 따라 프로젝트 화면을 구현하시오.

- ▶ 배경 구현 : ① 파일 올리기로 배경('bg1')을 삽입한 후 배경 이름('배경')을 변경하고, 기존 배경('새그림')은 삭제한다.
  ② 파일 올리기로 배경('bg2', 'bg3')을 추가 삽입한다.
  ③ 명령 블록을 이용하여 배경(프로그램을 시작했을 때 : 'bg1', 미션성공 신호를 받았을 때 : 'bg2', 미션 실패 신호를 받았을 때 : 'bg3')을 지정한다.
- ▶ 개체 구현 : 오브젝트 선택 및 파일 올리기로 다음과 같이 개체를 순서대로(왼쪽→오른쪽) 삽입한다.

오브젝트 선택하기			파일 올리기
'뛰어노는 아이'	'햄버거'	'마법 양탄자(1)'	'독수리1'
• 이름('아이') • 크기(80) • 시작위치(x:0, y:0)	• 크기(50) • 시작위치(x:200, y:68) • 회전방식('좌우 회진')	• 이름('양탄자') • 크기(100) • 시작위치(x:0, y:−90)	• 이름('독수리') • 크기(50) • 시작위치(x:−200, y:0) • 회전방식('좌우 회전') • 모양 추가('독수리2')

– 단, 개체의 모양은 기본값으로 처리하고, 크기 및 시작 위치는 명령 블록을 이용하여 지정할 것

02 심화 능력 15점

다음 설명을 읽고 [주요 블록]을 참고하여 [작성 조건]에 따라 코딩하시오.

[설명]
'아이' : 프로젝트가 시작되면 '양탄자'에서 점프를 하고, '양탄자'에 닿았을 때 '스페이스' 키를 누르면 회전하며 더 높게 점프한다. '미션실패' 신호를 받으면 "으앗"을 말한다.

[작성 조건]	[주요 블록]

◎ 프로그램을 시작했을 때

• 개체의 순서를 맨 앞으로 지정하고, 방향을 '위쪽'으로 지정하기
• 다음 조건을 계속 반복하기
　– x좌표를 '양탄자'의 'x좌푯값'으로 지정하기

◎ 이동 신호를 받았을 때

• 다음 조건을 계속 반복하기
　– 아래쪽으로 '5'만큼 이동하고 '양탄자'에 닿으면 다음 조건을 실행하기
　　▶ 아래쪽으로 '5'만큼 이동하고 '스페이스' 키를 누르면 다음 조건을 실행하기
　　　■ 위쪽으로 '7'만큼 이동하기를 '20'번 반복하기
　　　■ 방향을 시계 방향으로 '15'만큼 회전하기를 '25'번 반복하기
　　　■ 방향을 '위쪽'으로 지정하기
　　▶ 그렇지 않으면 위쪽으로 '3'만큼 이동하기를 '20'번 반복하기

◎ 미션성공 신호를 받았을 때

• 개체의 다른 코드를 종료하기

◎ 미션실패 신호를 받았을 때

• 개체의 다른 코드를 종료하고 "으앗"을 말하기
• 방향을 시계 방향으로 '15'만큼 회전하기
• '1'초 동안 x좌표 '0', y좌표 '−130'으로 이동하고 모든 코드를 종료하기

03　응용 능력(변수)　20점

다음 설명을 읽고 [주요 블록]을 참고하여 [작성 조건]에 따라 코딩하시오.

	[설명]
	'독수리' : 프로젝트가 시작되면 복제되어 화면의 왼쪽/오른쪽에서 나타나 이동하다 '아이'에 닿으면 '기회'를 감소하고 위쪽으로 이동한다. '기회'가 '0'이면 '미션실패' 신호를 보낸다.

[작성 조건]	[주요 블록]
◎ 프로그램을 시작했을 때 [변수 : 모든 오브젝트에서 사용]	

[작성 조건]

◎ **프로그램을 시작했을 때** [변수 : 모든 오브젝트에서 사용]

- '기회' 변수를 생성하고, 초기 값을 '5'로 지정하기
- 개체를 화면에서 숨기고 다음 조건을 계속 반복하기
  - 나 자신('독수리')을 복제하고 '3'~'7'초 기다리기

◎ **복제본이 처음 생성되었을 때**

- 개체를 화면에 보이고, 다음 조건을 계속 반복하기
  - '1'~'2'의 무작위 수가 '1'이면 x좌표 '–210', y좌표 '–30'으로 이동한 후 이동 방향을 '오른쪽'으로 지정하고 그렇지 않으면 x좌표 '210', y좌표 '–30'으로 이동한 후 이동 방향을 '왼쪽'으로 지정하기
  - 화면의 '벽'에 닿을 때까지 다음 조건을 반복하기
    - ▶ '2'만큼 이동하다 '아이'에 닿으면 다음 조건을 실행하기
      - ■ '기회'를 '1'만큼 감소하고, '기회'가 '0'이면 '미션실패' 신호를 보내기
      - ■ 위쪽으로 '5'만큼 이동하기를 '45'번 반복한 후 해당 복제본을 삭제하기
  - 해당 복제본을 삭제하기

◎ **복제본이 처음 생성되었을 때**

- 다음 조건을 계속 반복하기
  - '0.1'초 후 모양을 변경하기

◎ **미션성공 신호를 받았을 때** / ◎ **미션실패 신호를 받았을 때**

- 개체의 다른 코드를 종료하기

04 응용 능력(변수/리스트)   25점

다음 설명을 읽고 [주요 블록]을 참고하여 [작성 조건]에 따라 코딩하시오.

[설명]
'**햄버거**' : 프로젝트가 시작되면 복제되어 아래쪽에서 튕겨 올라왔다가 아래쪽으로 떨어진다. '아이'에 닿으면 '획득수'를 증가하고 '시간체크' 신호를 받으면 '60'초 후 프로젝트를 종료한다.

[작성 조건]	[주요 블록]

[작성 조건]

◎ 프로그램을 시작했을 때 [변수 : 모든 오브젝트에서 사용]

　[리스트 : 공유 리스트 사용, 모든 오브젝트에서 사용]

• '획득수', '시간' 변수를 생성하고, 초기 값을 각각 '0'으로 지정하기
• '플레이어', '기록시간' 리스트를 생성한 후 리스트를 화면에서 모두 숨기기
• '미션확인', '시간체크' 신호를 각각 보내고, 개체를 화면에서 숨기기
• 다음 조건을 계속 반복하기
　– 나 자신('햄버거')을 복제하고 '1'~'3'초 기다리기

◎ 복제본이 처음 생성되었을 때

• x좌표 '–200'~'200', y좌표 '–50'으로 이동하기
• 크기를 '10'으로 지정한 후 개체를 화면에 보이기
• 다음 조건을 '15'번 반복하기
　– 크기를 '2'만큼 크게 변경하고, 위쪽으로 '10'만큼 이동하기
• 화면의 '벽'에 닿을 때까지 다음 조건을 반복하기
　– 아래쪽으로 '3'만큼 이동하다 '아이'에 닿으면 다음 조건을 실행하기
　　▶ '획득수'를 '1'만큼 증가하고, '0.1'초 후 해당 복제본을 삭제하기
• 해당 복제본을 삭제하기

◎ 미션확인 신호를 받았을 때

• 다음 조건을 계속 반복하기
　– '획득수'가 '20'보다 크면 다음 조건을 실행하기
　　▶ 개체의 다른 코드를 종료하고, '미션성공' 신호를 보내기
　　▶ "플레이어 이름은?"을 묻고 대답을 기다린 후 입력 받은 값을 '플레이어'에,
　　　'시간'을 '기록시간'에 각각 저장하기
　　▶ '0.5'초 후 '화면 출력' 신호를 보내고 기다리기

◎ 시간체크 신호를 받았을 때

• 다음 조건을 계속 반복하기
　– '1'초 후 '시간'을 '1'만큼 증가하기
　– '시간'이 '60'이면 '미션실패' 신호를 보내기

[주요 블록]

y 좌표를 ◯ 만큼 바꾸기

▼ 에 닿았는가?

◯ > ◯ 　대답

크기를 ◯ 만큼 바꾸기

05 응용 능력(변수/리스트)
25점

다음 설명을 읽고 [주요 블록]을 참고하여 [작성 조건]에 따라 코딩하시오.

[설명]

 **'양탄자'** : 프로젝트가 시작되면 키보드의 방향키로 움직임을 제어한다. '아이'에 닿으면 아래쪽으로 튕기는 효과를 표현하고 '화면 출력' 신호를 받으면 '플레이어'와 '기록시간'이 화면에 출력된다.

[작성 조건]	[주요 블록]

◎ 프로그램을 시작했을 때 [변수 : 모든 오브젝트에서 사용]
　[리스트 : 공유 리스트 사용, 모든 오브젝트에서 사용]
- '순서' 변수를 생성하고, 초기 값을 '0'으로 지정하기
- '기록표시' 리스트를 생성하고, 리스트를 화면에서 숨기기
- '순서' 변수와 대답을 화면에서 숨기고, 방향을 '위쪽'으로 지정하기
- '이동' 신호를 보내고, 다음 조건을 계속 반복하기
　– '아이'에 닿으면 다음 조건을 실행하기
　　▶ 아래쪽으로 '3'만큼 이동하고, '0.1'초 후 위쪽으로 '3'만큼 이동하기

◎ 이동 신호를 받았을 때
- 다음 조건을 계속 반복하기
　– '왼쪽 화살표' 키를 누르면 왼쪽으로 '3'만큼 이동하기
　– '오른쪽 화살표' 키를 누르면 오른쪽으로 '3'만큼 이동하기

◎ 화면 출력 신호를 받았을 때
- '순서'를 '0'으로 지정하고, 다음 조건을 '플레이어' 항목 수 번 반복하기
　– '순서'를 '1'만큼 증가하고, '플레이어'의 '순서' 번째의 항목과 "님 햄버거 취득 시간은(초)?" 텍스트와 '기록시간'의 '순서' 번째 항목을 결합하여 '기록표시'에 저장하기
- '기록표시' 리스트를 화면에 보인 후 모든 코드를 종료하기

◎ 미션성공 신호를 받았을 때
- 다음 조건을 '기록표시' 항목 수 번 반복하기
　– '1'번째 항목을 '기록표시'에서 삭제하기

◎ 미션실패 신호를 받았을 때
- 개체의 다른 코드를 종료하고, 방향을 시계 방향으로 '15'만큼 회전한 후 아래쪽으로 '30'만큼 이동하기

제**03**회 실전모의고사

코딩창의개발능력(Coding creative Development Test)

시험일	프로그램명	시험시간	수험번호	성명
202X. XX. XX	엔트리(Entry)	40분		

1급 C형　　　　　　　　　　　　　　　　수험자 유의사항

1. 수험자는 신분증 또는 동등한 자격을 갖춘 증빙서류를 지참하여야 시험에 응시할 수 있으며, 미지참 시 퇴실 조치합니다.

2. 시험 전 시스템(PC작동여부, 네트워크 상태 등)의 이상여부를 반드시 확인하여야 하며, 시스템 이상이 있을 시에는 감독관에게 조치를 받으셔야 합니다.

3. 시험 중 부주의 또는 고의로 시스템을 파손한 경우는 수험자 부담으로 합니다.

4. 답안 파일은 답안 전송 프로그램을 통하여 다운로드 한 파일을 이용하여 작성하셔야 합니다.

5. 작성한 답안 파일은 답안 전송 프로그램을 통하여 자동으로 전송되므로, 감독관의 지시에 따라 주시기 바랍니다.
    • 답안 전송 프로그램의 사용이 불가능한 경우에는 답안 파일명을 **본인의 "수험번호−성명"**으로 지정하여 감독 관의 지시에 따라 시험을 진행하시기 바랍니다(예: CDTE−2200−101234−홍길동.ent).

6. 시험 중 엔트리(Entry) 이외에 시험과 관련 없는 다른 프로그램을 작동 시 부정행위로 간주하여 실격 처리됨을 유의하시기 바랍니다.

7. 다음 사항의 경우 실격(0점) 혹은 부정행위 처리됩니다.
    • 답안을 저장하지 않았거나, 미제출 또는 저장한 파일이 손상되었을 경우
    • 답안 파일을 다른 보조 기억장치(USB) 또는 이메일(E−mail) 등으로 전송할 경우
    • 휴대용 전화기 등 통신장비를 사용할 경우
    • 시스템 조작의 미숙으로 시험이 불가능할 경우

8. 시험의 완료는 작성이 완료된 답안을 저장하고, 답안 전송이 완료된 상태를 확인한 것으로 합니다. 답안 전송 확인 후 문제지는 감독관에게 제출한 후 퇴실하여야 합니다.

9. 주어진 시험시간 이후에는 수정 또는 정정이 불가능합니다.

10. 〈수험자 유의사항〉에 기재된 방법대로 이행하지 않아 생기는 불이익은 수험자 본인에게 책임이 있음을 알려 드립니다.

답안 작성요령

- 코딩은 [작성 조건]을 준수하여 **최소한의 명령 블록으로 프로젝트가 오류 없이 실행**되도록 구성하되 반드시 [주요 블록]을 모두 포함해야 합니다.
- 불필요한 명령 블록 및 미디어를 사용한 경우, [작성 조건]을 임의로 변경 또는 추가한 경우, [주요 블록]을 사용하지 않은 경우에는 **감점 또는 실격 처리**됩니다.
- 파일 삽입 시에는 반드시 주어진 폴더 내에서 다운로드 한 파일을 사용해야 합니다.
- 별도의 조건이 없는 경우에는 기본 값(Default)으로 처리해야 합니다.

※ 다음 사항을 확인하고 주어진 조건에 따라 [문제 1-5]를 완성하시오. (전체완성도 5점)

[프로젝트 주제]	[결과 화면]

엽전 잡기
선비가 동전을 모으면서 엽전을 잡는 프로젝트 만들기

[프로젝트 구성]

배경	오브젝트
① 배경 　bg2 　bg3	② 동전 ③ 초가집 ④ 선비 ⑤ 엽전

01 화면 구현 능력　　10점

다음 조건에 따라 프로젝트 화면을 구현하시오.

▶ 배경 구현 : ① 파일 올리기로 배경('bg1')을 삽입한 후 배경 이름('배경')을 변경하고, 기존 배경('새그림')은 삭제한다.
　　　　　　② 파일 올리기로 배경('bg2', 'bg3')을 추가 삽입한다.
　　　　　　③ 명령 블록을 이용하여 배경(프로그램을 시작했을 때 : 'bg1', 성공 신호를 받았을 때 : 'bg2', 실패 신호를 받았을 때 : 'bg3')을 지정한다.

▶ 개체 구현 : 오브젝트 선택 및 파일 올리기로 다음과 같이 개체를 순서대로(왼쪽→오른쪽) 삽입한다.

오브젝트 선택하기			파일 올리기
'백원동전'	'초가집(1)'	'선비(1)'	'엽전'
• 이름('동전') • 크기(20) • 시작위치(x:-14, y:100)	• 이름('초가집') • 크기(100) • 시작위치(x:-180, y:-40)	• 이름('선비') • 크기(60) • 시작위치(x:209, y:-70)	• 크기(50) • 시직위치(x:-147, y:110)

－ 단, 개체의 모양은 기본값으로 처리하고, 크기 및 시작 위치는 명령 블록을 이용하여 지정할 것

02 심화 능력 15점

다음 설명을 읽고 [주요 블록]을 참고하여 [작성 조건]에 따라 코딩하시오.

[설명]
'동전' : 복제되어 아래쪽으로 이동하거나, 회전하면서 아래쪽으로 이동한다. '선비'에 닿으면 복제본이 삭제되고, 개체의 'y좌푯값'이 '−120'보다 작아지면 "실패!"를 말한다.

[작성 조건]	[주요 블록]

◎ **프로그램을 시작했을 때**
 	
• 개체를 화면에서 숨기기
 	
◎ **시작 신호를 받았을 때**
 	
• 다음 조건을 계속 반복하기
  – 개체를 화면에서 숨기고, x좌표 '−200'~'200', y좌표 '130'으로 이동하기
  – '1'~'5'초 후 나 자신('동전')을 복제하기
 	
◎ **복제본이 처음 생성되었을 때**
 	
• 방향을 '위쪽'으로 지정하고, 개체를 화면에 보이기
• '1'~'2'의 무작위 수가 '1'이면 다음 조건을 실행하기
  – 개체의 'y좌푯값'이 '−120'보다 작을 때까지 다음 조건을 반복하기
    ▶ 다음 조건을 '10'번 반복한 후 아래쪽으로 '7'만큼 이동하기
      ■ 방향을 시계 방향으로 '15'만큼 회전하고, '10'만큼 이동하기
• 그렇지 않으면 개체의 'y좌푯값'이 '−120'보다 작을 때까지 아래쪽으로 '1'만큼 이동하기를 반복하기
 	
◎ **복제본이 처음 생성되었을 때**
 	
• 다음 조건을 계속 반복하기
  – '선비'에 닿으면 '0.1'초 후 해당 복제본을 삭제하기
  – 개체의 'y좌푯값'이 '−120'보다 작으면 다음 조건을 실행하기
    ▶ '1'초 동안 "실패!"를 말하고, 모든 코드를 종료하기
 	
◎ **성공 신호를 받았을 때 / ◎ 실패 신호를 받았을 때**
 	
• 개체의 다른 코드를 종료하기

03 응용 능력(변수)   20점

다음 설명을 읽고 [주요 블록]을 참고하여 [작성 조건]에 따라 코딩하시오.

[설명]
'**초가집**' : 게임 방법을 말하고 프로젝트가 시작된다. '시작' 신호를 받으면 '1'초 동안 '시간'을 말하면서 '시간'을 증가하고 '시간'이 '60'이면 '미션실패' 신호를 보내고, 프로젝트를 종료한다.

[작성 조건]	[주요 블록]

◎ 프로그램을 시작했을 때 [변수 : 모든 오브젝트에서 사용]
 	
 • '시간' 변수를 생성하고, 초기 값을 '0'으로 지정하기
 • 변수와 대답을 화면에서 모두 숨기기
 • '2'초 동안 "동전을 모으면서 엽전을 획득하면 게임 성공!"을 말하고 '2'초 동안 "동전을 놓치면 실패!"를 말하기
 • '시작' 신호를 보내고 개체의 순서를 '1'번째 뒤로 보내기
 	
◎ 시작 신호를 받았을 때
 	
 • 개체를 화면에 보인 후 다음 조건을 계속 반복하기
   – '1'초 동안 '시간'을 말한 후 '시간'을 '1'만큼 증가하기
   – '시간'이 '60'이면 '실패' 신호를 보내고 모든 코드를 종료하기
 	
◎ 성공 신호를 받았을 때 / ◎ 실패 신호를 받았을 때
 	
 • 개체의 다른 코드를 종료하기

04 응용 능력(변수/함수)   25점

다음 설명을 읽고 [주요 블록]을 참고하여 [작성 조건]에 따라 코딩하시오.

[설명]
'선비' : 키보드의 방향키로 좌우 움직임을 제어하고, '스페이스' 키를 누르면 점프한다. '성공' 신호를 받으면 "성공!"을 말하고, '실패' 신호를 받으면 "실패!"를 말한다.

[작성 조건]	[주요 블록]

◎ 프로그램을 시작했을 때 [변수 : 모든 오브젝트에서 사용]

• '동전 받은 횟수' 변수를 생성하고, 초기 값을 '0'으로 지정하기
• 개체의 순서를 맨 앞으로 지정하기
• '미션확인' 신호를 보내고, 다음 조건을 계속 반복하기
  – '0.1'초 후 모양을 좌우로 변경하기

◎ 함수 정의 [이름 : '출력', 매개변수('문자/숫자값 1', '문자/숫자값 2')]

• 개체의 다른 코드를 종료하고, '2'초 동안 '문자/숫자값 1'을 말하기
• '문자/숫자값 2'가 '2'이면 모든 코드를 종료하기

◎ 시작 신호를 받았을 때

• 다음 조건을 계속 반복하기
  – '스페이스' 키를 누르면 다음 조건을 실행하기
    ▶ 위쪽으로 '5'만큼 이동하기를 '15'번 반복하기
    ▶ 아래쪽으로 '5'만큼 이동하기를 '15'번 반복하기
  – '왼쪽 화살표' 키를 누르면 왼쪽으로 '5'만큼 이동하기
  – '오른쪽 화살표' 키를 누르면 오른쪽으로 '5'만큼 이동하기

◎ 미션확인 신호를 받았을 때

• 다음 조건을 계속 반복하기
  – '동전'에 닿으면 '동전 받은 횟수'를 '1'만큼 증가하고 '0.2'초 기다리기

◎ 성공 신호를 받았을 때 / ◎ 실패 신호를 받았을 때

• '문자/숫자값 1'과 '문자/숫자값 2'에 (성공 신호를 받았을 때) "성공!", "1", (실패 신호를 받았을 때) "실패!", "2"를 지정하여 '출력'을 호출하기

[주요 블록]
- ▼ 키가 눌러져 있는가?
- x 좌표를 ◯ 만큼 바꾸기
- y 좌표를 ◯ 만큼 바꾸기
- ◯ = ◯

05 응용 능력(리스트) 25점

다음 설명을 읽고 [주요 블록]을 참고하여 [작성 조건]에 따라 코딩하시오.

	[설명]
	'엽전' : 화면의 위쪽에서 좌우로 이동하다 임의의 위치에서 아래쪽으로 내려와 회전한다. '성공' 신호를 받으면 입력 받은 값과 '동전 받은 횟수'를 리스트에 저장하고 화면에 보인다.

[작성 조건]	[주요 블록]
◎ **프로그램을 시작했을 때 [리스트 : 공유 리스트 사용, 모든 오브젝트에서 사용]**	

◎ **프로그램을 시작했을 때 [리스트 : 공유 리스트 사용, 모든 오브젝트에서 사용]**

- '플레이어', '획득갯수' 리스트를 생성한 후 리스트를 화면에서 모두 숨기기
- 방향을 '위쪽'으로 지정하고, 크기를 '20'으로 지정하기
- 개체를 화면에 보이고, 다음 조건을 계속 반복하기
  - '선비'에 닿으면 개체를 화면에서 숨기고 '성공' 신호를 보내기

◎ **시작 신호를 받았을 때**

- 다음 조건을 계속 반복하기
  - 다음 조건을 '5'번 반복하기
    ▶ 다음 조건을 '20'~'50'번 반복하기
      ■ '7'만큼 이동하다 화면 끝에 닿으면 방향을 바꾸기
  - '0.5'초 동안 x좌표 개체의 'x좌푯값', y좌표 '0'으로 이동하기
  - 방향을 시계 방향으로 '20'만큼 회전하기를 '30'번 반복하기
  - 방향을 '위쪽'으로 지정하고, '0.5'초 동안 x좌표 개체의 'x좌푯값', y좌표 '100'으로 이동하기

◎ **성공 신호를 받았을 때**

- 개체의 다른 코드를 종료하고, 위쪽으로 '60'만큼 이동하기
- "플레이어 이름은?"을 묻고 대답을 기다린 후 입력 받은 값을 '플레이어'에, '동전 받은 횟수'를 '획득갯수'에 각각 저장하기
- '플레이어'와 '획득갯수' 리스트를 화면에 보이기
- 모든 코드를 종료하기

◎ **실패 신호를 받았을 때**

- 개체의 다른 코드를 종료하기

[주요 블록]

시험일	프로그램명	시험시간	수험번호	성명
202X. XX. XX	엔트리(Entry)	40분		

1급 D형 수험자 유의사항

1. 수험자는 신분증 또는 동등한 자격을 갖춘 증빙서류를 지참하여야 시험에 응시할 수 있으며, 미지참 시 퇴실 조치합니다.

2. 시험 전 시스템(PC작동여부, 네트워크 상태 등)의 이상여부를 반드시 확인하여야 하며, 시스템 이상이 있을 시에는 감독관에게 조치를 받으셔야 합니다.

3. 시험 중 부주의 또는 고의로 시스템을 파손한 경우는 수험자 부담으로 합니다.

4. 답안 파일은 답안 전송 프로그램을 통하여 다운로드 한 파일을 이용하여 작성하셔야 합니다.

5. 작성한 답안 파일은 답안 전송 프로그램을 통하여 자동으로 전송되므로, 감독관의 지시에 따라 주시기 바랍니다.
   • 답안 전송 프로그램의 사용이 불가능한 경우에는 답안 파일명을 본인의 "수험번호–성명"으로 지정하여 감독 관의 지시에 따라 시험을 진행하시기 바랍니다(예: CDTE–2200–101234–홍길동.ent).

6. 시험 중 엔트리(Entry) 이외에 시험과 관련 없는 다른 프로그램을 작동 시 부정행위로 간주하여 실격 처리됨을 유의하시기 바랍니다.

7. 다음 사항의 경우 실격(0점) 혹은 부정행위 처리됩니다.
   • 답안을 저장하지 않았거나, 미제출 또는 저장한 파일이 손상되었을 경우
   • 답안 파일을 다른 보조 기억장치(USB) 또는 이메일(E–mail) 등으로 전송할 경우
   • 휴대용 전화기 등 통신장비를 사용할 경우
   • 시스템 조작의 미숙으로 시험이 불가능할 경우

8. 시험의 완료는 작성이 완료된 답안을 저장하고, 답안 전송이 완료된 상태를 확인한 것으로 합니다. 답안 전송 확인 후 문제지는 감독관에게 제출한 후 퇴실하여야 합니다.

9. 주어진 시험시간 이후에는 수정 또는 정정이 불가능합니다.

10. 〈수험자 유의사항〉에 기재된 방법대로 이행하지 않아 생기는 불이익은 수험자 본인에게 책임이 있음을 알려 드립니다.

답안 작성요령

- 코딩은 [작성 조건]을 준수하여 **최소한의 명령 블록으로 프로젝트가 오류 없이 실행**되도록 구성하되 반드시 [주요 블록]을 모두 포함해야 합니다.
- 불필요한 명령 블록 및 미디어를 사용한 경우, [작성 조건]을 임의로 변경 또는 추가한 경우, [주요 블록]을 사용하지 않은 경우에는 **감점 또는 실격 처리**됩니다.
- 파일 삽입 시에는 반드시 주어진 폴더 내에서 다운로드 한 파일을 사용해야 합니다.
- 별도의 조건이 없는 경우에는 기본 값(Default)으로 처리해야 합니다.

※ 다음 사항을 확인하고 주어진 조건에 따라 [문제 1-5]를 완성하시오.   (전체완성도 5점)

[프로젝트 주제]	[결과 화면]

사과 획득하기

'30'초 동안 생쥐를 피해 떨어지는 사과를 바구니에 담는 프로젝트 만들기

[프로젝트 구성]

배경	오브젝트
① 과수원	② 생쥐
bg2	③ 바구니
bg3	④ 사과
	⑤ 고양이

01 화면 구현 능력   10점

다음 조건에 따라 프로젝트 화면을 구현하시오.

▶ **배경 구현** : ① 오브젝트를 선택하여 배경('초원(1)')을 삽입한 후 배경 이름('과수원')을 변경한다.
         ② 파일 올리기로 배경('bg2', 'bg3')을 추가 삽입한다.
         ③ 명령 블록을 이용하여 배경(프로그램을 시작했을 때 : '초원(1)_1', 미션성공 신호를 받았을 때 : 'bg2', 미션실패 신호를 받았을 때 : 'bg3')을 지정한다.

▶ **개체 구현** : 오브젝트를 선택하여 다음과 같이 개체를 순서대로(왼쪽→오른쪽) 삽입한다.

오브젝트 선택하기			
'쥐'	'그릇'	'사과(1)'	'고양이'
• 이름('생쥐')	• 이름('바구니')	• 이름('사과')	• 크기(50)
• 크기(30)	• 크기(20)	• 크기(20)	• 시작위치(x:0, y:-100)
• 시작위치(x:90, y:150)	• 시작위치(x:-25, y:100)	• 시작위치(x:0, y:180)	

– 단, 개체의 모양은 기본값으로 처리하고, 크기 및 시작 위치는 명령 블록을 이용하여 지정할 것

02 심화 능력 15점

다음 설명을 읽고 [주요 블록]을 참고하여 [작성 조건]에 따라 코딩하시오.

	[설명]
	'생쥐' : 프로젝트가 시작되면 복제되어 임의의 위치에서 나타나 '고양이'에 닿을 때까지 임의의 방향으로 이동한다. 단, '5'~'10'초가 지나면 복제본이 삭제된다.

[작성 조건] | [주요 블록]

◎ 프로그램을 시작했을 때 : 개체를 화면에서 숨기기

◎ 사과 받기 시작 신호를 받았을 때

• 다음 조건을 계속 반복하기
 – 나 자신('생쥐')을 복제하고 '1'~'3'초 기다리기

◎ 복제본이 처음 생성되었을 때

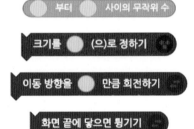

• x좌표 '–200'~'200', y좌표 '150'으로 이동하기
• 이동 방향을 '0'~'360'으로 지정하고, 크기를 '20'~'35'로 지정하기
• 개체를 화면에 보인 후 '고양이'에 닿을 때까지 다음 조건을 반복하기
 – 다음 조건을 '30'~'60'번 반복하기
  ▶ '3'만큼 이동하다 화면의 벽에 닿으면 방향을 바꾸기
 – 이동 방향을 '15'만큼 회전하기

◎ 복제본이 처음 생성되었을 때

• '5'~'10'초 후 '횟수증가' 신호를 보내고, 해당 복제본을 삭제하기

◎ 미션성공 신호를 받았을 때 / ◎ 미션실패 신호를 받았을 때

• 개체의 다른 코드를 종료하기

03 응용 능력(변수)
20점

다음 설명을 읽고 [주요 블록]을 참고하여 [작성 조건]에 따라 코딩하시오.

	[설명]
	'바구니' : 프로젝트가 시작되면 '고양이'를 따라 이동하다 '사과'에 닿으면 '획득'을 증가하고, "받았다!"를 말한다. '스페이스' 키를 누르면 위쪽으로 이동했다가 '고양이' 위치로 이동한다.

[작성 조건]	[주요 블록]
◎ 프로그램을 시작했을 때 [변수 : 모든 오브젝트에서 사용] • '획득' 변수를 생성하고, 초기 값을 '0'으로 지정하기 • 방향을 '위쪽'으로 지정하고 '1'초 동안 x좌표 '−25', y좌표 '−100'으로 이동하기 ◎ 사과 받기 시작 신호를 받았을 때 • '미션확인' 신호를 보내고, 다음 조건을 계속 반복하기 − x좌표 '고양이'의 'x좌푯값'−'20', y좌표 '고양이'의 'y좌푯값'+'3'으로 이동하기 − '스페이스' 키를 누르면 다음 조건을 실행하기 ▶ 위쪽으로 '10'만큼 이동하기를 '20'번 반복하기 ▶ '0.5'초 동안 x좌표 '고양이'의 'x좌푯값', y좌표 '고양이'의 'y좌푯값'으로 이동하기 ◎ 미션확인 신호를 받았을 때 • 다음 조건을 계속 반복하기 − '사과'에 닿으면 다음 조건을 실행하기 ▶ '획득'을 '1'만큼 증가하고, '색깔' 효과를 '25'만큼 변경하기 ▶ '0.5'초 동안 "받았다!"를 말하고, '색깔' 효과를 모두 삭제하기 ◎ 미션성공 신호를 받았을 때 • 개체의 다른 코드를 종료하고, 개체를 화면에서 숨기기 ◎ 미션실패 신호를 받았을 때 • 개체의 다른 코드를 종료하고, 말하기를 삭제하기 • 방향을 시계 방향으로 '45'만큼 회전하고, '0.5'초 동안 x좌표 '바구니'의 'x좌푯값', y좌표 '−135'로 이동하기 • '1'초 후 모든 코드를 종료하기	▼ 의 ▼ 말하기 지우기 효과 모두 지우기 ▼ 에 닿았는가?

04 응용 능력(변수/리스트) 25점

다음 설명을 읽고 [주요 블록]을 참고하여 [작성 조건]에 따라 코딩하시오.

	[설명]
	'사과' : 프로젝트가 시작되면 복제되어 화면의 아래쪽으로 이동하다 '바구니'에 닿으면 복제본이 삭제된다. '시간체크' 신호를 받으면 '시간'을 증가하고, '획득'이 '10'보다 크면 '미션성공' 신호를 보낸다.

[작성 조건]	[주요 블록]

◎ 프로그램을 시작했을 때 [변수 : 모든 오브젝트에서 사용]
  [리스트 : 공유 리스트 사용, 모든 오브젝트에서 사용]
  • '시간' 변수를 생성하고, 초기 값을 '0'으로 지정하기
  • '성공한 플레이어' 리스트를 생성하고 리스트를 화면에서 숨기기
  • 대답과 개체를 화면에서 숨기고 개체의 순서를 맨 앞으로 지정하기

◎ 사과 받기 시작 신호를 받았을 때
  • '시간체크' 신호를 보낸 후 다음 조건을 계속 반복하기
    – 나 자신('사과')을 복제하고 '1'~'3'초 기다리기

◎ 복제본이 처음 생성되었을 때
  • x좌표 '–200'~'200', y좌표 '180'으로 이동한 후 개체를 화면에 보이기
  • '아래쪽 벽'에 닿을 때까지 다음 조건을 반복하기
    – 아래쪽으로 '2'만큼 이동하고 방향을 시계 방향으로 '3'만큼 회전하기
    – '바구니'에 닿으면 '0.1'초 후 해당 복제본을 삭제하기
  • 해당 복제본을 삭제하기

◎ 시간체크 신호를 받았을 때
  • 다음 조건을 계속 반복하기
    – '1'초 후 '시간'을 '1'만큼 증가하기
    – '시간'이 '30'보다 크면 다음 조건을 실행하기
      ▶ '획득'이 '10'보다 크면 '미션성공' 신호를 보내고, 그렇지 않으면 '미션실패'
        신호를 보내기

◎ 미션성공 신호를 받았을 때
  • 개체의 다른 코드를 종료하고, 입력 받은 값을 '성공한 플레이어'에 저장한 후
    리스트를 화면에 보이기
  • 모든 코드를 종료하기

◎ 미션실패 신호를 받았을 때
  • 개체의 다른 코드를 종료하기

05 응용 능력(변수/함수) 25점

다음 설명을 읽고 [주요 블록]을 참고하여 [작성 조건]에 따라 코딩하시오.

[설명]
'고양이' : 프로젝트가 시작되면 '사과 받기 시작' 신호를 보내고 키보드의 방향키로 움직임을 제어한다. '미션성공', '미션실패' 신호를 받으면 각각 "미션성공!", "미션실패!"을 말한다.

[작성 조건]	[주요 블록]

◎ 프로그램을 시작했을 때 [변수 : 모든 오브젝트에서 사용]

- '피한 횟수' 변수를 생성하고, 초기 값을 '0'으로 지정하기
- '2'초 동안 "생쥐를 피해 사과를 받아요!"를 말하기
- "이름을 입력하세요!"를 묻고 대답을 기다리기
- '사과 받기 시작' 신호를 보내고 다음 조건을 계속 반복하기
  - '생쥐'에 닿으면 '미션실패' 신호를 보내기

◎ 함수 정의 [이름 : '미션결과', 매개변수('문자/숫자값 1')]

- 개체의 다른 코드를 종료하고, x좌표 '0', y좌표 '15'로 이동하기
- 크기를 '100'으로 지정하고, '1'초 동안 '문자/숫자값 1'을 말하기

◎ 사과 받기 시작 신호를 받았을 때

- 개체의 순서를 맨 앞으로 지정하고 다음 조건을 계속 반복하기
  - '왼쪽 화살표' 키를 누르고 '고양이'의 'x좌푯값'이 '−190'보다 크면 왼쪽으로 '3'만큼 이동하기
  - '오른쪽 화살표' 키를 누르고 '고양이'의 'x좌푯값'이 '210'보다 작으면 오른쪽으로 '3'만큼 이동하기
  - '위쪽 화살표' 키를 누르고 '고양이'의 'y좌푯값'이 '100'보다 작으면 위쪽으로 '3'만큼 이동하기
  - '아래쪽 화살표' 키를 누르고 '고양이'의 'y좌푯값'이 '−100'보다 크면 아래쪽으로 '3'만큼 이동하기

◎ 횟수증가 신호를 받았을 때

- '피한 횟수'를 '1'만큼 증가하기

◎ 미션성공 신호를 받았을 때 / ◎ 미션실패 신호를 받았을 때

- '문자/숫자값 1'에 (미션성공 신호를 받았을 때) "미션성공!", (미션실패 신호를 받았을 때) "미션실패!"를 지정하여 '미션결과'를 호출하기

크기를 ⬤ (으)로 정하기

그리고 ▼

▼ 키가 눌러져 있는가?

▼ 의 ▼

실전모의고사

코딩창의개발능력(Coding creative Development Test)

시험일	프로그램명	시험시간	수험번호	성명
202X. XX. XX	엔트리(Entry)	40분		

1급 A형 　　　　　　　　　　　　　　　　　수험자 유의사항

1. 수험자는 신분증 또는 동등한 자격을 갖춘 증빙서류를 지참하여야 시험에 응시할 수 있으며, 미지참 시 퇴실 조치합니다.

2. 시험 전 시스템(PC작동여부, 네트워크 상태 등)의 이상여부를 반드시 확인하여야 하며, 시스템 이상이 있을 시에는 감독관에게 조치를 받으셔야 합니다.

3. 시험 중 부주의 또는 고의로 시스템을 파손한 경우는 수험자 부담으로 합니다.

4. 답안 파일은 답안 전송 프로그램을 통하여 다운로드 한 파일을 이용하여 작성하셔야 합니다.

5. 작성한 답안 파일은 답안 전송 프로그램을 통하여 자동으로 전송되므로, 감독관의 지시에 따라 주시기 바랍니다.
   - 답안 전송 프로그램의 사용이 불가능한 경우에는 답안 파일명을 **본인의 "수험번호–성명"**으로 지정하여 감독관의 지시에 따라 시험을 진행하시기 바랍니다(예: CDTE–2200–101234–홍길동.ent).

6. 시험 중 엔트리(Entry) 이외에 시험과 관련 없는 다른 프로그램을 작동 시 부정행위로 간주하여 실격 처리됨을 유의하시기 바랍니다.

7. 다음 사항의 경우 실격(0점) 혹은 부정행위 처리됩니다.
   - 답안을 저장하지 않았거나, 미제출 또는 저장한 파일이 손상되었을 경우
   - 답안 파일을 다른 보조 기억장치(USB) 또는 이메일(E–mail) 등으로 전송할 경우
   - 휴대용 전화기 등 통신장비를 사용할 경우
   - 시스템 조작의 미숙으로 시험이 불가능할 경우

8. 시험의 완료는 작성이 완료된 답안을 저장하고, 답안 전송이 완료된 상태를 확인한 것으로 합니다. 답안 전송 확인 후 문제지는 감독관에게 제출한 후 퇴실하여야 합니다.

9. 주어진 시험시간 이후에는 수정 또는 정정이 불가능합니다.

10. 〈수험자 유의사항〉에 기재된 방법대로 이행하지 않아 생기는 불이익은 수험자 본인에게 책임이 있음을 알려 드립니다.

답안 작성요령

- 코딩은 [작성 조건]을 준수하여 <u>최소한의 명령 블록으로 프로젝트가 오류 없이 실행</u>되도록 구성하되 반드시 [주요 블록]을 모두 포함해야 합니다.
- 불필요한 명령 블록 및 미디어를 사용한 경우, [작성 조건]을 임의로 변경 또는 추가한 경우, [주요 블록]을 사용하지 않은 경우에는 <u>감점 또는 실격</u> 처리됩니다.
- 파일 삽입 시에는 반드시 주어진 폴더 내에서 다운로드 한 파일을 사용해야 합니다.
- 별도의 조건이 없는 경우에는 기본 값(Default)으로 처리해야 합니다.

※ 다음 사항을 확인하고 주어진 조건에 따라 [문제 1-5]를 완성하시오.　　　　(전체완성도 5점)

[프로젝트 주제]	[결과 화면]

나비의 여행

'60'초 동안 올라오는 건물과 내려오는 새를 피하는 프로젝트 만들기

[프로젝트 구성]	
배경	오브젝트
① 숲속	② 건물 ③ 나비 ④ 꽃 ⑤ 새

01 화면 구현 능력　　　　10점

다음 조건에 따라 프로젝트 화면을 구현하시오.

▶ 배경 구현 : ① 오브젝트를 선택하여 배경('숲속(2)')을 삽입한 후 배경 이름('숲속')을 변경한다.
　　　　　　② 명령 블록을 이용하여 다음과 같이 지정한다.
　　　　　　◎ 프로그램을 시작했을 때
　　　　　　　• '10'초 후 '미션성공' 신호를 보내기

▶ 개체 구현 : 오브젝트 선택 및 파일 올리기로 다음과 같이 개체를 순서대로(왼쪽→오른쪽) 삽입한다.

오브젝트 선택하기			파일 올리기
'63빌딩'	'나비(1)'	'들꽃(노랑)'	'새'
• 이름('건물') • 크기(120) • 시작위치(x:203, y:-128)	• 이름('나비') • 크기(200) • 시작위치(x:0, y:0)	• 이름('꽃') • 크기(10) • 시작위치(x:200, y:150)	• 크기(30) • 시작위치(x:210, y:65) • 회전방식('좌우 회전') • 모양 추가('새2')

– 단, 개체의 모양은 기본값으로 처리하고, 크기 및 시작 위치는 명령 블록을 이용하여 지정할 것

02 심화 능력 　15점

다음 설명을 읽고 [주요 블록]을 참고하여 [작성 조건]에 따라 코딩하시오.

[설명]
'건물' : '시작' 신호를 받으면 임의의 시간 간격으로 복제되어 아래쪽에서 위쪽으로 이동했다 다시 아래쪽으로 이동한다. '미션성공', '미션실패' 신호를 받으면 이동을 멈춘다.

[작성 조건]	[주요 블록]
◎ 프로그램을 시작했을 때 　• 개체를 화면에서 숨기기 ◎ 시작 신호를 받았을 때 　• '1'초 후 다음 조건을 계속 반복하기 　　– 나 자신('건물')을 복제하고 '1'~'3'초 기다리기 ◎ 복제본이 처음 생성되었을 때 　• x좌표 '−230'~'230', y좌표 '−250'으로 이동한 후 개체를 화면에 보이기 　• 개체의 'y좌푯값'이 '−50'보다 클 때까지 다음 조건을 반복하기 　　– 위쪽으로 '3'만큼 이동하다 '나비'에 닿으면 아래쪽으로 '20'만큼 이동하기 　• 개체의 'y좌푯값'이 '−160'보다 작을 때까지 다음 조건을 반복하기 　　– 아래쪽으로 '3'만큼 이동하다 '나비'에 닿으면 아래쪽으로 '20'만큼 이동하기 　• 해당 복제본을 삭제하기 ◎ 미션성공 신호를 받았을 때 / ◎ 미션실패 신호를 받았을 때 　• 개체의 다른 코드를 종료하기	

03 응용 능력(변수) 20점

다음 설명을 읽고 [주요 블록]을 참고하여 [작성 조건]에 따라 코딩하시오.

[설명]

'**나비**' : 이름을 입력 받은 후 '시작' 신호를 보내고 '시작' 신호를 받으면 키보드의 방향키로 움직임을 제어한다. '충돌' 신호를 받고 '건물'에 닿으면 '기회'를 '1'만큼 감소한다.

[작성 조건]	[주요 블록]

◎ **프로그램을 시작했을 때 [변수 : 모든 오브젝트에서 사용]**
- '기회' 변수를 생성하고, 초기 값을 '5'로 지정하기
- 대답을 화면에서 숨기고 "이름을 입력하세요."를 묻고 대답을 기다린 후 '시작' 신호를 보내기

◎ **시작 신호를 받았을 때**
- '충돌' 신호를 보내고, '0.5'초 후 크기를 '20'으로 지정하기
- x좌표 '−155', y좌표 '115'로 이동한 후 다음 조건을 계속 반복하기
  - 개체의 'y좌푯값'이 '−110'보다 크면 아래쪽으로 '2'만큼 이동하기
  - '위쪽 화살표' 키를 누르고 개체의 'y좌푯값'이 '170'보다 작으면 위쪽으로 '5'만큼 이동하기
  - '왼쪽 화살표' 키를 누르고 개체의 'x좌푯값'이 '−230'보다 크면 왼쪽으로 '2'만큼 이동하기
  - '오른쪽 화살표' 키를 누르고 개체의 'x좌푯값'이 '230'보다 작으면 오른쪽으로 '2'만큼 이동하기

◎ **충돌 신호를 받았을 때**
- 다음 조건을 계속 반복하기
  - '건물'에 닿으면 '기회'를 '1'만큼 감소하고 '0.1'초 후 위쪽으로 '5'만큼 이동하기

◎ **미션성공 신호를 받았을 때 / ◎ 미션실패 신호를 받았을 때**
- 개체의 다른 코드를 종료하기

04 응용 능력(변수/리스트)　25점

다음 설명을 읽고 [주요 블록]을 참고하여 [작성 조건]에 따라 코딩하시오.

[설명]
'꽃' : '스페이스' 키를 누르면 복제되어 '나비'의 위치에서 화면의 위쪽으로 이동한다. 이동 중 '새'에 닿으면 점수를 증가하고 복제본을 삭제한다.

[작성 조건]	[주요 블록]

◎ 프로그램을 시작했을 때 [변수 : 모든 오브젝트에서 사용]
　[리스트 : 공유 리스트 사용, 모든 오브젝트에서 사용]
- '점수' 변수를 생성하고, 초기 값을 '0'으로 지정하기
- '플레이어', '기록' 리스트를 생성하고, 리스트와 개체를 화면에서 모두 숨기기

◎ 시작 신호를 받았을 때
- 다음 조건을 계속 반복하기
  - '스페이스' 키를 누르면 나 자신('꽃')을 복제하고 '0.2'초 기다리기

◎ 복제본이 처음 생성되었을 때
- 위치를 '나비'로 지정한 후 개체를 화면에 보이기
- 개체의 'y좌푯값'이 '130'보다 클 때까지 다음 조건을 반복하기
  - 위쪽으로 '5'만큼 이동하다 '새'에 닿으면 '점수'를 '1'만큼 증가하고 '0.1'초 후 해당 복제본을 삭제하기
- 해당 복제본을 삭제하기

◎ 미션성공 신호를 받았을 때
- 개체의 다른 코드를 종료한 후 입력 받은 값을 '플레이어'에, '점수'를 '기록'에 저장하기
- '0.5'초 후 '플레이어'와 '기록'을 화면에 보이고, 모든 코드를 종료하기

◎ 미션실패 신호를 받았을 때
- 개체의 다른 코드를 종료하고, '0.1'초 후 모든 코드를 종료하기

05 응용 능력(변수/함수)

25점

다음 설명을 읽고 [주요 블록]을 참고하여 [작성 조건]에 따라 코딩하시오.

[설명]
'새' : '시작' 신호를 받으면 복제되어 아래쪽으로 이동한다. '나비'에 닿으면 '기회'를 '1'만큼 감소하고 '미션성공'과 '미션실패' 신호를 받으면 해당 메시지를 호출한다.

[작성 조건]	[주요 블록]

◎ 프로그램을 시작했을 때

- 개체를 화면에서 숨기고, '1'초 후 다음 조건을 계속 반복하기
  - '기회'가 '1'보다 작으면 '미션실패' 신호를 보내기

◎ 함수 정의 [이름 : '메시지 출력', 매개변수('문자/숫자값 1')]

- 개체의 다른 코드를 종료하고, x좌표 '0', y좌표 '0'으로 이동하기
- 크기를 '150'으로 지정하고, 개체를 화면에 보인 후 '문자/숫자값 1'을 말하기

◎ 시작 신호를 받았을 때

- '1'초 후 다음 조건을 계속 반복하기
  - 나 자신('새')을 복제하고 '1'~'5'초 기다리기

◎ 복제본이 처음 생성되었을 때

- '움직임' 신호를 보내고, x좌표 '-230'~'230', y좌표 '140'으로 이동하기
- 개체를 화면에 보인 후 개체의 'y좌푯값'이 '-140'보다 작을 때까지 다음 조건을 반복하기
  - x좌표를 '-5'~'5'만큼, 아래쪽으로 '1'만큼 이동하기
  - '나비'에 닿거나 '꽃'에 닿으면 다음 조건을 실행하기
    ▶ '나비'에 닿으면 '기회'를 '1'만큼 감소한 후 '0.1'초 기다리기
    ▶ 해당 복제본을 삭제하기
- '기회'를 '1'만큼 감소하고, '0.1'초 후 해당 복제본을 삭제하기

◎ 움직임 신호를 받았을 때

- 다음 조건을 계속 반복하기
  - 모양을 변경하고 '0.2'초 기다리기

◎ 미션성공 신호를 받았을 때 / ◎ 미션실패 신호를 받았을 때

- '문자/숫자값 1'에 (미션성공 신호를 받았을 때) "여행 성공!", (미션실패 신호를 받았을 때) "다시 도전!"을 지정하여 '메시지 출력'을 호출하고 해당 복제본을 삭제하기

시험일	프로그램명	시험시간	수험번호	성명
202X. XX. XX	엔트리(Entry)	40분		

1급 B형 　　　　　　　　　　수험자 유의사항

1. 수험자는 신분증 또는 동등한 자격을 갖춘 증빙서류를 지참하여야 시험에 응시할 수 있으며, 미지참 시 퇴실 조치합니다.

2. 시험 전 시스템(PC작동여부, 네트워크 상태 등)의 이상여부를 반드시 확인하여야 하며, 시스템 이상이 있을 시에는 감독관에게 조치를 받으셔야 합니다.

3. 시험 중 부주의 또는 고의로 시스템을 파손한 경우는 수험자 부담으로 합니다.

4. 답안 파일은 답안 전송 프로그램을 통하여 다운로드 한 파일을 이용하여 작성하셔야 합니다.

5. 작성한 답안 파일은 답안 전송 프로그램을 통하여 자동으로 전송되므로, 감독관의 지시에 따라 주시기 바랍니다.
   - 답안 전송 프로그램의 사용이 불가능한 경우에는 답안 파일명을 **본인의 "수험번호−성명"**으로 지정하여 감독 관의 지시에 따라 시험을 진행하시기 바랍니다(예: CDTE−2200−101234−홍길동.ent).

6. 시험 중 엔트리(Entry) 이외에 시험과 관련 없는 다른 프로그램을 작동 시 부정행위로 간주하여 실격 처리됨을 유의하시기 바랍니다.

7. 다음 사항의 경우 실격(0점) 혹은 부정행위 처리됩니다.
   - 답안을 저장하지 않았거나, 미제출 또는 저장한 파일이 손상되었을 경우
   - 답안 파일을 다른 보조 기억장치(USB) 또는 이메일(E−mail) 등으로 전송할 경우
   - 휴대용 전화기 등 통신장비를 사용할 경우
   - 시스템 조작의 미숙으로 시험이 불가능할 경우

8. 시험의 완료는 작성이 완료된 답안을 저장하고, 답안 전송이 완료된 상태를 확인한 것으로 합니다. 답안 전송 확인 후 문제지는 감독관에게 제출한 후 퇴실하여야 합니다.

9. 주어진 시험시간 이후에는 수정 또는 정정이 불가능합니다.

10. 〈수험자 유의사항〉에 기재된 방법대로 이행하지 않아 생기는 불이익은 수험자 본인에게 책임이 있음을 알려 드립니다.

CTCE ㅣ사ㅣ창의융합인재교육원
Creative Talent Converged Education

답안 작성요령

- 코딩은 [작성 조건]을 준수하여 **최소한의 명령 블록으로 프로젝트가 오류 없이 실행**되도록 구성하되 반드시 [주요 블록]을 모두 포함해야 합니다.
- 불필요한 명령 블록 및 미디어를 사용한 경우, [작성 조건]을 임의로 변경 또는 추가한 경우, [주요 블록]을 사용하지 않은 경우에는 **감점 또는 실격 처리**됩니다.
- 파일 삽입 시에는 반드시 주어진 폴더 내에서 다운로드 한 파일을 사용해야 합니다.
- 별도의 조건이 없는 경우에는 기본 값(Default)으로 처리해야 합니다.

※ 다음 사항을 확인하고 주어진 조건에 따라 [문제 1–5]를 완성하시오. (전체완성도 5점)

[프로젝트 주제]	[결과 화면]

모자 지키기

펭귄의 모자를 빼앗으려는 박쥐에게서 모자를 지키는 프로젝트 만들기

[프로젝트 구성]

배경	오브젝트
① 배경 　bg2 　bg3	② 펭귄 ③ 모자 ④ 공 ⑤ 패들 ⑥ 박쥐

01 화면 구현 능력 　　　　10점

다음 조건에 따라 프로젝트 화면을 구현하시오.

▶ **배경 구현** : ① 파일 올리기로 배경('bg1')을 삽입한 후 배경 이름('배경')을 변경하고, 기존 배경('새그림')은 삭제한다.
　　　　　　② 파일 올리기로 배경('bg2', 'bg3')을 추가 삽입한다.
　　　　　　③ 명령 블록을 이용하여 배경(프로그램을 시작했을 때 : 'bg1', 미션성공 신호를 받았을 때 : 'bg2', 미션 실패 신호를 받았을 때 : 'bg3')을 지정한다.

▶ **개체 구현** : 오브젝트 선택 및 파일 올리기로 다음과 같이 개체를 순서대로(왼쪽→오른쪽) 삽입한다.

오브젝트 선택하기				파일 올리기
'펭귄'	'모자(13)'	'신호'	'빼기'	'박쥐'
• 크기(25) • 시작위치(x:0, y:-50) • 회전방식('좌우 회전')	• 이름('모자') • 크기(30) • 시작위치(x:200, y:60)	• 이름('공') • 크기(10) • 시작위치(x:0, y:-28)	• 이름('패들') • 크기(60) • 시작위치(x:0, y:-120)	• 크기(30) • 시작위치(x:200, y:100) • 모양 추가('박쥐2')

－ 단, 개체의 모양은 기본값으로 처리하고, 크기 및 시작 위치는 명령 블록을 이용하여 지정할 것

02 심화 능력 15점

다음 설명을 읽고 [주요 블록]을 참고하여 [작성 조건]에 따라 코딩하시오.

[설명]

'**펭귄**' : 프로젝트가 시작되면 '시작' 신호를 보내고, 화면의 좌우를 계속하여 이동한다. '미션실패' 신호를 받으면 "모자를 다 빼앗겼어!"를 말하고 프로젝트를 종료한다.

'**모자**' : '펭귄'을 따라 움직이다 '모자변경' 신호를 받으면 '2'초 동안 화면에서 사라졌다가 나타난다.

[작성 조건]	[주요 블록]

◎ [펭귄] 프로그램을 시작했을 때

• 모양을 '펭귄_3'으로 변경하고, '2'초 동안 "내 모자를 지켜줘"를 말하기
• '시작' 신호를 보내고 다음 조건을 계속 반복하기
    – '3'만큼 이동하다 화면의 벽에 닿으면 방향을 바꾸기

◎ [펭귄] 모자변경 신호를 받았을 때

• '1'초 동안 "모자를 지켜줘!"를 말하기

◎ [펭귄] 미션성공 신호를 받았을 때

• 개체의 다른 코드를 종료하고 '2'초 동안 "모자를 지켜줘서 고마워!"를 말하기

◎ [펭귄] 미션실패 신호를 받았을 때

• 개체의 다른 코드를 종료하고 '2'초 동안 "모자를 다 빼앗겼어!"를 말한 후 모든 코드를 종료하기

◎ [모자] 프로그램을 시작했을 때

• 방향을 '위쪽'으로 지정하기
• 개체를 화면에 보인 후 다음 조건을 계속 반복하기
    – x좌표 '펭귄'의 'x좌푯값', y좌표 '펭귄'의 'y좌푯값'+'35' 위치로 이동하기

◎ [모자] 모자변경 신호를 받았을 때

• 개체를 화면에서 숨기고, '색깔' 효과를 '25'만큼 변경하기
• '2'초 후 개체를 화면에 보이기

◎ [모자] 미션실패 신호를 받았을 때 / ◎ 미션성공 신호를 받았을 때

• 개체의 다른 코드를 종료하기

03 응용 능력(변수)　20점

다음 설명을 읽고 [주요 블록]을 참고하여 [작성 조건]에 따라 코딩하시오.

	[설명]
	'공' : '스페이스' 키를 누르면 '패들' 위치에서 화면의 위쪽으로 이동하다 '박쥐'에 닿으면 복제본이 삭제되고, '점수'가 '1'만큼 증가한다.

[작성 조건]	[주요 블록]
◎ **프로그램을 시작했을 때** [변수 : 모든 오브젝트에서 사용] 　• '점수' 변수를 생성하고, 초기 값을 '0'으로 지정하기 　• 모양을 '신호_노란'으로 변경한 후 개체를 화면에서 숨기기 ◎ **시작 신호를 받았을 때** 　• 다음 조건을 계속 반복하기 　　– 위치를 '패들'로 지정하고, '스페이스' 키를 누르면 다음 조건을 실행하기 　　▶ '알림' 신호를 보내고 나 자신('공')을 복제한 후 '0.1'초 기다리기 ◎ **복제본이 처음 생성되었을 때** 　• 개체를 화면에서 보이고, 화면의 '벽'에 닿을 때까지 다음 조건을 반복하기 　　– 위쪽으로 '5'만큼 이동하다 '박쥐'에 닿으면 다음 조건을 실행하기 　　▶ '점수'를 '1'만큼 증가하고, '0.1'초 후 해당 복제본을 삭제하기 　• 해당 복제본을 삭제하기 ◎ **미션실패 신호를 받았을 때** / ◎ **미션성공 신호를 받았을 때** 　• 개체의 다른 코드를 종료하기	 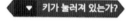  y 좌표를 ● 만큼 바꾸기

04 응용 능력(변수) 25점

다음 설명을 읽고 [주요 블록]을 참고하여 [작성 조건]에 따라 코딩하시오.

	[설명]
	'박쥐' : 날갯짓을 하는 모양으로 복제되어 화면의 임의의 위치에서 나타나 '모자'에 닿으면 '기회'를 '1'만큼 감소하고, 기회가 '0'이면 '미션실패' 신호를 보낸다.

[작성 조건]	[주요 블록]
◎ **프로그램을 시작했을 때** [변수 : 모든 오브젝트에서 사용] • '기회' 변수를 생성하고, 초기 값을 '3'으로 지정하기 • 개체를 화면에서 숨기고, 다음 조건을 계속 반복하기 – '0.2'초 후 모양을 변경하기 ◎ **시작 신호를 받았을 때** • 다음 조건을 계속 반복하기 – 나 자신('박쥐')을 복제하고 '1'~'3'초 기다리기 ◎ **복제본이 처음 생성되었을 때** • x좌표 '–200'~'200', y좌표 '100'으로 이동하기 • 방향을 '–120'~'120'으로 지정하고, 개체를 화면에 보이기 • '모자'에 닿을 때까지 다음 조건을 반복하기 – '5'만큼 이동하다 화면의 벽에 닿으면 방향을 바꾸기 – '공'에 닿으면 '0.1'초 후 해당 복제본을 삭제하기 • '모자변경' 신호를 보내고, '기회'를 '1'만큼 감소하기 • '기회'가 '0'이면 '미션실패' 신호를 보내기 • 해당 복제본을 삭제하기 ◎ **미션성공 신호를 받았을 때** / ◎ **미션실패 신호를 받았을 때** • 개체의 다른 코드를 종료하기	

05 응용 능력(변수/리스트)　　　　　　　　　　　　25점

다음 설명을 읽고 [주요 블록]을 참고하여 [작성 조건]에 따라 코딩하시오.

	[설명]
	'패들' : 프로젝트가 시작되면 '마우스 포인터'를 따라 좌우로 이동한다. '공'이 발사되면 색깔을 변경하고 '시간'이 '60'이면 '플레이어' 이름과 '점수'를 리스트에 기록한 후 프로그램을 종료한다.

[작성 조건]	[주요 블록]
◎ 프로그램을 시작했을 때 [변수 : 모든 오브젝트에서 사용] 　[리스트 : 공유 리스트 사용, 모든 오브젝트에서 사용] 　• '시간' 변수를 생성하고, 초기 값을 '0'으로 지정하기 　• '플레이어', '기록' 리스트를 생성한 후 리스트를 화면에서 모두 숨기기 　• 대답과 개체를 화면에서 숨기고 '2'초 후 다음 조건을 계속 반복하기 　　– '1'초 후 '시간'을 '1'만큼 증가하고, '시간'이 '60'이면 다음 조건을 실행하기 　　　▶ '미션성공' 신호를 보낸 후 개체의 다른 코드를 종료하기 　　　▶ "플레이어 이름은?"을 묻고 대답을 기다린 후 입력 받은 값을 '플레이어'에, '점수'를 '기록'에 각각 저장하기 　　　▶ '플레이어', '기록'을 화면에 보이고, '1'초 후 모든 코드를 종료하기 ◎ 시작 신호를 받았을 때 　• 개체를 화면에 보이고, 다음 조건을 계속 반복하기 　　– x좌표 '마우스'의 'x좌표', y좌표 '–110'으로 이동하기 ◎ 알림 신호를 받았을 때 　• '색깔' 효과를 '50'만큼 변경하기를 '30'번 반복하기 　• '색깔' 효과를 모두 삭제하기 ◎ 미션실패 신호를 받았을 때 　• 개체의 다른 코드를 종료하기	

제 **07** 회

실전모의고사

코딩창의개발능력(Coding creative Development Test)

시험일	프로그램명	시험시간	수험번호	성명
202X. XX. XX	엔트리(Entry)	40분		

1급 **C형** 　　　　　　　　　　　　　　　　　　　　　　　수험자 유의사항

1. 수험자는 신분증 또는 동등한 자격을 갖춘 증빙서류를 지참하여야 시험에 응시할 수 있으며, 미지참 시 퇴실 조치합니다.

2. 시험 전 시스템(PC작동여부, 네트워크 상태 등)의 이상여부를 반드시 확인하여야 하며, 시스템 이상이 있을 시에는 감독관에게 조치를 받으셔야 합니다.

3. 시험 중 부주의 또는 고의로 시스템을 파손한 경우는 수험자 부담으로 합니다.

4. 답안 파일은 답안 전송 프로그램을 통하여 다운로드 한 파일을 이용하여 작성하셔야 합니다.

5. 작성한 답안 파일은 답안 전송 프로그램을 통하여 자동으로 전송되므로, 감독관의 지시에 따라 주시기 바랍니다.
   - 답안 전송 프로그램의 사용이 불가능한 경우에는 답안 파일명을 본인의 "수험번호-성명"으로 지정하여 감독관의 지시에 따라 시험을 진행하시기 바랍니다(예: CDTE-2200-101234-홍길동.ent).

6. 시험 중 엔트리(Entry) 이외에 시험과 관련 없는 다른 프로그램을 작동 시 부정행위로 간주하여 실격 처리됨을 유의하시기 바랍니다.

7. 다음 사항의 경우 실격(0점) 혹은 부정행위 처리됩니다.
   - 답안을 저장하지 않았거나, 미제출 또는 저장한 파일이 손상되었을 경우
   - 답안 파일을 다른 보조 기억장치(USB) 또는 이메일(E-mail) 등으로 전송할 경우
   - 휴대용 전화기 등 통신장비를 사용할 경우
   - 시스템 조작의 미숙으로 시험이 불가능할 경우

8. 시험의 완료는 작성이 완료된 답안을 저장하고, 답안 전송이 완료된 상태를 확인한 것으로 합니다. 답안 전송 확인 후 문제지는 감독관에게 제출한 후 퇴실하여야 합니다.

9. 주어진 시험시간 이후에는 수정 또는 정정이 불가능합니다.

10. 〈수험자 유의사항〉에 기재된 방법대로 이행하지 않아 생기는 불이익은 수험자 본인에게 책임이 있음을 알려 드립니다.

※ 다음 사항을 확인하고 주어진 조건에 따라 [문제 1-5]를 완성하시오.

(전체완성도 5점)

[프로젝트 주제]	[결과 화면]

영희야, 달려라~

달리는 영희가 돌을 피해 반환점을 찍고 되돌아오는 프로젝트 만들기

[프로젝트 구성]	
배경	오브젝트
① 숲속	② 나무
bg2	③ 반환점
bg3	④ 돌
	⑤ 영희

01 화면 구현 능력

10점

다음 조건에 따라 프로젝트 화면을 구현하시오.

▶ 배경 구현 : ① 파일 올리기로 배경('bg1')을 삽입한 후 배경 이름('숲속')을 변경하고, 기존 배경('새그림')은 삭제한다.
　　　　　　② 파일 올리기로 배경('bg2', 'bg3')을 추가 삽입한다.
　　　　　　③ 명령 블록을 이용하여 배경(프로그램을 시작했을 때 : 'bg1', 미션성공 신호를 받았을 때 : 'bg2', 미션 실패 신호를 받았을 때 : 'bg3')을 지정한다.

▶ 개체 구현 : 오브젝트를 선택하여 다음과 같이 개체를 순서대로(왼쪽→오른쪽) 삽입한다.

오브젝트 선택하기			
'나무(3)'	'깃발'	'바위(2)'	'걷고있는 사람(1)'
• 이름('나무')	• 이름('반환점')	• 이름('돌')	• 이름('영희')
• 크기(120)	• 크기(50)	• 크기(25)	• 크기(50)
• 시작위치(x:180, y:-70)	• 시작위치(x:250, y:-90)	• 시작위치(x:220, y:-110)	• 시작위치(x:-180, y:-90)
			• 회전방식('좌우 회전')

– 단, 개체의 모양은 기본값으로 처리하고, 크기 및 시작 위치는 명령 블록을 이용하여 지정할 것

02 심화 능력 15점

다음 설명을 읽고 [주요 블록]을 참고하여 [작성 조건]에 따라 코딩하시오.

	[설명]
	'나무' : '시작' 신호를 받으면 임의의 색깔로 변경하여 화면의 오른쪽에서 왼쪽으로 이동하고, '터치' 신호를 받으면 화면의 왼쪽에서 오른쪽으로 이동한다.

[작성 조건]	[주요 블록]

◎ 프로그램을 시작했을 때
 	
• 개체를 화면에서 숨기기
 	
◎ 시작 신호를 받았을 때
 	
• '0'~'1'의 무작위 수가 '0'이면 '색깔' 효과를 '100'으로 지정하고, 그렇지 않으면 '색깔' 효과를 '50'으로 지정하기
• '1'~'1.5'초 후 다음 조건을 계속 반복하기
  – 개체를 화면에 보이고 왼쪽으로 '3'만큼 이동하기
  – 화면의 '벽'에 닿으면 다음 조건을 실행하기
    ▶ 개체를 화면에서 숨기고 x좌표를 '180'으로 지정하기
 	
◎ 터치 신호를 받았을 때
 	
• 개체의 다른 코드를 종료하고 다음 조건을 계속 반복하기
  – 개체를 화면에 보이고 오른쪽으로 '5'만큼 이동하기
  – 화면의 '벽'에 닿으면 다음 조건을 실행하기
    ▶ 개체를 화면에서 숨기고 x좌표를 '−180'으로 지정하기
 	
◎ 미션성공 신호를 받았을 때 / ◎ 미션실패 신호를 받았을 때
 	
• 개체의 다른 코드를 종료하기

03 응용 능력(변수)   20점

다음 설명을 읽고 [주요 블록]을 참고하여 [작성 조건]에 따라 코딩하시오.

[설명]
'**반환점**' : '이동거리'가 '1000'보다 크면 화면의 오른쪽 끝에서 나타난다. '터치' 신호를 받으면 키보드의 방향키와 반대 방향으로 이동하다 화면에서 사라진다.

[작성 조건]	[주요 블록]
◎ 프로그램을 시작했을 때 [변수 : 모든 오브젝트에서 사용] • '이동거리' 변수를 생성한 후 초기 값을 '0'으로 지정하기 • 개체를 화면에서 숨기고, '미션확인' 신호를 보내기 • 다음 조건을 계속 반복하기 – '이동거리'가 '1000'보다 크면 '깃발표시' 신호를 보내고 해당 코드를 종료하기 ◎ 터치 신호를 받았을 때 • 개체의 다른 코드를 종료하고, 다음 조건을 계속 반복하기 – '오른쪽 화살표' 키를 누르면 왼쪽으로 '2'만큼 이동하기 – '왼쪽 화살표' 키를 누르면 오른쪽으로 '2'만큼 이동하기 – 개체의 'x좌푯값'이 '240'보다 크면 개체를 화면에서 숨기기 ◎ 깃발표시 신호를 받았을 때 • '1'초 후 개체를 화면에 보이고, 다음 조건을 '50'번 반복하기 – 왼쪽으로 '1'만큼 이동하기 • 다음 조건을 계속 반복하기 – '0.1'초 후 '색깔' 효과를 '20'만큼 변경하기 ◎ 미션성공 신호를 받았을 때 / ◎ 미션실패 신호를 받았을 때 • 개체의 다른 코드를 종료하기	

04 응용 능력(변수) 25점

다음 설명을 읽고 [주요 블록]을 참고하여 [작성 조건]에 따라 코딩하시오.

[설명]
'돌' : 화면의 오른쪽에서 왼쪽으로 이동하다 '터치' 신호를 받으면 화면의 왼쪽에서 오른쪽으로 이동한다. '영희'에 닿으면 '기회'를 감소하고, '기회'가 '1'보다 작으면 '미션실패' 신호를 보낸다.

[작성 조건]	[주요 블록]

◎ 프로그램을 시작했을 때 [변수 : 모든 오브젝트에서 사용]

- '기회', '돌속도' 변수를 생성한 후 초기 값을 각각 '5', '0'으로 지정하고, '돌속도' 변수를 화면에서 숨기기
- 이동 방향을 '왼쪽'으로 지정하고, 개체를 화면에서 숨기기

◎ 시작 신호를 받았을 때

- '1'초 후 다음 조건을 계속 반복하기
  - 나 자신('돌')을 복제하고 '3'초 기다리기

◎ 복제본이 처음 생성되었을 때

- 크기를 '-5'~'5'만큼 변경하고, 개체를 화면에 보이기
- '돌속도'를 '3'~'5'로 지정하고, 화면의 '벽'에 닿을 때까지 다음 조건을 반복하기
  - '돌속도'만큼 이동하다 '영희'에 닿으면 다음 조건을 실행하기
    - '기회'를 '1'만큼 감소하고 '기회'가 '1'보다 작으면 '미션실패' 신호를 보내기
    - '색깔' 효과를 '10'으로 지정하고, '0.1'초 후 해당 복제본을 삭제하기
- '0.1'초 후 해당 복제본을 삭제하기

◎ 터치 신호를 받았을 때

- x좌표 '-220', y좌표 '-110'으로 이동한 후 이동 방향을 '오른쪽'으로 지정하기

◎ 미션성공 신호를 받았을 때

- 개체의 다른 코드를 종료하기

◎ 미션실패 신호를 받았을 때

- 개체의 다른 코드를 종료하고, '0.1'초 후 모든 코드를 종료하기

05 응용 능력(변수/리스트)   25점

다음 설명을 읽고 [주요 블록]을 참고하여 [작성 조건]에 따라 코딩하시오.

[설명]
'영희' : '이동거리'가 '1000'보다 크면 '반환점'을 향해 이동하고 '반환점'에 닿으면 '터치' 신호를 보낸다. 개체의 'x좌푯값'이 '−210'보다 작아지면 '성공한 플레이어'를 기록한 후 프로젝트를 종료한다.

[작성 조건]	[주요 블록]

◎ 프로그램을 시작했을 때 [리스트 : 공유 리스트 사용, 모든 오브젝트에서 사용]
- '성공한 플레이어' 리스트를 생성한 후 리스트와 대답을 화면에서 숨기기
- 이동 방향을 '오른쪽'으로 지정하기
- "플레이어 이름을 입력하세요"를 묻고 대답을 기다리기
- '1'초 동안 "준비, 시작!"을 말하고, '시작' 신호를 보내기

◎ 시작 신호를 받았을 때
- 다음 조건을 계속 반복하기
  - 모양을 변경하고 '오른쪽 화살표' 키를 누르면 다음 조건을 실행하기
    ▸ '이동거리'를 '2'만큼 증가하고 '이동거리'가 '1000'보다 크면 오른쪽으로 '2'만큼 이동하기
  - '왼쪽 화살표' 키를 누르면 다음 조건을 실행하기
    ▸ '이동거리'를 '2'만큼 감소하고 '이동거리'가 '380'보다 작으면 왼쪽으로 '2'만큼 이동하기
  - '스페이스' 키를 누르면 다음 조건을 실행하기
    ▸ 위쪽으로 '10'만큼 이동하기를 '15'번 반복하기
    ▸ 아래쪽으로 '10'만큼 이동하기를 '15'번 반복하기

◎ 미션확인 신호를 받았을 때
- 다음 조건을 계속 반복하기
  - '반환점'에 닿으면 이동 방향을 '왼쪽'으로 지정한 후 '터치' 신호를 보내기

◎ 터치 신호를 받았을 때
- 다음 조건을 계속 반복하기
  - 개체의 'x좌푯값'이 '−210'보다 작으면 다음 조건을 실행하기
    ▸ 개체의 다른 코드를 종료하고, '미션성공' 신호를 보내기
    ▸ '1'초 동안 "성공"을 말한 후 입력 받은 값을 '성공한 플레이어'에 저장하기
    ▸ '성공한 플레이어'를 화면에 보인 후 모든 코드를 종료하기

◎ 미션실패 신호를 받았을 때
- 개체의 다른 코드를 종료하기

제**08**회 실전모의고사

코딩창의개발능력(Coding creative Development Test)

시험일	프로그램명	시험시간	수험번호	성명
202X. XX. XX	엔트리(Entry)	40분		

1급 D형   수험자 유의사항

1. 수험자는 신분증 또는 동등한 자격을 갖춘 증빙서류를 지참하여야 시험에 응시할 수 있으며, 미지참 시 퇴실 조치합니다.

2. 시험 전 시스템(PC작동여부, 네트워크 상태 등)의 이상여부를 반드시 확인하여야 하며, 시스템 이상이 있을 시에는 감독관에게 조치를 받으셔야 합니다.

3. 시험 중 부주의 또는 고의로 시스템을 파손한 경우는 수험자 부담으로 합니다.

4. 답안 파일은 답안 전송 프로그램을 통하여 다운로드 한 파일을 이용하여 작성하셔야 합니다.

5. 작성한 답안 파일은 답안 전송 프로그램을 통하여 자동으로 전송되므로, 감독관의 지시에 따라 주시기 바랍니다.
   • 답안 전송 프로그램의 사용이 불가능한 경우에는 답안 파일명을 **본인의 "수험번호-성명"**으로 지정하여 감독관의 지시에 따라 시험을 진행하시기 바랍니다(예: CDTE-2200-101234-홍길동.ent).

6. 시험 중 엔트리(Entry) 이외에 시험과 관련 없는 다른 프로그램을 작동 시 부정행위로 간주하여 실격 처리됨을 유의하시기 바랍니다.

7. 다음 사항의 경우 실격(0점) 혹은 부정행위 처리됩니다.
   • 답안을 저장하지 않았거나, 미제출 또는 저장한 파일이 손상되었을 경우
   • 답안 파일을 다른 보조 기억장치(USB) 또는 이메일(E-mail) 등으로 전송할 경우
   • 휴대용 전화기 등 통신장비를 사용할 경우
   • 시스템 조작의 미숙으로 시험이 불가능할 경우

8. 시험의 완료는 작성이 완료된 답안을 저장하고, 답안 전송이 완료된 상태를 확인한 것으로 합니다. 답안 전송 확인 후 문제지는 감독관에게 제출한 후 퇴실하여야 합니다.

9. 주어진 시험시간 이후에는 수정 또는 정정이 불가능합니다.

10. 〈수험자 유의사항〉에 기재된 방법대로 이행하지 않아 생기는 불이익은 수험자 본인에게 책임이 있음을 알려 드립니다.

답안 작성요령

- 코딩은 [작성 조건]을 준수하여 <u>최소한의 명령 블록으로 프로젝트가 오류 없이 실행</u>되도록 구성하되 반드시 [주요 블록]을 모두 포함해야 합니다.
- 불필요한 명령 블록 및 미디어를 사용한 경우, [작성 조건]을 임의로 변경 또는 추가한 경우, [주요 블록]을 사용하지 않은 경우에는 **감점 또는 실격** 처리됩니다.
- 파일 삽입 시에는 반드시 주어진 폴더 내에서 다운로드 한 파일을 사용해야 합니다.
- 별도의 조건이 없는 경우에는 기본 값(Default)으로 처리해야 합니다.

※ 다음 사항을 확인하고 주어진 조건에 따라 [문제 1-5]를 완성하시오. (전체완성도 5점)

[프로젝트 주제]	[결과 화면]

새벽 막기

좀비가 새벽이 다가오지 않도록 화살표를 이용해 막는 프로젝트 만들기

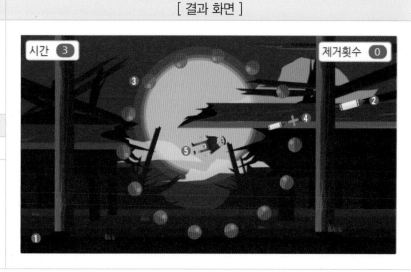

[프로젝트 구성]	
배경	오브젝트
① 밤	② 화살표 ③ 새벽 ④ 표적 ⑤ 좀비

01 화면 구현 능력 10점

다음 조건에 따라 프로젝트 화면을 구현하시오.

- ▶ **배경 구현** : ① 오브젝트를 선택하여 배경('으슥한 동네')을 삽입한 후 배경 이름('밤')을 변경한다.
  - ② 명령 블록을 이용하여 다음과 같이 지정한다.
    - ◎ 실패 신호를 받았을 때
      - '밝기' 효과를 '8'만큼 변경하기를 '10'번 반복하기
- ▶ **개체 구현** : 오브젝트를 선택하여 다음과 같이 개체를 순서대로(왼쪽→오른쪽) 삽입한다.

오브젝트 선택하기			
'크레파스'	'신호'	'더하기'	'좀비(1)'
• 이름('화살표') • 크기(10) • 시작위치(x:0, y:0)	• 이름('새벽') • 크기(15) • 시작위치(x:0, y:0)	• 이름('표적') • 크기(15) • 시작위치(x:0, y:0)	• 이름('좀비') • 크기(100) • 시작위치(x:0, y:0)

– 단, 개체의 모양은 기본값으로 처리하고, 크기 및 시작 위치는 명령 블록을 이용하여 지정할 것

02 심화 능력
15점

다음 설명을 읽고 [주요 블록]을 참고하여 [작성 조건]에 따라 코딩하시오.

[설명]
'화살표' : '스페이스' 키를 누르면 복제되어 '좀비'의 위치에서 '마우스 포인터' 쪽으로 이동한다. '새벽'에 닿고 '표적'에 닿으면 복제본을 삭제한다.

[작성 조건]	[주요 블록]

◎ **프로그램을 시작했을 때**

• 이동 방향을 '위쪽'으로 지정한 후 개체를 화면에서 숨기기

◎ **시작 신호를 받았을 때**

• 개체를 화면에서 보이고, 다음 조건을 계속 반복하기
  – '마우스 포인터' 쪽을 바라보고, x좌표 '좀비'의 'x좌푯값', y좌표 '좀비'의 'y좌푯값'으로 이동하기
  – '스페이스' 키를 누르면 나 자신('화살표')을 복제하고 '0.2'초 기다리기

◎ **복제본이 처음 생성되었을 때**

• 개체를 화면에 보인 후 화면의 '벽'에 닿을 때까지 다음 조건을 반복한 후 해당 복제본을 삭제하기
  – 크기를 '0.3'만큼 크게 변경하고, '5'만큼 이동하다 '새벽'에 닿고 '표적'에 닿으면 '0.1'초 후 해당 복제본을 삭제하기

◎ **성공 신호를 받았을 때** / ◎ **실패 신호를 받았을 때**

• 개체의 다른 코드를 종료하기

03 응용 능력(변수) 20점

다음 설명을 읽고 [주요 블록]을 참고하여 [작성 조건]에 따라 코딩하시오.

[설명]
'새벽' : '10'초 간격으로 모양을 바꾸면서 '14'개씩 복제되어 회전하며 나타나 간격을 줄이면서 '좀비' 쪽으로 이동한다. '화살표'에 닿고 '표적'에 닿으면 '제거횟수'를 증가한다.

[작성 조건]

◎ 프로그램을 시작했을 때 [변수 : 모든 오브젝트에서 사용]

• '제거횟수' 변수를 생성한 후 초기 값을 '0'으로 지정하기
• 개체의 순서를 '1'번째 뒤로 보내고, 개체를 화면에서 숨기기

◎ 시작 신호를 받았을 때

• 다음 조건을 계속 반복하기
  – 다음 조건을 '14'번 반복하기
    ▶ 나 자신('새벽')을 복제하고 방향을 시계 방향으로 '25'만큼 회전하기
  – '10'초 후 모양을 변경하기

◎ 복제본이 처음 생성되었을 때

• '5'만큼 이동하기를 '10'번 반복한 후 개체를 화면에 보이기
• '5'만큼 이동하기를 '15'번 반복하기
• 다음 조건을 '35'번 반복하기
  – '1'초 후 크기를 '1'만큼 크게 변경하고 '-5'만큼 이동하기

◎ 복제본이 처음 생성되었을 때

• '2'초 후 '화살표'에 닿고 '표적'에 닿을 때까지 다음 조건을 반복하기
  – '좀비'에 닿으면 '실패' 신호를 보내기
• '제거횟수'를 '1'만큼 증가하고, '0.1'초 후 해당 복제본을 삭제하기

◎ 성공 신호를 받았을 때 / ◎ 실패 신호를 받았을 때

• 개체의 다른 코드를 종료하기

[주요 블록]

04 응용 능력(변수)   25점

다음 설명을 읽고 [주요 블록]을 참고하여 [작성 조건]에 따라 코딩하시오.

[설명]
'표적' : 회전하며 '마우스 포인터'를 따라 이동하고 '스페이스' 키를 누르면 복제된 후 색깔을 변경한다. '시간'이 '59'초보다 크고 '제거횟수'가 '30'을 넘으면 '성공' 신호를 보내고, 그렇지 않으면 '실패' 신호를 보낸다.

[작성 조건]	[주요 블록]

◎ 프로그램을 시작했을 때 [변수 : 모든 오브젝트에서 사용]

- '시간', '미션' 변수를 생성한 후 초기 값을 각각 '0'으로 지정하기
- '미션' 변수와 개체를 화면에서 숨기고 다음 조건을 계속 반복하기
  – 위치를 '마우스 포인터'로 지정하기

◎ 시작 신호를 받았을 때

- '시간체크', '회전' 신호를 각각 보내기
- 개체를 화면에 보이고, 다음 조건을 계속 반복하기
  – '스페이스' 키를 누르면 나 자신('표적')을 복제하고 '0.5'초 기다리기

◎ 복제본이 처음 생성되었을 때

- '색깔' 효과를 '50'으로 지정하고, '화살표'에 닿을 때까지 기다린 후 해당 복제본을 삭제하기

◎ 시간체크 신호를 받았을 때

- 다음 조건을 계속 반복하기
  – '1'초 후 '시간'을 '1'만큼 증가하기
  – '시간'이 '59'보다 크면 다음 조건을 실행하기
    ▶ '제거횟수'가 '30'보다 크면 '미션'을 '1'로 지정한 후 '성공' 신호를 보내고, 그렇지 않으면 '미션'을 '2'로 지정한 후 '실패' 신호를 보내기

◎ 회전 신호를 받았을 때

- 다음 조건을 계속 반복하기
  – 방향을 시계 방향으로 '15'만큼 회전하고 '0.1'초 기다리기

◎ 성공 신호를 받았을 때 / ◎ 실패 신호를 받았을 때

- 개체의 다른 코드를 종료하기

05 응용 능력(리스트/함수)   25점

다음 설명을 읽고 [주요 블록]을 참고하여 [작성 조건]에 따라 코딩하시오.

[설명]
'좀비' : "새벽이 오지 않게 해줘!"를 말하고, '시작' 신호를 보낸다. '성공' 신호를 받으면 "새벽이 오지 않아 기쁘군!"을 말하고, '실패' 신호를 받으면 "새벽이 왔네…"를 말한다.

[작성 조건]	[주요 블록]

◎ 프로그램을 시작했을 때

  [리스트 : 공유 리스트 사용, 모든 오브젝트에서 사용]

• '플레이어', '횟수기록' 리스트를 생성한 후 리스트와 대답을 화면에서 모두 숨기기

• 이동 방향을 '위쪽'으로 지정하고, 개체의 순서를 맨 앞으로 지정하기

• '2'초 동안 "새벽이 오지 않게 해줘!"를 말하고 다음 조건을 '13'번 반복한 후 '시작' 신호를 보내기
  – 크기를 '5'만큼 작게 변경하기

◎ 함수 정의

  [이름 : '미션결과', 매개변수('문자/숫자값 1', '문자/숫자값 2')]

• '1'초 동안 '문자/숫자값 1'을 말하고 '문자/숫자값 2'가 '1'이면 다음 조건을 실행한 후 모든 코드를 종료하기
  – "당신의 이름은?"을 묻고 대답을 기다리기
  – '입력 받은 값'을 '플레이어'에, '제거횟수'를 '횟수기록'에 저장한 후 '플레이어'와 '횟수기록'을 화면에 보이기

◎ 시작 신호를 받았을 때

• '마우스 포인터' 쪽을 바라보기를 계속 반복하기

◎ 성공 신호를 받았을 때 / ◎ 실패 신호를 받았을 때

• 개체의 다른 코드를 종료하고, '문자/숫자값 1'과 '문자/숫자값 2'에 (성공 신호를 받았을 때) "새벽이 오지 않아 기쁘군!"과 '미션', (실패 신호를 받았을 때) "새벽이 왔네…"와 '미션'을 지정하여 '미션결과'를 호출하기

실전모의고사

코딩창의개발능력(Coding creative Development Test)

시험일	프로그램명	시험시간	수험번호	성명
202X. XX. XX	엔트리(Entry)	40분		

1급 A형

CTCE |사|창의융합인재교육원
Creative Talent Converged Education

※ 다음 사항을 확인하고 주어진 조건에 따라 [문제 1-5]를 완성하시오. (전체완성도 5점)

[프로젝트 주제]	[결과 화면]
로켓 막기 풍풍을 움직여 로켓을 막는 프로젝트 만들기	

[프로젝트 구성]

배경	오브젝트
① 밤	② 공 ③ 로켓 ④ 풍풍 ⑤ 별

01 화면 구현 능력 10점

다음 조건에 따라 프로젝트 화면을 구현하시오.

▶ **배경 구현** : ① 오브젝트를 선택하여 배경('별 헤는 밤')을 삽입한 후 배경 이름('밤')을 변경한다.

② 명령 블록을 이용하여 다음과 같이 지정한다.

◎ 게임시작 신호를 받았을 때

• '60'초 후 '미션확인'을 '1'로 지정하고 '미션성공' 신호를 보내기

▶ **개체 구현** : 오브젝트를 선택하여 다음과 같이 개체를 순서대로(왼쪽→오른쪽) 삽입한다.

오브젝트 선택하기			
'신호'	'로켓(3)'	'판'	'큰별(노랑)'
• 이름('공')	• 이름('로켓')	• 이름('풍풍')	• 이름('별')
• 크기(15)	• 크기(30)	• 크기(40)	• 크기(10)
• 시작위치(x:0, y:0)	• 시작위치(x:205, y:105)	• 시작위치(x:0, y:-110)	• 시작위치(x:-205, y:105)

– 단, 개체의 모양은 기본값으로 처리하고, 크기 및 시작 위치는 명령 블록을 이용하여 지정할 것

02 심화 능력 15점

다음 설명을 읽고 [주요 블록]을 참고하여 [작성 조건]에 따라 코딩하시오.

	[설명]
	'공' : '스페이스' 키를 누르면 '퐁퐁'의 위치에 복제되어 화면의 위쪽으로 이동하다 '별'에 닿으면 복제본이 삭제된다.

[작성 조건]	[주요 블록]

◎ 프로그램을 시작했을 때
 	
• 개체를 화면에서 숨기기
 	
◎ 게임시작 신호를 받았을 때
 	
• 다음 조건을 계속 반복하기
  – '스페이스' 키를 누르면 나 자신('공')을 복제하고 '0.1'초 후 '색깔' 효과를 '10'만큼 변경하기
 	
◎ 복제본이 처음 생성되었을 때
 	
• x좌표 '퐁퐁'의 'x좌푯값', y좌표 '퐁퐁'의 'y좌푯값'+'5'로 이동한 후 개체를 화면에 보이기
• 화면의 '위쪽 벽'에 닿을 때까지 다음 조건을 반복하기
  – 위쪽으로 '5'만큼 이동하다 '별'에 닿으면 '0.1'초 후 해당 복제본을 삭제하기
• 해당 복제본을 삭제하기
 	
◎ 미션성공 신호를 받았을 때 / ◎ 미션실패 신호를 받았을 때
 	
• 개체의 다른 코드를 종료하고, 해당 복제본을 삭제하기
	( ) + ( )
	
	▼ 의 ▼
	
	▼ 에 닿았는가?
	
	▼ 효과를 ◯ 만큼 주기 ↻

03 응용 능력(변수) 20점

다음 설명을 읽고 [주요 블록]을 참고하여 [작성 조건]에 따라 코딩하시오.

[설명]
'로켓' : 프로젝트가 시작되면 복제되어 화면의 아래쪽으로 '빠르기' 속도만큼 이동한다. '풍풍'에 달으면 '점수'를 증가하고, 개체의 'y좌푯값'이 '-120'보다 작으면 '미션실패' 신호를 보낸다.

[작성 조건]	[주요 블록]
◎ 프로그램을 시작했을 때 [변수 : 모든 오브젝트에서 사용]	
• '점수', '빠르기' 변수를 생성하고, 초기 값을 각각 '0'으로 지정한 후 '빠르기' 변수와 개체를 화면에서 숨기기	
◎ 게임시작 신호를 받았을 때	
• 다음 조건을 계속 반복하기 　- '4'초 후 다음 조건을 '2'번 반복하기 　　▶ 나 자신('로켓')을 복제하고 '0.8'초 기다리기	
◎ 복제본이 처음 생성되었을 때	
• 방향을 '아래쪽'으로 지정하고, 크기를 '10'~'40'으로 지정하기	
• x좌표 '-220'~'220', y좌표 '150'으로 이동하고, '빠르기'를 '-0.5'~'-1'로 지정하기	
• 개체를 화면에 보인 후 다음 조건을 계속 반복하기 　- 아래쪽으로 '빠르기'만큼 이동하다 '풍풍'에 달으면 '점수'를 '1'만큼 증가하고 '0.1'초 후 해당 복제본을 삭제하기 　- 개체의 'y좌푯값'이 '-120'보다 작으면 '미션실패' 신호를 보내기	
◎ 미션성공 신호를 받았을 때 / ◎ 미션실패 신호를 받았을 때	
• 개체의 다른 코드를 종료하기	

04 응용 능력(변수/함수) 25점

다음 설명을 읽고 [주요 블록]을 참고하여 [작성 조건]에 따라 코딩하시오.

[설명]
'퐁퐁' : 프로젝트가 시작되면 '게임시작', '시간체크' 신호를 보내고, 키보드의 방향키로 좌우 움직임을 제어한다.

[작성 조건]	[주요 블록]

◎ 프로그램을 시작했을 때 [변수 : 모든 오브젝트에서 사용]
- '미션확인', '에너지' 변수를 생성하고, 초기 값을 각각 '0', '40'으로 지정한 후 '미션확인', '에너지' 변수를 화면에서 숨기기
- 개체의 순서를 맨 앞으로 지정한 후 '1'초 동안 "제한시간 60초"를 말하기
- '게임시작' 신호를 보내고 다음 조건을 계속 반복하기
  - 크기를 '에너지'로 지정하기

◎ 함수 정의 [이름 : '결과출력', 매개변수('문자/숫자값 1')]
- 개체의 다른 코드를 종료하고, '2'초 동안 '문자/숫자값 1'을 말하기

◎ 게임시작 신호를 받았을 때
- '0.3'초 후 다음 조건을 계속 반복하기
  - '왼쪽 화살표' 키를 누르고 '퐁퐁'의 'x좌푯값'이 '-210'보다 크면 왼쪽으로 '10'만큼 이동하기
  - '오른쪽 화살표' 키를 누르고 '퐁퐁'의 'x좌푯값'이 '210'보다 작으면 오른쪽으로 '10'만큼 이동하기

◎ 미션성공 신호를 받았을 때 / ◎ 미션실패 신호를 받았을 때
- '문자/숫자값 1'에 (미션성공 신호를 받았을 때) "야호!! 미션성공!!", (미션실패 신호를 받았을 때) "아쉽다!! 다시 도젠!!"을 지정한 후 '결과출력'을 호출하기

05 응용 능력(변수/리스트) 25점

다음 설명을 읽고 [주요 블록]을 참고하여 [작성 조건]에 따라 코딩하시오.

[설명]
'별' : 프로젝트가 시작되면 복제되어 크기를 변경하며 아래쪽으로 이동한다. '공'에 닿으면 '에너지'를 증가하고 복제본을 삭제한다.

[작성 조건]	[주요 블록]

◎ 프로그램을 시작했을 때 [변수 : 모든 오브젝트에서 사용]
   [리스트 : 공유 리스트 사용, 모든 오브젝트에서 사용]
   • '플레이어', '구한횟수' 리스트를 생성한 후 리스트를 화면에서 모두 숨기기
   • 대답과 개체를 화면에서 숨기고 다음 조건을 계속 반복하기
     – '0.1'초 후 '에너지'를 '0.2'만큼 감소하기

◎ 게임시작 신호를 받았을 때
   • 다음 조건을 계속 반복하기
     – '2'초 후 다음 조건을 '10'번 반복하기
       ▶ 나 자신('별')을 복제하고 '0.2'초 기다리기

◎ 복제본이 처음 생성되었을 때
   • 개체를 화면에서 보인 후 x좌표 '−220'∼'220', y좌표 '150'으로 이동하기
   • 화면의 '아래쪽 벽'에 닿을 때까지 다음 조건을 반복한 후 해당 복제본을 삭제하기
     – 크기를 '5'∼'20'으로 지정한 후 아래쪽으로 '1'만큼 이동하기
     – '공'에 닿으면 '에너지'를 '1'만큼 증가하고 '0.1'초 후 해당 복제본을 삭제하기

◎ 미션성공 신호를 받았을 때
   • 개체의 다른 코드를 종료하고, '미션확인'이 '1'이면 다음 조건을 실행하기
     – '미션확인'을 '0'으로 지정하고, "플레이어 이름은?"을 묻고 대답을 기다리기
     – 입력 받은 값을 '플레이어'에, '점수'를 '구한횟수'에 저장하기
     – '플레이어', '구한횟수' 리스트를 화면에 보인 후 모든 코드를 종료하기

◎ 미션실패 신호를 받았을 때
   • 개체의 다른 코드를 종료하기

[주요 블록]

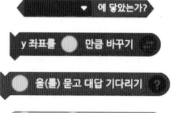

실전모의고사
코딩창의개발능력(Coding creative Development Test)

시험일	프로그램명	시험시간	수험번호	성명
202X. XX. XX	엔트리(Entry)	40분		

1급 B형 · 수험자 유의사항

1. 수험자는 신분증 또는 동등한 자격을 갖춘 증빙서류를 지참하여야 시험에 응시할 수 있으며, 미지참 시 퇴실 조치합니다.

2. 시험 전 시스템(PC작동여부, 네트워크 상태 등)의 이상여부를 반드시 확인하여야 하며, 시스템 이상이 있을 시에는 감독관에게 조치를 받으셔야 합니다.

3. 시험 중 부주의 또는 고의로 시스템을 파손한 경우는 수험자 부담으로 합니다.

4. 답안 파일은 답안 전송 프로그램을 통하여 다운로드 한 파일을 이용하여 작성하셔야 합니다.

5. 작성한 답안 파일은 답안 전송 프로그램을 통하여 자동으로 전송되므로, 감독관의 지시에 따라 주시기 바랍니다.
   • 답안 전송 프로그램의 사용이 불가능한 경우에는 답안 파일명을 **본인의 "수험번호-성명"**으로 지정하여 감독관의 지시에 따라 시험을 진행하시기 바랍니다(예: CDTE-2200-101234-홍길동.ent).

6. 시험 중 엔트리(Entry) 이외에 시험과 관련 없는 다른 프로그램을 작동 시 부정행위로 간주하여 실격 처리됨을 유의하시기 바랍니다.

7. 다음 사항의 경우 실격(0점) 혹은 부정행위 처리됩니다.
   • 답안을 저장하지 않았거나, 미제출 또는 저장한 파일이 손상되었을 경우
   • 답안 파일을 다른 보조 기억장치(USB) 또는 이메일(E-mail) 등으로 전송할 경우
   • 휴대용 전화기 등 통신장비를 사용할 경우
   • 시스템 조작의 미숙으로 시험이 불가능할 경우

8. 시험의 완료는 작성이 완료된 답안을 저장하고, 답안 전송이 완료된 상태를 확인한 것으로 합니다. 답안 전송 확인 후 문제지는 감독관에게 제출한 후 퇴실하여야 합니다.

9. 주어진 시험시간 이후에는 수정 또는 정정이 불가능합니다.

10. 〈수험자 유의사항〉에 기재된 방법대로 이행하지 않아 생기는 불이익은 수험자 본인에게 책임이 있음을 알려 드립니다.

답안 작성요령

- 코딩은 [작성 조건]을 준수하여 **최소한의 명령 블록으로 프로젝트가 오류 없이 실행**되도록 구성하되 반드시 [주요 블록]을 모두 포함해야 합니다.
- 불필요한 명령 블록 및 미디어를 사용한 경우, [작성 조건]을 임의로 변경 또는 추가한 경우, [주요 블록]을 사용하지 않은 경우에는 **감점 또는 실격 처리**됩니다.
- 파일 삽입 시에는 반드시 주어진 폴더 내에서 다운로드 한 파일을 사용해야 합니다.
- 별도의 조건이 없는 경우에는 기본 값(Default)으로 처리해야 합니다.

※ 다음 사항을 확인하고 주어진 조건에 따라 [문제 1–5]를 완성하시오. (전체완성도 5점)

[프로젝트 주제]	[결과 화면]
열매 먹기 '60'초 동안 멍뭉이가 '20'개의 열매를 먹고 깃발을 획득하는 프로젝트 만들기	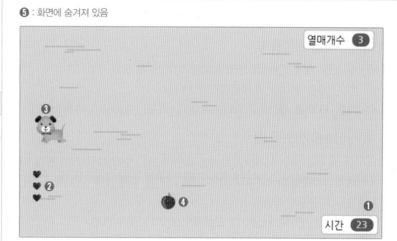

⑤ : 화면에 숨겨져 있음

[프로젝트 구성]

배경	오브젝트
① 운동장 　bg2 　bg3	② 개수 ③ 멍뭉이 ④ 열매 ⑤ 깃발

01 화면 구현 능력 10점

다음 조건에 따라 프로젝트 화면을 구현하시오.

▶ 배경 구현 : ① 파일 올리기로 배경('bg1')을 삽입한 후 배경 이름('운동장')을 변경하고, 기존 배경('새그림')은 삭제한다.
　　　　　　② 파일 올리기로 배경('bg2', 'bg3')을 추가 삽입한다.
　　　　　　③ 명령 블록을 이용하여 배경(프로그램을 시작했을 때 : 'bg1', 성공 신호를 받았을 때 : 'bg2', 실패 신호를 받았을 때 : 'bg3')을 지정한다.

▶ 개체 구현 : 오브젝트를 선택하여 다음과 같이 개체를 순서대로(왼쪽→오른쪽) 삽입한다.

오브젝트 선택하기			
'하트(1)'	**'강아지'**	**'사과(1)'**	**'깃발'**
• 이름('개수') • 크기(100) • 시작위치(x:0, y:–3)	• 이름('멍뭉이') • 크기(40) • 시작위치(x:0, y:–9) • 회전방식('좌우 회전')	• 이름('열매') • 크기(20) • 시작위치(x:5, y:100)	• 크기(40) • 시작위치(x:–216, y:105)

– 단, 개체의 모양은 기본값으로 처리하고, 크기 및 시작 위치는 명령 블록을 이용하여 지정할 것

02 심화 능력 15점

다음 설명을 읽고 [주요 블록]을 참고하여 [작성 조건]에 따라 코딩하시오.

	[설명]
	'개수' : '멍뭉이'가 '열매'를 획득할 때마다 왼쪽 아래쪽부터 위쪽으로 '1'개씩 생성되며, '10'개가 생성되면 오른쪽에 이어서 생성된다.

[작성 조건]	[주요 블록]
◎ **프로그램을 시작했을 때**	

◎ **프로그램을 시작했을 때**

- 개체의 순서를 맨 앞으로 지정하고, 모든 붓을 삭제하기
- '준비' 신호를 보낸 후 개체를 화면에 보이기
- '0.1'초 후 '색깔' 효과를 '10'만큼 변경하기를 '30'번 반복하기

◎ **준비 신호를 받았을 때**

- '3'초 동안 "60초 안에 20개의 열매를 먹어라!"를 말하기
- '시작' 신호를 보내고, 개체를 화면에서 숨기기
- 크기를 '10'으로 지정하고, x좌표 '–217', y좌표 '–100'으로 이동하기

◎ **획득 신호를 받았을 때**

- '색깔' 효과를 모두 삭제하고 개체를 화면에 보인 후 위쪽으로 '15'만큼 이동하기
- 개체의 'y좌푯값'이 '52'보다 크면 다음 조건을 실행한 후 개체의 도장을 찍고, 개체를 화면에서 숨기기
  – y좌표를 '–85'로 지정하고, 오른쪽으로 '30'만큼 이동하기

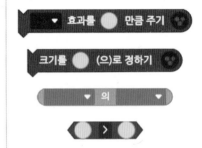

03 응용 능력(변수) 20점

다음 설명을 읽고 [주요 블록]을 참고하여 [작성 조건]에 따라 코딩하시오.

[설명]
'멍뭉이' : 키보드의 방향키로 움직임을 제어하여 '열매'를 먹는다. '열매'를 먹으면 화면의 오른쪽 하단으로 위치가 이동하고 '시간'이 '60'을 초과하면 '실패' 신호를 보낸다.

[작성 조건]

◎ 프로그램을 시작했을 때 [변수 : 모든 오브젝트에서 사용]

• '시간' 변수를 생성하고, 초기 값을 '0'으로 지정하기
• 개체를 화면에서 숨기고 다음 조건을 계속 반복하기
　– 모양을 변경하고 '0.1'초 기다리기

◎ 시작 신호를 받았을 때

• '시간체크', '미션확인' 신호를 각각 보낸 후 개체를 화면에 보이기
• 다음 조건을 계속 반복하기
　– '3'만큼 이동하다 화면 끝에 닿으면 방향을 바꾸기
　– '왼쪽 화살표', '오른쪽 화살표', '위쪽 화살표', '아래쪽 화살표' 키를 누르면 이동 방향을 해당 방향으로 지정하기

◎ 시간체크 신호를 받았을 때

• 다음 조건을 계속 반복하기
　– '1'초 후 '시간'을 '1'만큼 증가하고 '시간'이 '60'보다 크면 '실패' 신호를 보내기

◎ 획득 신호를 받았을 때

• '0.1'초 후 x좌표 '206', y좌표 '-90'으로 이동하기

◎ 성공 신호를 받았을 때 / ◎ 실패 신호를 받았을 때

• 개체의 다른 코드를 종료하기

[주요 블록]

▼ 키가 눌러져 있는가?

화면 끝에 닿으면 튕기기

이동 방향을 ◯ (으)로 정하기

◯ 초 기다리기

04 응용 능력(변수) 25점

다음 설명을 읽고 [주요 블록]을 참고하여 [작성 조건]에 따라 코딩하시오.

[설명]
'열매' : 임의의 위치에 복제되어 나타났다 사라진다. '멍뭉이'에 닿고 '스페이스' 키를 누르면 '열매개수'를 증가하고 '열매개수'가 '19'보다 크면 '깃발표시' 신호를 보낸다.

[작성 조건]	[주요 블록]
◎ 프로그램을 시작했을 때 [변수 : 모든 오브젝트에서 사용] • '열매개수' 변수를 생성하고, 초기 값을 '0'으로 지정하기 • 개체를 화면에서 숨기기 ◎ 시작 신호를 받았을 때 • 다음 조건을 계속 반복하기 – '1'~'2'초 후 나 자신('열매')을 복제하기 ◎ 복제본이 처음 생성되었을 때 • x좌표 '–140'~'200', y좌표 '–100'~'100'으로 이동하기 • 개체를 화면에 보이고 '2'초 후 해당 복제본을 삭제하기 ◎ 복제본이 처음 생성되었을 때 • '색깔' 효과를 '–5'~'5'로 지정한 후 '멍뭉이'에 닿고 '스페이스' 키를 누를 때까지 기다리기 • '열매개수'를 '1'만큼 증가하고, '획득' 신호를 보낸 후 '0.1'초 동안 "맛있다!"를 말하기 • '열매개수'가 '19'보다 크면 '깃발표시' 신호를 보내기 • 해당 복제본을 삭제하기 ◎ 실패 신호를 받았을 때 / ◎ 깃발표시 신호를 받았을 때 • 개체의 다른 코드를 종료하고, 해당 복제본을 삭제하기	

05 응용 능력(리스트/함수) 25점

다음 설명을 읽고 [주요 블록]을 참고하여 [작성 조건]에 따라 코딩하시오.

	[설명]
	'깃발' : 숨겨져 있다가 '깃발표시' 신호를 받으면 화면에 보인다. '멍뭉이'에 닿고 '스페이스' 키를 누르면 '성공' 신호를 보내고 '결과기록' 신호를 받으면 리스트에 '열매개수'를 저장한다.

[작성 조건]	[주요 블록]
◎ 프로그램을 시작했을 때 [변수 : 모든 오브젝트에서 사용] 　[리스트 : 공유 리스트 사용, 모든 오브젝트에서 사용] 　• '미션체크' 변수를 생성하고, 초기 값을 '0'으로 지정하기 　• '플레이어', '획득개수' 리스트를 생성한 후 리스트를 화면에서 모두 숨기기 　• '미션체크' 변수, 대답, 개체를 화면에서 숨기고 다음 조건을 계속 반복하기 　　– 방향을 시계 방향으로 '15'만큼 회전한 후 '색깔' 효과를 '20'~'50'만큼 변경하기 ◎ 함수 정의 [이름 : '결과확인', 매개변수('문자/숫자값 1', '문자/숫자값 2')] 　• 개체의 다른 코드를 종료하고, '미션체크'를 '문자/숫자값 2'로 지정하기 　• '결과기록' 신호를 보낸 후 x좌표 '0', y좌표 '0'으로 이동하기 　• 방향을 '위쪽'으로 지정하고, 개체를 화면에 보이기 　• '1'초 동안 '문자/숫자값 1'을 말하기 ◎ 깃발표시 신호를 받았을 때 　• 개체를 화면에 보이고, '멍뭉이'에 닿고 '스페이스' 키를 누를 때까지 기다린 후 '성공' 신호를 보내기 ◎ 결과기록 신호를 받았을 때 　• '미션체크'가 '1'이면 다음 조건을 실행하기 　　– "플레이어 이름은?"을 묻고 대답을 기다린 후 입력 받은 값을 '플레이어'에, '열매개수'를 '획득개수'에 각각 저장하기 　　– '플레이어', '획득개수' 리스트를 화면에 보이기 　• '미션체크'가 '2'면 '2'초 기다리기 　• 모든 코드를 종료하기 ◎ 성공 신호를 받았을 때 / ◎ 실패 신호를 받았을 때 　• '문자/숫자값 1'과 '문자/숫자값 2'에 (성공 신호를 받았을 때) "성공!", '1', (실패 신호를 받았을 때) "실패!", '2'를 지정한 후 '결과확인'을 호출하기	

제 11 회 실전모의고사

코딩창의개발능력(Coding creative Development Test)

시험일	프로그램명	시험시간	수험번호	성명
202X. XX. XX	엔트리(Entry)	40분		

1급 C형

CTCE |사|창의융합인재교육원
Creative Talent Converged Education

답안 작성요령

- 코딩은 [작성 조건]을 준수하여 <u>최소한의 명령 블록으로 프로젝트가 오류 없이 실행</u>되도록 구성하되 반드시 [주요 블록]을 모두 포함해야 합니다.
- 불필요한 명령 블록 및 미디어를 사용한 경우, [작성 조건]을 임의로 변경 또는 추가한 경우, [주요 블록]을 사용하지 않은 경우에는 **감점 또는 실격 처리**됩니다.
- 파일 삽입 시에는 반드시 주어진 폴더 내에서 다운로드 한 파일을 사용해야 합니다.
- 별도의 조건이 없는 경우에는 기본 값(Default)으로 처리해야 합니다.

※ 다음 사항을 확인하고 주어진 조건에 따라 [문제 1-5]를 완성하시오. (전체완성도 5점)

[프로젝트 주제]	[결과 화면]

숲을 지켜라!

벌레가 숲의 바닥에 닿지 않도록 엔트리봇이 보호막을 이용하여 막아내는 프로젝트 만들기

[프로젝트 구성]

배경	오브젝트
① 숲	② 나무
bg2	③ 보호막
bg3	④ 엔트리봇
	⑤ 벌레

---

01 화면 구현 능력 10점

다음 조건에 따라 프로젝트 화면을 구현하시오.

▶ 배경 구현 : ① 파일 올리기로 배경('bg1')을 삽입한 후 배경 이름('숲')을 변경하고, 기존 배경('새그림')은 삭제한다.

② 파일 올리기로 배경('bg2', 'bg3')을 추가 삽입한다.

③ 명령 블록을 이용하여 배경(프로그램을 시작했을 때 : 'bg1', 미션성공 신호를 받았을 때 : 'bg2', 미션 실패 신호를 받았을 때 : 'bg3')을 지정한다.

▶ 개체 구현 : 오브젝트를 선택하여 다음과 같이 개체를 순서대로(왼쪽→오른쪽) 삽입한다.

오브젝트 선택하기			
'단풍나무(2)'	'와이파이'	'파일럿 엔트리봇'	'거미'
• 이름('나무')	• 이름('보호막')	• 이름('엔트리봇')	• 이름('벌레')
• 크기(90)	• 크기(50)	• 크기(50)	• 크기(25)
• 시작위치(x:123, y:-95)	• 시작위치(x:0, y:0)	• 시작위치(x:-131, y:91)	• 시작위치(x:100, y:150)
		• 회전방식('좌우 회전')	

– 단, 개체의 모양은 기본값으로 처리하고, 크기 및 시작 위치는 명령 블록을 이용하여 지정할 것

02 심화 능력 15점

다음 설명을 읽고 [주요 블록]을 참고하여 [작성 조건]에 따라 코딩하시오.

	[설명]
	'나무' : 색깔을 변경하며 복제되어 화면의 오른쪽에서 왼쪽으로 이동하고, '엔트리봇'에 닿으면 복제본이 삭제된다.

[작성 조건]	[주요 블록]
◎ 프로그램을 시작했을 때 • 개체를 화면에서 숨기기 ◎ 시작 신호를 받았을 때 • 다음 조건을 계속 반복하기 　– '2'~'4'초 후 나 자신('나무')을 복제하고 '색깔' 효과를 '25'만큼 변경하기 ◎ 복제본이 처음 생성되었을 때 • x좌표를 '240'으로 지정하고 개체를 화면에 보이기 • 개체의 'x좌푯값'이 '−240'보다 작을 때까지 다음 조건을 반복하기 　– 왼쪽으로 '2'만큼 이동하다 '엔트리봇'에 닿으면 '0.1'초 후 해당 복제본을 삭제하기 • '0.1'초 후 해당 복제본을 삭제하기 ◎ 미션성공 신호를 받았을 때 / ◎ 미션실패 신호를 받았을 때 • 개체의 다른 코드를 종료하기	

03 응용 능력(변수) 20점

다음 설명을 읽고 [주요 블록]을 참고하여 [작성 조건]에 따라 코딩하시오.

[설명]
'보호막' : '스페이스' 키를 누르면 복제되어 '엔트리봇'의 위치에서 화면의 위쪽으로 이동하고, '벌레'에 닿으면 '점수'를 '1'만큼 증가한다.

[작성 조건]	[주요 블록]

◎ 프로그램을 시작했을 때 [변수 : 모든 오브젝트에서 사용]

- '점수' 변수를 생성하고, 초기 값을 '0'으로 지정한 후 대답을 화면에서 숨기기
- 개체를 화면에 보인 후 다음 조건을 '20'번 반복하기
  - '색깔' 효과를 '5'만큼 변경하고, "제한시간은 30초"를 말하기
- "플레이어 이름은?"을 묻고 대답을 기다린 후 '시작' 신호를 보내기
- 개체를 화면에서 숨기고 다음 조건을 계속 반복하기
  - '스페이스' 키를 누르면 '0.2'초 후 나 자신('보호막')을 복제하기

◎ 복제본이 처음 생성되었을 때

- 위치를 '엔트리봇'으로 지정한 후 개체를 화면에 보이고, 크기를 '5'로 지정하기
- 크기를 '10'만큼 변경하기를 '3'번 반복하기
- 화면의 '벽'에 닿을 때까지 다음 조건을 반복한 후 해당 복제본을 삭제하기
  - 위쪽으로 '5'만큼 이동하다 '벌레'에 닿으면 '점수'를 '1'만큼 증가하고 '0.1'초 후 해당 복제본을 삭제하기

◎ 미션성공 신호를 받았을 때 / ◎ 미션실패 신호를 받았을 때

- 개체의 다른 코드를 종료하기

주요 블록:
- ▼ 키가 눌러져 있는가?
- ⬤ 초 기다리기
- ▼ 에 닿았는가?
- 크기를 ⬤ (으)로 정하기

04 응용 능력(변수/함수) 25점

다음 설명을 읽고 [주요 블록]을 참고하여 [작성 조건]에 따라 코딩하시오.

[설명]
'엔트리봇' : 키보드의 방향키를 이용하여 상/좌/우 움직임을 제어한다. '나무'에 닿거나 '벌레'에 닿으면 '기회'를 감소하고, '미션성공'과 '미션실패' 신호를 받으면 해당 메시지를 호출한다.

[작성 조건]	[주요 블록]

[작성 조건]

◎ 프로그램을 시작했을 때 [변수 : 모든 오브젝트에서 사용]

• '시간', '기회' 변수를 생성하고, 초기 값을 각각 '0', '3'으로 지정하기
• 모양을 좌우로 변경하기

◎ 함수 정의 [이름 : '메시지 확인', 매개변수('문자/숫자값 1')]

• 개체의 다른 코드를 종료하고, x좌표 '0', y좌표 '-100'으로 이동하기
• '1'초 동안 '문자/숫자값 1'을 말하고 모든 코드를 종료하기

◎ 시작 신호를 받았을 때

• '시간체크' 신호를 보내고, 다음 조건을 계속 반복하기
  – 아래쪽으로 '0.5'만큼 이동하다 '왼쪽 화살표', '오른쪽 화살표', '위쪽 화살표' 키를 누르면 해당 방향으로 '3'만큼 이동하기
  – '나무'에 닿거나 '벌레'에 닿으면 '기회'를 '1'만큼 감소하고 '0.1'초 후 해당 복제본을 삭제하기
  – '기회'가 '1'보다 작으면 '미션실패' 신호를 보내고 기다리기

◎ 시간체크 신호를 받았을 때

• '1'초 후 '시간'을 '1'만큼 증가하기를 계속 반복하기

◎ 미션성공 신호를 받았을 때 / ◎ 미션실패 신호를 받았을 때

• '문자/숫자값 1'에 (미션성공 신호를 받았을 때) "미션성공!", (미션실패 신호를 받았을 때) "미션실패!"를 지정하여 '메시지 확인'을 호출하기

[주요 블록]

05 응용 능력(리스트/함수)　25점

다음 설명을 읽고 [주요 블록]을 참고하여 [작성 조건]에 따라 코딩하시오.

	[설명]
	'벌레' : '시작' 신호를 받으면 복제되어 임의의 위치에서 나타나 화면의 아래쪽으로 이동한다. 화면의 '아래쪽 벽'에 닿으면 '기회'를 감소하고, '시간'이 '30'보다 크면 '미션성공' 신호를 보낸다.

[작성 조건]	[주요 블록]

[작성 조건]

◎ 프로그램을 시작했을 때

　[리스트 : 공유 리스트 사용, 모든 오브젝트에서 사용]

　• '이름', '획득점수' 리스트를 생성하고, 리스트와 개체를 화면에서 모두 숨기기

◎ 함수 정의 [이름 : '삭제']

　• '0.1'초 후 해당 복제본을 삭제하기

◎ 시작 신호를 받았을 때

　• 다음 조건을 계속 반복하기

　　– '0.5'~'2'초 후 나 자신('벌레')을 복제하기

◎ 복제본이 처음 생성되었을 때

　• x좌표 '−220'~'220', y좌표 '150'으로 이동한 후 개체를 화면에 보이기

　• 화면의 '아래쪽 벽'에 닿을 때까지 다음 조건을 반복하기

　　– 아래쪽으로 '1'만큼 이동하다 '나무'나 '엔트리봇'이나 '보호막'에 닿으면 '삭제'를 호출하기

　• '기회'를 '1'만큼 감소하고, '0.3'초 후 해당 복제본을 삭제하기

◎ 시간체크 신호를 받았을 때

　• 다음 조건을 계속 반복하기

　　– '시간'이 '30'보다 크면 다음 조건을 실행하기

　　　▶ '미션성공' 신호를 보낸 후 입력 받은 값을 '이름'에. '점수'를 '획득점수'에 각각 저장하고 리스트를 화면에 모두 보이기

◎ 미션성공 신호를 받았을 때 / ◎ 미션실패 신호를 받았을 때

　• 개체의 다른 코드를 종료하기

[주요 블록]

실전모의고사

코딩창의개발능력(Coding creative Development Test)

시험일	프로그램명	시험시간	수험번호	성명
202X. XX. XX	엔트리(Entry)	40분		

1급 D형

1. 수험자는 신분증 또는 동등한 자격을 갖춘 증빙서류를 지참하여야 시험에 응시할 수 있으며, 미지참 시 퇴실 조치합니다.

2. 시험 전 시스템(PC작동여부, 네트워크 상태 등)의 이상여부를 반드시 확인하여야 하며, 시스템 이상이 있을 시에는 감독관에게 조치를 받으셔야 합니다.

3. 시험 중 부주의 또는 고의로 시스템을 파손한 경우는 수험자 부담으로 합니다.

4. 답안 파일은 답안 전송 프로그램을 통하여 다운로드 한 파일을 이용하여 작성하셔야 합니다.

5. 작성한 답안 파일은 답안 전송 프로그램을 통하여 자동으로 전송되므로, 감독관의 지시에 따라 주시기 바랍니다.
   - 답안 전송 프로그램의 사용이 불가능한 경우에는 답안 파일명을 **본인의 "수험번호-성명"**으로 지정하여 감독관의 지시에 따라 시험을 진행하시기 바랍니다(예: CDTE-2200-101234-홍길동.ent).

6. 시험 중 엔트리(Entry) 이외에 시험과 관련 없는 다른 프로그램을 작동 시 부정행위로 간주하여 실격 처리됨을 유의하시기 바랍니다.

7. 다음 사항의 경우 실격(0점) 혹은 부정행위 처리됩니다.
   - 답안을 저장하지 않았거나, 미제출 또는 저장한 파일이 손상되었을 경우
   - 답안 파일을 다른 보조 기억장치(USB) 또는 이메일(E-mail) 등으로 전송할 경우
   - 휴대용 전화기 등 통신장비를 사용할 경우
   - 시스템 조작의 미숙으로 시험이 불가능할 경우

8. 시험의 완료는 작성이 완료된 답안을 저장하고, 답안 전송이 완료된 상태를 확인한 것으로 합니다. 답안 전송 확인 후 문제지는 감독관에게 제출한 후 퇴실하여야 합니다.

9. 주어진 시험시간 이후에는 수정 또는 정정이 불가능합니다.

10. 〈수험자 유의사항〉에 기재된 방법대로 이행하지 않아 생기는 불이익은 수험자 본인에게 책임이 있음을 알려 드립니다.

※ 다음 사항을 확인하고 주어진 조건에 따라 [문제 1–5]를 완성하시오.   (전체완성도 5점)

[프로젝트 주제]	[결과 화면]

풍선 타고 고고~

'30'초 안에 다람쥐가 풍선을 타고 구름을 해까지 이동하는 프로젝트 만들기

[프로젝트 구성]	
배경	오브젝트
① 들판 　구름 세상_1	② 다람쥐 ③ 구름 ④ 해 ⑤ 풍선

01 화면 구현 능력   10점

다음 조건에 따라 프로젝트 화면을 구현하시오.

▶ 배경 구현 : ① 오브젝트를 선택하여 배경('들판(1)')을 삽입한 후 배경 이름('들판')을 변경한다.

　　　　　　② 오브젝트를 선택하여 배경('구름 세상_1')을 추가 삽입한다.

　　　　　　③ 명령 블록을 이용하여 배경(프로그램을 시작했을 때 : '들판(1)_1', 성공 신호를 받았을 때 : '구름 세상_1')을 지정한다.

▶ 개체 구현 : 오브젝트 선택 및 파일 올리기로 다음과 같이 개체를 순서대로(왼쪽→오른쪽) 삽입한다.

오브젝트 선택하기			파일 올리기
'분홍다람쥐'	'구름(1)'	'해'	'Balloon'
• 이름('다람쥐') • 크기(25) • 시작위치(x:-205, y:-100)	• 이름('구름') • 크기(40) • 시작위치(x:-170, y:40)	• 크기(30) • 시작위치(x:180, y:100)	• 이름('풍선') • 크기(320) • 시작위치(x:-100, y:90)

– 단, 개체의 모양은 기본값으로 처리하고, 크기 및 시작 위치는 명령 블록을 이용하여 지정할 것

02 심화 능력 15점

다음 설명을 읽고 [주요 블록]을 참고하여 [작성 조건]에 따라 코딩하시오.

	[설명]
	'다람쥐' : '풍선'에 닿으면 '비행' 신호를 보낸다. '비행' 신호를 받으면 '풍선'을 따라 이동하고 '해'에 닿으면 움직임을 중지한다.

[작성 조건]	[주요 블록]
◎ 프로그램을 시작했을 때 • 개체의 순서를 맨 앞으로 지정하고, '풍선'에 닿을 때까지 기다린 후 '비행' 신호를 보내기 ◎ 비행 신호를 받았을 때 • 다음 조건을 계속 반복하기 　– 위치를 '풍선'으로 지정한 후 아래쪽으로 '10'만큼, 왼쪽으로 '10'만큼 이동하고 '해'에 닿으면 해당 코드를 종료하기 ◎ 성공 신호를 받았을 때 • 개체의 다른 코드를 종료하고 "성공"을 말하기 • 개체의 순서를 맨 앞으로 지정하기 • x좌표 '0', y좌표 '0'으로 이동하고, 크기를 '100'으로 지정하기 ◎ 실패 신호를 받았을 때 • 개체의 다른 코드를 종료하기 • '1'초 동안 "실패"를 말하고, 모든 코드를 종료하기	

03 응용 능력(변수) 20점

다음 설명을 읽고 [주요 블록]을 참고하여 [작성 조건]에 따라 코딩하시오.

	[설명]
	'**구름**' : 임의의 속도로 이동하다 화면의 '오른쪽 벽'에 닿으면 화면의 왼쪽에 변경된 모양으로 나타나 다시 오른쪽으로 이동한다.

[작성 조건]	[주요 블록]
◎ 프로그램을 시작했을 때 [변수 : 모든 오브젝트에서 사용]	

◎ 프로그램을 시작했을 때 [변수 : 모든 오브젝트에서 사용]

- '구름속도'와 '구름모양' 변수를 생성하고, 초기 값을 각각 '5'로 지정하기
- 변수와 개체를 화면에서 모두 숨기기

◎ 게임시작 신호를 받았을 때

- 개체를 화면에 보이고 다음 조건을 계속 반복하기
  - '구름모양'을 '1'~'4'로 지정한 후 '구름속도'만큼 이동하기
  - 화면의 '오른쪽 벽'에 닿으면 다음 조건을 실행하기
    ▶ x좌표 '-170', y좌표 '-30'~'70'으로 이동하고, 모양을 '구름모양'으로 변경하기

◎ 성공 신호를 받았을 때 / ◎ 실패 신호를 받았을 때

- 개체의 다른 코드를 종료하기

[주요 블록]
- ▼ 에 닿았는가?
- ▼ 모양으로 바꾸기
- 이동 방향으로 ◯ 만큼 움직이기
- ◯ 부터 ◯ 사이의 무작위 수

04 응용 능력(변수/리스트) 25점

다음 설명을 읽고 [주요 블록]을 참고하여 [작성 조건]에 따라 코딩하시오.

	[설명]
	'해' : '다람쥐'가 '풍선'에 닿으면 화면의 위쪽에 나타나 계속해서 좌우로 이동한다. '성공' 신호를 받으면 사용자 이름과 '시간'을 결합하여 '기록' 리스트에 저장한다.

[작성 조건]	[주요 블록]

◎ **프로그램을 시작했을 때** [변수, 리스트 : 모든 오브젝트에서 사용]

- '시간' 변수를 생성하고, 초기 값을 '0'으로 지정하기
- '기록' 리스트를 생성하고, 리스트와 대답을 화면에서 숨기기
- '시간체크', '변형' 신호를 각각 보내기
- 개체를 화면에서 숨기고 다음 조건을 계속 반복하기
  - '3'초 동안 x좌표 '−180', y좌표 '100'으로 이동하고, 다시 '3'초 동안 x좌표 '180', y좌표 '100'으로 이동하기

◎ **변형 신호를 받았을 때**

- 다음 조건을 계속 반복하기
  - '다람쥐'에 닿으면 다음 조건을 실행하기
    ▶ 개체의 다른 코드를 종료한 후 '성공' 신호를 보내기
    ▶ 개체의 순서를 맨 앞으로 지정한 후 x좌표 '0', y좌표 '0'으로 이동하기
    ▶ 크기를 '300'으로 지정하고, '1'초 후 모든 코드를 종료하기

◎ **비행 신호를 받았을 때**

- 개체를 화면에 보이기

◎ **시간체크 신호를 받았을 때**

- 다음 조건을 계속 반복하기
  - '1'초 후 '시간'을 '1'만큼 증가하고 '시간'이 '29'보다 크면 다음 조건을 실행하기
    ▶ '실패' 신호를 보낸 후 개체를 화면에 보이기
    ▶ '1'초 동안 "시간초과"를 말하고, 모든 코드를 종료하기

◎ **성공 신호를 받았을 때**

- 개체의 다른 코드를 종료하고, "사용자 이름은?"을 묻고 대답을 기다리기
- 입력 받은 값과 "님 성공시간(초) : " 텍스트와 '시간'을 결합하여 '기록'에 저장하고, '기록' 리스트를 화면에 보이기

◎ **실패 신호를 받았을 때**

- 개체의 다른 코드를 종료하기

05 응용 능력(변수/함수) 25점

다음 설명을 읽고 [주요 블록]을 참고하여 [작성 조건]에 따라 코딩하시오.

[설명]
'풍선' : '게임시작' 신호를 받으면 '시간'에 따라 '풍선'의 '크기'와 움직이는 '속도'를 조절한다. '마우스 포인터'를 따라 이동하다 '구름'에 닿으면 '실패' 신호를 보낸다.

[작성 조건]	[주요 블록]

◎ 프로그램을 시작했을 때 [변수 : 모든 오브젝트에서 사용]
 	
• '풍선속도' 변수를 생성한 후, 초기 값을 '3'으로 지정하기
• '풍선속도' 변수를 화면에서 숨기고 개체를 화면에 보이기
• 크기를 '25'만큼 작게 변경하기를 '12'번 반복하기
• '2'초 동안 "풍선타고 고고!"를 말하고, '게임시작' 신호를 보내기
• 다음 조건을 계속 반복하기
  – '마우스 포인터' 쪽을 바라보며 '풍선속도'만큼 이동하기
  – 방향을 '위쪽'으로 지정하고, '구름'에 닿으면 '실패' 신호를 보내기
 	
◎ 함수 정의 [이름 : '설정', 매개변수('문자/숫자값 1', '문자/숫자값 2')]
 	
• '풍선속도', '구름속도'를 각각 '문자/숫자값 1', '문자/숫자값 2'로 지정하기
 	
◎ 게임시작 신호를 받았을 때
 	
• 다음 조건을 계속 반복하기
  – '시간'이 '10'보다 크고 '21'보다 작으면 다음 조건을 실행하기
    ▶ 크기를 '30'으로 지정하고, '문자/숫자값 1', '문자/숫자값 2'에 각각 '2', '7'을 지정하여 '설정'을 호출하기
  – '시간'이 '20'보다 크고 '31'보다 작으면 다음 조건을 실행하기
    ▶ 크기를 '50'으로 지정하고, '문자/숫자값 1', '문자/숫자값 2'에 각각 '1', '10'을 지정하여 '설정'을 호출하기
 	
◎ 성공 신호를 받았을 때 / ◎ 실패 신호를 받았을 때
 	
• 개체의 다른 코드를 종료하기

제13회 실전모의고사

코딩창의개발능력(Coding creative Development Test)

시험일	프로그램명	시험시간	수험번호	성명
202X. XX. XX	엔트리(Entry)	40분		

1급 A형 — 수험자 유의사항

1. 수험자는 신분증 또는 동등한 자격을 갖춘 증빙서류를 지참하여야 시험에 응시할 수 있으며, 미지참 시 퇴실 조치합니다.

2. 시험 전 시스템(PC작동여부, 네트워크 상태 등)의 이상여부를 반드시 확인하여야 하며, 시스템 이상이 있을 시에는 감독관에게 조치를 받으셔야 합니다.

3. 시험 중 부주의 또는 고의로 시스템을 파손한 경우는 수험자 부담으로 합니다.

4. 답안 파일은 답안 전송 프로그램을 통하여 다운로드 한 파일을 이용하여 작성하셔야 합니다.

5. 작성한 답안 파일은 답안 전송 프로그램을 통하여 자동으로 전송되므로, 감독관의 지시에 따라 주시기 바랍니다.
   • 답안 전송 프로그램의 사용이 불가능한 경우에는 답안 파일명을 **본인의 "수험번호–성명"**으로 지정하여 감독관의 지시에 따라 시험을 진행하시기 바랍니다(예: CDTE–2200–101234–홍길동.ent).

6. 시험 중 엔트리(Entry) 이외에 시험과 관련 없는 다른 프로그램을 작동 시 부정행위로 간주하여 실격 처리됨을 유의하시기 바랍니다.

7. 다음 사항의 경우 실격(0점) 혹은 부정행위 처리됩니다.
   • 답안을 저장하지 않았거나, 미제출 또는 저장한 파일이 손상되었을 경우
   • 답안 파일을 다른 보조 기억장치(USB) 또는 이메일(E–mail) 등으로 전송할 경우
   • 휴대용 전화기 등 통신장비를 사용할 경우
   • 시스템 조작의 미숙으로 시험이 불가능할 경우

8. 시험의 완료는 작성이 완료된 답안을 저장하고, 답안 전송이 완료된 상태를 확인한 것으로 합니다. 답안 전송 확인 후 문제지는 감독관에게 제출한 후 퇴실하여야 합니다.

9. 주어진 시험시간 이후에는 수정 또는 정정이 불가능합니다.

10. 〈수험자 유의사항〉에 기재된 방법대로 이행하지 않아 생기는 불이익은 수험자 본인에게 책임이 있음을 알려 드립니다.

CTCE (사)창의융합인재교육원
Creative Talent Converged Education

답안 작성요령

- 코딩은 [작성 조건]을 준수하여 <u>최소한의 명령 블록으로 프로젝트가 오류 없이 실행</u>되도록 구성하되 반드시 [주요 블록]을 모두 포함해야 합니다.
- 불필요한 명령 블록 및 미디어를 사용한 경우, [작성 조건]을 임의로 변경 또는 추가한 경우, [주요 블록]을 사용하지 않은 경우에는 <u>감점 또는 실격 처리</u>됩니다.
- 파일 삽입 시에는 반드시 주어진 폴더 내에서 다운로드 한 파일을 사용해야 합니다.
- 별도의 조건이 없는 경우에는 기본 값(Default)으로 처리해야 합니다.

※ 다음 사항을 확인하고 주어진 조건에 따라 [문제 1-5]를 완성하시오. (전체완성도 5점)

[프로젝트 주제]	[결과 화면]

인형 뽑기
공 속에 숨어있는 인형을 뽑는 프로젝트 만들기

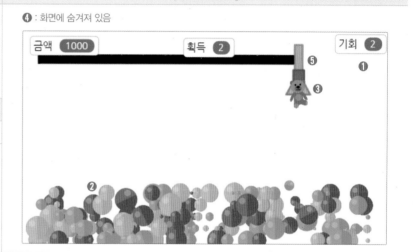

❹ : 화면에 숨겨져 있음

[프로젝트 구성]	
배경	오브젝트
① 배경 　bg2 　bg3	② 공 ③ 인형 ④ 시작 ⑤ 집게

01 화면 구현 능력　　　　　　　　10점

다음 조건에 따라 프로젝트 화면을 구현하시오.

▶ 배경 구현 : ① 파일 올리기로 배경('bg1')을 삽입한 후 배경 이름('배경')을 변경하고, 기존 배경('새그림')은 삭제한다.
　　　　　　② 파일 올리기로 배경('bg2', 'bg3')을 추가 삽입한다.
　　　　　　③ 명령 블록을 이용하여 배경(프로그램을 시작했을 때 : 'bg1', 미션성공 신호를 받았을 때 : 'bg2', 미션 실패 신호를 받았을 때 : 'bg3')을 지정한다.

▶ 개체 구현 : 오브젝트를 선택하여 다음과 같이 개체를 순서대로(왼쪽→오른쪽) 삽입한다.

오브젝트 선택하기			
'신호'	'곰인형'	'기본하트'	'손전등'
• 이름('공') • 크기(20) • 시작위치(x:−200, y:110)	• 이름('인형') • 크기(30) • 시작위치(x:200, y:−100)	• 이름('시작') • 크기(50) • 시작위치(x:0, y:20)	• 이름('집게') • 크기(50) • 시작위치(x:−220, y:100)

– 단, 개체의 모양은 기본값으로 처리하고, 크기 및 시작 위치는 명령 블록을 이용하여 지정할 것

02 심화 능력 15점

다음 설명을 읽고 [주요 블록]을 참고하여 [작성 조건]에 따라 코딩하시오.

	[설명]
	'공' : 프로젝트가 시작되면 '200'개가 복제되어 화면의 아래쪽으로 이동한다. '집게'에 닿으면 왼쪽 또는 오른쪽으로 조금씩 이동하여, '집게'에 부딪히는 모습을 표현한다.

[작성 조건]	[주요 블록]

◎ **프로그램을 시작했을 때**
 	
• 개체의 순서를 맨 앞으로 지정하기
• 개체를 화면에서 숨기고, 다음 조건을 '200'번 반복하기
  – 모양을 변경하고, 나 자신('공')을 복제하기
 	
◎ **복제본이 처음 생성되었을 때**
 	
• 크기를 '3'~'30'으로 지정하고 x좌표 '–220'~'220'으로 지정하기
• 개체를 화면에 보이고 다음 조건을 '12'~'16'번 반복하기
  – 아래쪽으로 '15'만큼 이동하기
• 다음 조건을 계속 반복하기
  – '집게'에 닿으면 다음 조건을 실행하기
    ▸ '–5'~'5'만큼 이동하고, 방향을 '–15'~'15'만큼 회전하기

03 응용 능력(변수)

20점

다음 설명을 읽고 [주요 블록]을 참고하여 [작성 조건]에 따라 코딩하시오.

[설명]
'인형' : 복제된 '공' 속에 숨어있다 '집게'에 닿으면 '집게'와 함께 '획득'을 '1'씩 증가한다. 입력한 금액에 따라 '기회'를 지정한다.

[작성 조건]	[주요 블록]
◎ 프로그램을 시작했을 때 [변수 : 모든 오브젝트에서 사용]	

◎ 프로그램을 시작했을 때 [변수 : 모든 오브젝트에서 사용]

- '기회', '획득', '금액' 변수를 생성하고, 초기 값을 각각 '0'으로 지정하기
- 방향을 '위쪽'으로 지정하고, 개체를 화면에서 숨기기

◎ 시작 신호를 받았을 때

- 개체의 다른 코드를 종료하고, '기회'를 '1'만큼 감소하기
- x좌표 '-150'∼'150', y좌표 '-80'∼'-120'으로 이동하기
- 개체를 화면에 보이고, '집게'에 닿을 때까지 기다리기
- '획득' 신호를 보내고, '획득'을 '1'만큼 증가하기

◎ 기회체크 신호를 받았을 때

- '기회'를 '금액'을 '500'으로 나눈 값으로 지정하기

◎ 획득 신호를 받았을 때

- 다음 조건을 계속 반복하기
  - x좌표 '집게'의 'x좌푯값', y좌표 '집게'의 'y좌푯값'으로 이동하기
  - 아래쪽 '30'만큼 이동하기

04 응용 능력(변수/함수)　25점

다음 설명을 읽고 [주요 블록]을 참고하여 [작성 조건]에 따라 코딩하시오.

[설명]
'시작' : 클릭하면 넣을 금액을 '500'원 단위로 입력한다. '500'원 단위가 아니면 넣을 금액을 다시 물어보고 '500'원 단위로 입력하면 게임을 시작한다.

[작성 조건]	[주요 블록]
◎ 프로그램을 시작했을 때 [변수 : 모든 오브젝트에서 사용] • '총기회' 변수를 생성하고, 변수와 대답을 화면에서 숨기기 • 개체를 화면에서 보이고, "프로젝트를 시작하려면 클릭하세요!"를 말하기 • 다음 조건을 계속 반복하기 　− '0.1'초 후 크기를 '10'만큼 크게 변경하기 　− '0.1'초 후 크기를 '10'만큼 작게 변경하기 ◎ 오브젝트를 클릭했을 때 • 개체의 다른 코드를 종료하고, '색깔' 효과를 '40'으로 지정하기 • "500원에 한판! 얼마 넣으시겠습니까?"를 묻고 대답을 기다리기 • 입력 받은 값을 '500'으로 나눈 나머지가 '0'일 때까지 다음 조건을 반복하기 　− '1'초 동안 "500원 단위로 다시 넣으세요."를 말하기 　− "500원에 한판! 얼마 넣으시겠습니까?"를 묻고 대답을 기다리기 • '금액체크' 신호를 보낸 후 '1.5'초 동안 "프로젝트시작!"을 말하기 • '시작', '시간체크' 신호를 각각 보내고, 개체를 화면에서 숨기기 ◎ 함수 정의 [이름 : '미션확인', 매개변수('문자/숫자값 1')] • 개체를 화면에 보인 후 '1'초 동안 '문자/숫자값 1'을 말하기 • '획득'이 '2'보다 크면 '미션성공' 신호를 보내고, 그렇지 않으면 '미션실패' 신호를 보내기 • 모든 코드를 종료하기 ◎ 미션확인 신호를 받았을 때 • '문자/숫자값 1'을 "미션확인"으로 지정하여 '미션확인'을 호출하기 ◎ 시간체크 신호를 받았을 때 • '30'초 후 '문자/숫자값 1'을 "시간종료"로 지정하여 '미션확인'을 호출하기 ◎ 기회체크 신호를 받았을 때 • '0.1'초 후 '총기회'를 '기회'로 지정하기	

05 응용 능력(변수/리스트)   25점

다음 설명을 읽고 [주요 블록]을 참고하여 [작성 조건]에 따라 코딩하시오.

	[설명]
	'집게' : '시작' 신호를 받으면 오른쪽으로 이동하다 '스페이스' 키를 누르면 아래로 이동했다 위로 이동한다. 입력 받은 값을 '금액'에 지정하고 뽑기를 한판할 때마다 금액이 '500'원씩 줄어든다.

[작성 조건]	[주요 블록]

◎ **프로그램을 시작했을 때 [리스트 : 모든 오브젝트에서 사용]**

- '기록' 리스트를 생성하고, 리스트를 화면에서 숨기기
- 방향을 '왼쪽'으로 지정하고 '2'번 반복하여 개체의 순서를 뒤로 보내기
- 붓의 굵기를 '10'으로 지정하고, 모든 붓을 삭제하기

◎ **시작 신호를 받았을 때**

- 모든 붓을 지운 후 '금액'을 '500'만큼 감소하기
- 붓의 색깔을 '검정'으로 지정하고, 그리기를 시작한 후 '1'초 기다리기
- 화면의 '벽'에 닿을 때까지 다음 조건을 반복한 후 '금액조절' 신호를 보내고 기다리기
  - 오른쪽으로 '2'만큼 이동하다 '스페이스' 키를 누르면 다음 조건을 실행하기
    ▸ 붓의 굵기를 '10'으로 지정하고 '1'초 동안 x좌표 개체의 'x좌푯값', y좌표 '-100'으로 이동하기
    ▸ 붓의 색깔을 '흰색'으로 지정한 후 붓의 굵기를 '12'로 지정하기
    ▸ '1'초 동안 x좌표 개체의 'x좌푯값', y좌표 '100'으로 이동하기
    ▸ '금액조절' 신호를 보내고 기다리기

◎ **금액체크 신호를 받았을 때**

- '금액'을 입력 받은 값으로 지정하고, '기회체크' 신호를 보내기

◎ **금액조절 신호를 받았을 때**

- '금액'이 '0'이면 다음 조건을 실행하기
  - 개체의 다른 코드를 종료하고, '1'초 동안 "인형뽑기가 종료 되었습니다."를 말하기
  - '미션확인' 신호를 보내고, 모든 붓을 삭제하기
- '금액'이 '0'이 아니면 다음 조건을 실행하기
  - 붓의 색깔을 '흰색'으로 지정하고 '1'초 동안 x좌표 '-220', y좌표 개체의 'y좌푯값'으로 이동하기
  - '인형배치' 신호를 보낸 후 '시작' 신호를 보내고 기다리기

◎ **미션성공 신호를 받았을 때**

- "총 기회 :" 텍스트와 '총기회', "번 중" 텍스트와 '획득', "개 뽑기성공" 텍스트를 결합하여 '기록'에 저장하기
- '기록' 리스트를 화면에 보이기

제14회 실전모의고사

코딩창의개발능력(Coding creative Development Test)

시험일	프로그램명	시험시간	수험번호	성명
202X. XX. XX	엔트리(Entry)	40분		

1급 B형 수험자 유의사항

1. 수험자는 신분증 또는 동등한 자격을 갖춘 증빙서류를 지참하여야 시험에 응시할 수 있으며, 미지참 시 퇴실 조치합니다.

2. 시험 전 시스템(PC작동여부, 네트워크 상태 등)의 이상여부를 반드시 확인하여야 하며, 시스템 이상이 있을 시에는 감독관에게 조치를 받으셔야 합니다.

3. 시험 중 부주의 또는 고의로 시스템을 파손한 경우는 수험자 부담으로 합니다.

4. 답안 파일은 답안 전송 프로그램을 통하여 다운로드 한 파일을 이용하여 작성하셔야 합니다.

5. 작성한 답안 파일은 답안 전송 프로그램을 통하여 자동으로 전송되므로, 감독관의 지시에 따라 주시기 바랍니다.
   • 답안 전송 프로그램의 사용이 불가능한 경우에는 답안 파일명을 **본인의 "수험번호–성명"**으로 지정하여 감독관의 지시에 따라 시험을 진행하시기 바랍니다(예: CDTE–2200–101234–홍길동.ent).

6. 시험 중 엔트리(Entry) 이외에 시험과 관련 없는 다른 프로그램을 작동 시 부정행위로 간주하여 실격 처리됨을 유의하시기 바랍니다.

7. 다음 사항의 경우 실격(0점) 혹은 부정행위 처리됩니다.
   • 답안을 저장하지 않았거나, 미제출 또는 저장한 파일이 손상되었을 경우
   • 답안 파일을 다른 보조 기억장치(USB) 또는 이메일(E–mail) 등으로 전송할 경우
   • 휴대용 전화기 등 통신장비를 사용할 경우
   • 시스템 조작의 미숙으로 시험이 불가능할 경우

8. 시험의 완료는 작성이 완료된 답안을 저장하고, 답안 전송이 완료된 상태를 확인한 것으로 합니다. 답안 전송 확인 후 문제지는 감독관에게 제출한 후 퇴실하여야 합니다.

9. 주어진 시험시간 이후에는 수정 또는 정정이 불가능합니다.

10. 〈수험자 유의사항〉에 기재된 방법대로 이행하지 않아 생기는 불이익은 수험자 본인에게 책임이 있음을 알려 드립니다.

CTCE |(사)창의융합인재교육원
Creative Talent Converged Education

- 코딩은 [작성 조건]을 준수하여 <u>최소한의 명령 블록으로 프로젝트가 오류 없이 실행</u>되도록 구성하되 반드시 [주요 블록]을 모두 포함해야 합니다.
- 불필요한 명령 블록 및 미디어를 사용한 경우, [작성 조건]을 임의로 변경 또는 추가한 경우, [주요 블록]을 사용하지 않은 경우에는 **감점 또는 실격 처리**됩니다.
- 파일 삽입 시에는 반드시 주어진 폴더 내에서 다운로드 한 파일을 사용해야 합니다.
- 별도의 조건이 없는 경우에는 기본 값(Default)으로 처리해야 합니다.

※ 다음 사항을 확인하고 주어진 조건에 따라 [문제 1-5]를 완성하시오. (전체완성도 5점)

[프로젝트 주제]	[결과 화면]

맑은 하늘 만들기
'30'초 동안 엔트리봇이 새를 피해 미세먼지를 없애는 프로젝트 만들기

[프로젝트 구성]	
배경	오브젝트
① 하늘 　bg2 　bg3	② 엔트리봇 ③ 햇님 ④ 새 ⑤ 미세먼지

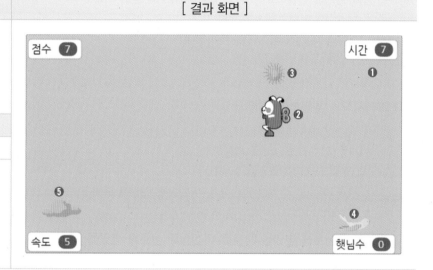

01 화면 구현 능력 　　　　10점

다음 조건에 따라 프로젝트 화면을 구현하시오.

▶ **배경 구현** : ① 파일 올리기로 배경('bg1')을 삽입한 후 배경 이름('하늘')을 변경하고, 기존 배경('새그림')은 삭제한다.
　　　　　　　② 파일 올리기로 배경('bg2', 'bg3')을 추가 삽입한다.
　　　　　　　③ 명령 블록을 이용하여 배경(프로그램을 시작했을 때 : 'bg1', 미션성공 신호를 받았을 때 : 'bg2', 미션 실패 신호를 받았을 때 : 'bg3')을 지정한다.
▶ **개체 구현** : 오브젝트를 선택하여 다음과 같이 개체를 순서대로(왼쪽→오른쪽) 삽입한다.

오브젝트 선택하기			
'운동하는 엔트리봇'	'해'	'노란새'	'먹구름(1)'
• 이름('엔트리봇') • 크기(50) • 시작위치(x:160, y:-50)	• 이름('햇님') • 크기(30) • 시작위치(x:-70, y:100)	• 이름('새') • 크기(30) • 시작위치(x:-200, y:0)	• 이름('미세먼지') • 크기(30) • 시작위치(x:120, y:70)

– 단, 개체의 모양은 기본값으로 처리하고, 크기 및 시작 위치는 명령 블록을 이용하여 지정할 것

02 심화 능력 15점

다음 설명을 읽고 [주요 블록]을 참고하여 [작성 조건]에 따라 코딩하시오.

[설명]
'엔트리봇' : 모양을 변경하며 '마우스 포인터'를 따라 이동한다. '새'에 닿으면 '미션실패' 신호를 보내고 '미션성공'과 '미션실패' 신호를 받으면 프로젝트를 종료한다.

[작성 조건]	[주요 블록]

◎ **프로그램을 시작했을 때**
 	
• 모양을 좌우로 변경하고 "이름을 입력하세요!"를 묻고 대답을 기다린 후 '2'초 동안 "앗! 미세먼지다."를 말하기
• '미션시작'과 '시간체크' 신호를 각각 보내기
• 다음 조건을 계속 반복하기
   – 모양을 변경하고 '0.2'초 기다리기
 	
◎ **미션시작 신호를 받았을 때**
 	
• 다음 조건을 계속 반복하기
   – 위치를 '마우스 포인터'로 지정하기
   – '새'에 닿으면 다음 조건을 실행하기
     ▶ '색깔' 효과를 '25'만큼 변경하고, '미션실패' 신호를 보내기
     ▶ '1'초 동안 "아쉽다. 미션실패"를 말하기
 	
◎ **미션성공 신호를 받았을 때 / ◎ 미션실패 신호를 받았을 때**
 	
• 개체의 다른 코드를 종료하기

03 응용 능력(변수)   20점

다음 설명을 읽고 [주요 블록]을 참고하여 [작성 조건]에 따라 코딩하시오.

	[설명]
	'햇님' : 프로젝트가 시작되면 복제되어 '엔트리봇' 위치로 이동하고 화면의 '위쪽 벽'에 닿을 때까지 위로 이동한다. '햇님수'가 '0'이면 '스페이스' 키를 눌러 '7'로 다시 초기화한다.

[작성 조건]	[주요 블록]

◎ 프로그램을 시작했을 때 [변수 : 모든 오브젝트에서 사용]

• '햇님수'와 '시간' 변수를 생성하고, 초기값을 각각 '7'과 '0'으로 지정하기
• 개체를 화면에서 숨긴 후 다음 조건을 계속 반복하기
  – '스페이스' 키를 누르면 다음 조건을 실행하기
    ▶ '햇님수'가 '0'이면 '햇님수'를 '7'로 지정하기

◎ 복제본이 처음 생성되었을 때

• '햇님수'를 '1'만큼 감소하고, 위치를 '엔트리봇'으로 지정하기
• 개체를 화면에 보인 후, 화면의 '위쪽 벽'에 닿을 때까지 위쪽으로 '5'만큼 이동하기를 반복하기
• 해당 복제본을 삭제하기

◎ 시간체크 신호를 받았을 때

• 다음 조건을 계속 반복하기
  – '1'초 후 '시간'을 '1'만큼 증가하기
  – '시간'이 '30'이면 '미션성공' 신호를 보내고 기다리기

◎ 미션성공 신호를 받았을 때

• 개체를 화면에 보인 후 개체의 다른 코드를 종료하기
• x좌표 '0', y좌표 '0'으로 이동하고, 크기를 '300'으로 지정하기

◎ 미션실패 신호를 받았을 때

• 개체의 다른 코드를 종료하기

04 응용 능력(변수/함수) 25점

다음 설명을 읽고 [주요 블록]을 참고하여 [작성 조건]에 따라 코딩하시오.

[설명]
'새' : 복제되어 화면의 왼쪽에서 오른쪽으로 모양을 변경하며 이동한다. 화면의 '오른쪽 벽'에 닿으면 복제본을 삭제하고, '미션성공'과 '미션실패' 신호를 받으면 프로젝트를 종료한다.

[작성 조건]

◎ 프로그램을 시작했을 때 [변수 : 모든 오브젝트에서 사용]

• '속도' 변수를 생성하고, 초기 값을 '0'으로 지정하기
• 모양을 좌우로 변경하고 개체를 화면에서 숨기기

◎ 함수 정의
[이름 : '복제설정', 매개변수('문자/숫자값 1', '문자/숫자값 2', '문자/숫자값 3')

• '속도'를 '문자/숫자값 1'로 지정하기
• 나 자신('새')을 복제하고 '문자/숫자값 2'~'문자/숫자값 3'초 기다리기

◎ 미션시작 신호를 받았을 때

• 다음 조건을 계속 반복하기
 – '시간'이 '0'보다 크고 '16'보다 작으면 '문자/숫자값 1', '문자/숫자값 2', '문자/숫자값 3'에 각각 '5', '3', '5'를 지정하여 '복제설정'을 호출하기
 – '시간'이 '15'보다 크고 '31'보다 작으면 '문자/숫자값 1', '문자/숫자값 2', '문자/숫자값 3'에 각각 '10', '2', '4'를 지정하여 '복제설정'을 호출하기

◎ 복제본이 처음 생성되었을 때

• '날개짓' 신호를 보내고, 개체를 화면에 보이기
• x좌표 '-220', y좌표 '-100'~'100'으로 이동하기
• 화면의 '오른쪽 벽'에 닿을 때까지 오른쪽으로 '속도'만큼 이동하기를 반복하고 해당 복제본을 삭제하기

◎ 날개짓 신호를 받았을 때

• '0.1'초 후 모양을 변경하기를 계속 반복하기

◎ 미션성공 신호를 받았을 때 / ◎ 미션실패 신호를 받았을 때

• 개체의 다른 코드를 종료하기

[주요 블록]

05 응용 능력(변수/리스트)   25점

다음 설명을 읽고 [주요 블록]을 참고하여 [작성 조건]에 따라 코딩하시오.

[설명]
'미세먼지': 복제되어 나타나 크기가 점점 커진다. '엔트리봇'에 닿고, '햇님수'가 '0'이 아니면 '점수'를 증가하고 '햇님'을 복제한다. 개체의 '크기'가 '60'이면 '미션실패' 신호를 보내고 '미션성공' 신호를 받으면 '점수'를 기록한다.

[작성 조건]	[주요 블록]

◎ 프로그램을 시작했을 때 [변수, 리스트 : 모든 오브젝트에서 사용]
- '점수' 변수를 생성하고, 초기 값을 '0'으로 지정하기
- '기록' 리스트를 생성하고, 리스트와 대답을 화면에서 숨기기
- 개체의 순서를 뒤로 보내기를 '3'번 반복한 후 개체를 화면에서 숨기기

◎ 미션시작 신호를 받았을 때
- 나 자신('미세먼지')을 복제하고 '1'초 기다리기를 계속 반복하기

◎ 복제본이 처음 생성되었을 때
- 개체를 화면에 보이고, x좌표 '-210'~'210', y좌표 '-110'~'110'으로 이동하기
- 다음 조건을 계속 반복하기
  - 크기를 '5'만큼 크게 변경하고, '0.5'초 기다리기
  - '엔트리봇'에 닿으면 다음 조건을 실행하기
    ▶ '햇님수'가 '0'이 아니면 다음 조건을 실행하기
      ▪ '점수'를 '1'만큼 증가하고, '햇님'을 복제한 후 해당 복제본을 삭제하기
  - 개체의 '크기'가 '60'이면 다음 조건을 실행하기
    ▶ '미션실패' 신호를 보내고, '2'초 동안 "우헤헤 나는야 미세먼지!!!"를 말하기

◎ 미션성공 신호를 받았을 때
- 입력 받은 값과 "님 점수 : " 텍스트, '점수'를 결합하여 '기록'에 저장하고 개체를 화면에서 숨기기
- '기록' 리스트를 화면에 보인 후 모든 코드를 종료하기

◎ 미션실패 신호를 받았을 때
- 개체의 다른 코드를 종료하기

제15회 실전모의고사

코딩창의개발능력(Coding creative Development Test)

시험일	프로그램명	시험시간	수험번호	성명
202X. XX. XX	엔트리(Entry)	40분		

1급 C형

CTCE |사|창의융합인재교육원
Creative Talent Converged Education

답안 작성요령

• 코딩은 [작성 조건]을 준수하여 <u>최소한의 명령 블록으로 프로젝트가 오류 없이 실행</u>되도록 구성하되 반드시 [주요 블록]을 모두 포함해야 합니다.

• 불필요한 명령 블록 및 미디어를 사용한 경우, [작성 조건]을 임의로 변경 또는 추가한 경우, [주요 블록]을 사용하지 않은 경우에는 **감점 또는 실격 처리**됩니다.

• 파일 삽입 시에는 반드시 주어진 폴더 내에서 다운로드 한 파일을 사용해야 합니다.

• 별도의 조건이 없는 경우에는 기본 값(Default)으로 처리해야 합니다.

※ 다음 사항을 확인하고 주어진 조건에 따라 [문제 1–5]를 완성하시오. (전체완성도 5점)

[프로젝트 주제]	[결과 화면]

별 모으기

'30'초 동안 엔트리봇이 날아오는 공을 피해 별을 모으는 프로젝트 만들기

[프로젝트 구성]	
배경	오브젝트
① 배경 　bg2 　bg3	② 공 ③ 별 ④ 엔트리봇 ⑤ 타이머

---

01 **화면 구현 능력** 10점

다음 조건에 따라 프로젝트 화면을 구현하시오.

▶ 배경 구현 : ① 파일 올리기로 배경('bg1')을 삽입한 후 배경 이름('배경')을 변경하고, 기존 배경('새그림')은 삭제한다.
　　　　　　② 파일 올리기로 배경('bg2', 'bg3')을 추가 삽입한다.
　　　　　　③ 명령 블록을 이용하여 배경(프로그램을 시작했을 때 : 'bg1', 성공 신호를 받았을 때 : 'bg2', 실패 신호를 받았을 때 : 'bg3')을 지정한다.

▶ 개체 구현 : 오브젝트를 선택하여 다음과 같이 개체를 순서대로(왼쪽→오른쪽) 삽입한다.

오브젝트 선택하기			
'축구공'	'큰별(노랑)'	'(1)엔트리봇'	'시계'
• 이름('공') • 크기(20) • 시작위치(x:-210, y:103)	• 이름('별') • 크기(20) • 시작위치(x:-170, y:-97)	• 이름('엔트리봇') • 크기(38) • 시작위치(x:0, y:0) • 회전방식('좌우 회전')	• 이름('타이머') • 크기(80) • 시작위치(x:0, y:-90) • 회전방식('좌우 회전')

– 단, 개체의 모양은 기본값으로 처리하고, 크기 및 시작 위치는 명령 블록을 이용하여 지정할 것

02 심화 능력 15점

다음 설명을 읽고 [주요 블록]을 참고하여 [작성 조건]에 따라 코딩하시오.

[설명]

'공' : 임의의 시간 간격으로 복제되어 화면의 임의 위치로 이동하다 '엔트리봇'에 닿으면 다른 위치로 이동한다. 이동 속도는 각각 다르며 '성공'과 '실패' 신호를 받으면 프로젝트를 종료한다.

[작성 조건]	[주요 블록]

◎ 프로그램을 시작했을 때

• 개체를 화면에서 숨기기

◎ 시작 신호를 받았을 때

• '2'초 후 다음 조건을 계속 반복하기
  – '색깔' 효과를 '–5'만큼 변경하고 나 자신('공')을 복제하기
  – '3'~'5'초 후 크기를 '20'~'30'으로 지정하기

◎ 복제본이 처음 생성되었을 때

• x좌표 '–210'~'210', y좌표 '–100'~'100'으로 이동하기
• 개체를 화면에 보이고 이동 방향을 '–35'만큼 회전한 후 다음 조건을 계속 반복하기
  – '5'~'7'만큼 이동하다가 화면의 벽에 닿으면 방향을 바꾸기
  – '엔트리봇'에 닿으면 다음 조건을 실행하기
    ▶ '0.1'초 후 크기를 '10'만큼 크게 변경하고 '색깔' 효과를 '20'만큼 변경하기
    ▶ x좌표 '–210'~'210', y좌표 '–100'~'100'으로 이동하기

◎ 성공 신호를 받았을 때 / ◎ 실패 신호를 받았을 때

• 개체의 다른 코드를 종료하고 해당 복제본을 삭제하기

03 응용 능력(변수)　20점

다음 설명을 읽고 [주요 블록]을 참고하여 [작성 조건]에 따라 코딩하시오.

[설명]
'**별**' : 일정 시간 간격으로 임의의 위치에서 나타나 크기를 변경하며 보이기와 숨기기를 반복한다. '엔트리봇'에 닿으면 '타이머' 위치로 이동하고 '타이머'에 닿으면 새로운 위치로 이동한다.

[작성 조건]	[주요 블록]

◎ 프로그램을 시작했을 때 [변수 : 모든 오브젝트에서 사용]
- '획득' 변수를 생성하고, 초기 값을 '0'으로 지정하기
- 개체를 화면에서 숨기기

◎ 시작 신호를 받았을 때
- '떨림' 신호를 보내고 '1'초 기다리기
- '위치이동' 신호를 보내고 다음 조건을 계속 반복하기
  - '엔트리봇'에 닿으면 다음 조건을 실행하기
    ▶ '획득'을 '1'만큼 증가하고, '별획득' 신호를 보낸 후 '0.5'초 기다리기
    ▶ '획득'이 '10'이면 '성공' 신호를 보내고 기다리기

◎ 떨림 신호를 받았을 때
- 다음 조건을 계속 반복하기
  - '0.1'초 후 크기를 '1'만큼 크게 변경하기
  - '0.1'초 후 크기를 '1'만큼 작게 변경하기

◎ 별획득 신호를 받았을 때
- '타이머'에 닿을 때까지 '타이머' 쪽을 바라보며 '3'만큼 이동하기를 반복하기
- 개체를 화면에서 숨기고, '위치이동' 신호를 보내기

◎ 위치이동 신호를 받았을 때
- x좌표 '−200'~'200', y좌표 '−100'~'100'으로 이동하기
- 다음 조건을 계속 반복하기
  - 개체를 화면에 보이고, '5'초 후 개체를 화면에서 숨기기

◎ 성공 신호를 받았을 때
- 개체의 다른 코드를 종료하기

04 응용 능력(변수) 25점

다음 설명을 읽고 [주요 블록]을 참고하여 [작성 조건]에 따라 코딩하시오.

[설명]
'엔트리봇' : 프로젝트가 시작되면 뛰는 모습을 표현하고 키보드의 방향키로 움직임을 제어한다. '공'에 닿으면 '기회'를 '1'만큼 감소하고 '기회'가 '0'이면 '실패' 신호를 보낸다.

[작성 조건]	[주요 블록]

◎ 프로그램을 시작했을 때 [변수 : 모든 오브젝트에서 사용]

• '기회' 변수를 생성하고, 초기 값을 '5'로 지정하기
• 개체를 화면에서 숨기기

◎ 시작 신호를 받았을 때

• '달리기', '미션확인' 신호를 각각 보내고, 개체를 화면에 보이기
• 다음 조건을 계속 반복하기
  – '3'만큼 이동하다 화면의 벽에 닿으면 방향을 바꾸기
  – '위쪽 화살표', '아래쪽 화살표', '왼쪽 화살표', '오른쪽 화살표' 키를 누르면 이동 방향을 해당 방향으로 지정하기

◎ 미션확인 신호를 받았을 때

• 다음 조건을 계속 반복하기
  – '공'에 닿으면 다음 조건을 실행하기
    ▶ '기회'를 '1'만큼 감소하고, '흔들림' 신호를 보낸 후 '0.1'초 기다리기
    ▶ '기회'가 '0'이면 '색깔' 효과를 '5'로 지정한 후 '실패' 신호를 보내고 기다리기
  – '별'에 닿으면 크기를 '5'만큼 작게 변경하고, '0.3'초 기다리기

◎ 달리기 신호를 받았을 때

• '0.1'초 후 모양을 변경하기를 계속 반복하기

◎ 흔들림 신호를 받았을 때

• '색깔' 효과를 '25'만큼 변경하고, '0.5'초 후 '색깔' 효과를 모두 삭제하기

◎ 성공 신호를 받았을 때

• 개체의 다른 코드를 종료하기

◎ 크기변경 신호를 받았을 때

• 크기를 '10'만큼 크게 변경하기

05 응용 능력(변수/리스트) 25점

다음 설명을 읽고 [주요 블록]을 참고하여 [작성 조건]에 따라 코딩하시오.

[설명]

 '타이머' : '시작' 신호를 받으면 화면의 아래쪽에서 계속해서 좌우로 이동한다. 게임 종료 '5'초 전부터 카운트를 시작하고, '성공' 신호를 받으면 성공한 사용자 이름과 남은 시간을 리스트에 기록한 후 프로젝트를 종료한다.

[작성 조건]	[주요 블록]

◎ 프로그램을 시작했을 때 [변수 : 모든 오브젝트에서 사용]
　[리스트 : 공유 리스트 사용, 모든 오브젝트에서 사용]

- '시간' 변수를 생성하고, 초기 값을 '30'으로 지정하기
- '이름', '기록' 리스트를 생성한 후 리스트와 대답을 화면에서 모두 숨기기
- '1'초 동안 "별 모으기 시작!"을 말하기
- 크기를 '5'만큼 작게 변경하기를 '10'번 반복하기
- '1'초 동안 x좌표 '0', y좌표 '−107'로 이동한 후 '시간체크', '시작' 신호를 각각 보내기

◎ 시작 신호를 받았을 때

- '시간'이 '0'이 될 때까지 다음 조건을 반복한 후 '실패' 신호를 보내기
  - '2'만큼 이동하다 화면의 벽에 닿으면 방향을 바꾸기
  - '시간'이 '6'보다 작으면 '시간'을 말하기

◎ 시간체크 신호를 받았을 때

- 다음 조건을 계속 반복하기
  - '1'초 후 '시간'을 '1'만큼 감소하기
  - '시간'을 '10'으로 나눈 나머지가 '0'이면 '크기변경' 신호를 보내기

◎ 성공 신호를 받았을 때

- 개체의 다른 코드를 종료하고, "성공한 사용자 이름은?"을 묻고 대답을 기다리기
- 다음 조건을 계속 반복하기
  - 입력 받은 값의 길이가 '0'이면 "성공한 사용자 이름은?"을 묻고 대답을 기다리고 그렇지 않으면 다음 조건을 실행하기
    ▸ 입력 받은 값을 '이름'에 저장하고, '30'−'시간'을 '기록'에 저장하기
    ▸ '기록', '이름' 리스트를 화면에 모두 보이고, 모든 코드를 종료하기

◎ 실패 신호를 받았을 때

- '0.5'초 동안 "게임 실패!"를 말하고 모든 코드를 종료하기

PART 03

최신기출문제

최신기출문제

코딩창의개발능력(Coding creative Development Test)

시험일	프로그램명	시험시간	수험번호	성명
202X. XX. XX	엔트리(Entry)	40분		

1급 A형
수험자 유의사항

1. 수험자는 신분증 또는 동등한 자격을 갖춘 증빙서류를 지참하여야 시험에 응시할 수 있으며, 미지참 시 퇴실 조치합니다.

2. 시험 전 시스템(PC작동여부, 네트워크 상태 등)의 이상여부를 반드시 확인하여야 하며, 시스템 이상이 있을 시에는 감독관에게 조치를 받으셔야 합니다.

3. 시험 중 부주의 또는 고의로 시스템을 파손한 경우는 수험자 부담으로 합니다.

4. 답안 파일은 답안 전송 프로그램을 통하여 다운로드 한 파일을 이용하여 작성하셔야 합니다.

5. 작성한 답안 파일은 답안 전송 프로그램을 통하여 자동으로 전송되므로, 감독관의 지시에 따라 주시기 바랍니다.
   • 답안 전송 프로그램의 사용이 불가능한 경우에는 답안 파일명을 **본인의 "수험번호–성명"**으로 지정하여 감독관의 지시에 따라 시험을 진행하시기 바랍니다(예: CDTE–2200–101234–홍길동.ent).

6. 시험 중 엔트리(Entry) 이외에 시험과 관련 없는 다른 프로그램을 작동 시 부정행위로 간주하여 실격 처리됨을 유의하시기 바랍니다.

7. 다음 사항의 경우 실격(0점) 혹은 부정행위 처리됩니다.
   • 답안을 저장하지 않았거나, 미제출 또는 저장한 파일이 손상되었을 경우
   • 답안 파일을 다른 보조 기억장치(USB) 또는 이메일(E-mail) 등으로 전송할 경우
   • 휴대용 전화기 등 통신장비를 사용할 경우
   • 시스템 조작의 미숙으로 시험이 불가능할 경우

8. 시험의 완료는 작성이 완료된 답안을 저장하고, 답안 전송이 완료된 상태를 확인한 것으로 합니다. 답안 전송 확인 후 문제지는 감독관에게 제출한 후 퇴실하여야 합니다.

9. 주어진 시험시간 이후에는 수정 또는 정정이 불가능합니다.

10. 〈수험자 유의사항〉에 기재된 방법대로 이행하지 않아 생기는 불이익은 수험자 본인에게 책임이 있음을 알려 드립니다.

답안 작성요령

- 코딩은 [작성 조건]을 준수하여 **최소한의 명령 블록으로 프로젝트가 오류 없이 실행**되도록 구성하되 반드시 [주요 블록]을 모두 포함해야 합니다.
- 불필요한 명령 블록 및 미디어를 사용한 경우, [작성 조건]을 임의로 변경 또는 추가한 경우, [주요 블록]을 사용하지 않은 경우에는 **감점 또는 실격 처리**됩니다.
- 파일 삽입 시에는 반드시 주어진 폴더 내에서 다운로드 한 파일을 사용해야 합니다.
- 별도의 조건이 없는 경우에는 기본 값(Default)으로 처리해야 합니다.

※ 다음 사항을 확인하고 주어진 조건에 따라 [문제 1-5]를 완성하시오. (전체완성도 5점)

[프로젝트 주제]	[결과 화면]
학교 가기 숨겨진 자동차를 피해 학교까지 안전하게 이동하는 프로젝트 만들기	

[프로젝트 구성]

배경	오브젝트
① 동네 동네2 동네3 동네4 동네5	② 학교 ③ 책가방 ④ 엔트리봇 ⑤ 자동차

01 화면 구현 능력 10점

다음 조건에 따라 프로젝트 화면을 구현하시오.

▶ 배경 구현 : ① 파일 올리기로 배경('동네1')을 삽입한 후 배경 이름('동네')을 변경하고, 기존 배경('새그림')은 삭제한다.
　　　　　　 ② 파일 올리기로 배경('동네2'~'동네5')을 추가 삽입한다.
　　　　　　 ③ 명령 블록을 이용하여 다음과 같이 지정한다.
　　　　　　　　 ◎ 프로그램을 시작했을 때
　　　　　　　　　 • 모양을 '동네1'로 변경하고 '4'번 반복하여 '1'초 후 모양을 변경하기
　　　　　　　　　 • '난이도 입력' 신호를 보내기

▶ 개체 구현 : 오브젝트를 선택하여 다음과 같이 개체를 순서대로(왼쪽→오른쪽) 삽입한다.

오브젝트 선택하기			
'건물(8)'	'책가방(1)'	'걷는 엔트리봇'	'택시'
• 이름('학교') • 크기(50) • 시작위치(x:0, y:5)	• 이름('책가방') • 크기(30) • 시작위치(x:210, y:-115)	• 이름('엔트리봇') • 크기(30) • 시작위치(x:-210, y:-115) • 회전방식('좌우 회전')	• 이름('자동차') • 크기(30) • 시작위치(x:0, y:-50)

－ 단, 개체의 모양은 기본값으로 처리하고, 크기 및 시작 위치는 명령 블록을 이용하여 지정할 것

02 심화 능력 15점

다음 설명을 읽고 [주요 블록]을 참고하여 [작성 조건]에 따라 코딩하시오.

[설명]
'**학교**' : 프로젝트가 시작되고 '난이도 입력' 신호를 받으면 난이도를 입력 받고, '게임진행' 신호를 받으면 일정 시간 간격으로 위치를 변경하여 나타난다.

[작성 조건]	[주요 블록]
◎ 프로그램을 시작했을 때 • 대답과 개체를 화면에서 숨기고 다음 조건을 계속 반복하기 　– '엔트리봇'에 닿으면 '학교 도착 성공' 신호를 보내고 개체를 화면에서 숨기기 ◎ 난이도 입력 신호를 받았을 때 • 다음 조건을 계속 반복하기 　– "난이도 입력(초급, 중급, 고급)"을 묻고 대답을 기다리기 　– 입력 받은 값이 '초급'이면 다음 조건을 실행하기 　▸ '초급', '게임진행' 신호를 각각 보낸 후 해당 코드를 종료하기 　– 입력 받은 값이 '중급'이면 다음 조건을 실행하기 　▸ '중급', '게임진행' 신호를 각각 보낸 후 해당 코드를 종료하기 　– 입력 받은 값이 '고급'이면 다음 조건을 실행하기 　▸ '고급', '게임진행' 신호를 각각 보낸 후 해당 코드를 종료하기 ◎ 게임진행 신호를 받았을 때 • 다음 조건을 계속 반복하기 　– 개체를 화면에 보이고 x좌표 '–210'∼'210', y좌표 '5'로 이동하기 　– '3'∼'5'초 후 개체를 화면에서 숨기고 다시 '3'∼'5'초 기다리기	

03 응용 능력(변수) 20점

다음 설명을 읽고 [주요 블록]을 참고하여 [작성 조건]에 따라 코딩하시오.

[설명]
'**책가방**' : '게임진행' 신호를 받았을 때 '엔트리봇'에 닿으면 '시간'을 '5'만큼 감소하고 '힌트보기' 신호를 보낸다.

[작성 조건]	[주요 블록]
◎ 프로그램을 시작했을 때 [변수 : 모든 오브젝트에서 사용]	

[작성 조건]

◎ 프로그램을 시작했을 때 [변수 : 모든 오브젝트에서 사용]
- '시간' 변수를 생성하고, 초기 값을 '30'으로 지정하기
- 변수와 개체를 화면에서 모두 숨기기

◎ 게임진행 신호를 받았을 때
- 변수와 개체를 화면에 모두 보이고, '3'초 동안 "제한시간 30초"를 말하기
- '타이머' 신호를 보내고, 다음 조건을 계속 반복하기
  - '엔트리봇'에 닿으면 다음 조건을 실행하기
    ▸ '시간'을 '5'만큼 감소하고, '힌트보기' 신호를 보내기
    ▸ 개체를 화면에서 숨기고 '1'~'3'초 후 다시 개체를 화면에 보이기

◎ 타이머 신호를 받았을 때
- 다음 조건을 계속 반복하기
  - '1'초 후 '시간'을 '1'만큼 감소하기
  - '시간'이 '11'보다 작으면 개체를 화면에서 숨기기
  - '시간'이 '1'보다 작으면 모든 코드를 종료하기

◎ 학교 도착 성공 신호를 받았을 때
- 개체의 다른 코드를 종료하고, 개체를 화면에 보이기
- '1'초 동안 x좌표 '0', y좌표 '0'으로 이동하고, 크기를 '80'으로 지정하기
- '2'초 동안 "학교 도착 성공!"을 말하고, 모든 코드를 종료하기

[주요 블록]

크기를 ◯ (으)로 정하기

◯ 초 동안 x: ◯ y: ◯ 위치로 이동하기

◯ < ◯

▼ 에 닿았는가?

04 응용 능력(변수/함수) 25점

다음 설명을 읽고 [주요 블록]을 참고하여 [작성 조건]에 따라 코딩하시오.

[설명]
'엔트리봇' : 키보드의 방향키로 움직임을 제어한다. '자동차'에 닿으면 시작 위치로 이동하고, '시간'이 '10'보다 작으면 크기를 작게 변경한다.

[작성 조건]	[주요 블록]

◎ 프로그램을 시작했을 때
- 개체의 순서를 맨 앞으로 지정하고 개체를 화면에서 숨기기

◎ 함수 정의 [이름 : '이동', 매개변수('문자/숫자값 1', '문자/숫자값 2')]
- 이동 방향을 '문자/숫자값 1'로 지정하고, '문자/숫자값 2'만큼 이동하기

◎ 게임진행 신호를 받았을 때
- 개체를 화면에 보이고, 다음 조건을 계속 반복하기
  - '오른쪽 화살표' 키를 누르면 모양을 '걷는 엔트리봇_옆1'로 변경하고, '문자/숫자값 1', '문자/숫자값 2'를 각각 '90', '1'로 지정하여 '이동'을 호출하기
  - '왼쪽 화살표' 키를 누르면 모양을 '걷는 엔트리봇_옆1'로 변경하고, '문자/숫자값 1', '문자/숫자값 2'를 각각 '270', '1'로 지정하여 '이동'을 호출하기
  - '위쪽 화살표' 키를 누르면 모양을 '걷는 엔트리봇_뒤1'로 변경하고, '문자/숫자값 1', '문자/숫자값 2'를 각각 '0', '1'로 지정하여 '이동'을 호출하기
  - '아래쪽 화살표' 키를 누르면 모양을 '걷는 엔트리봇_앞1'로 변경하고, '문자/숫자값 1', '문자/숫자값 2'를 각각 '180', '1'로 지정하여 '이동'을 호출하기
  - '자동차'에 닿으면 시작 위치로 이동하고 '시간'을 '1'만큼 감소하기
  - '시간'이 '10'보다 작으면 크기를 '20'으로 지정하기

◎ 학교 도착 성공 신호를 받았을 때
- 개체의 다른 코드를 종료한 후 '1'초 동안 '야호'를 말하고, 개체를 화면에서 숨기기

05 응용 능력(변수/함수) 25점

다음 설명을 읽고 [주요 블록]을 참고하여 [작성 조건]에 따라 코딩하시오.

[설명]

'**자동차**' : 난이도('초급', '중급', '고급')에 따라 복제되는 자동차의 개수와 크기를 달리 지정하여 임의의 위치로 이동하도록 설정한다.

[작성 조건]	[주요 블록]

[작성 조건]

◎ 프로그램을 시작했을 때 [변수 : 모든 오브젝트에서 사용]

• '자동차개수' 변수를 생성하고, 변수와 개체를 화면에서 모두 숨기기

◎ 함수 정의 [이름 : '자동차증가', 매개변수('문자/숫자값 1', '문자/숫자값 2', '문자/숫자값 3')]

• '자동차개수'를 '문자/숫자값 1'~'문자/숫자값 2'로 지정하기
• 크기를 '문자/숫자값 3'으로 지정하고, '자동차증가' 신호를 보내기

◎ 초급 신호를 받았을 때

• '문자/숫자값 1', '문자/숫자값 2', '문자/숫자값 3'에 각각 '8', '10', '25'를 지정하여 '자동차증가'를 호출하기

◎ 중급 신호를 받았을 때

• '문자/숫자값 1', '문자/숫자값 2', '문자/숫자값 3'에 각각 '11', '13', '30'을 지정하여 '자동차증가'를 호출하기

◎ 고급 신호를 받았을 때

• '문자/숫자값 1', '문자/숫자값 2', '문자/숫자값 3'에 각각 '14', '16', '35'를 지정하여 '자동차증가'를 호출하기

◎ 자동차증가 신호를 받았을 때

• '자동차개수' 번 반복하여 자신('자동차')을 복제한 후, '힌트보기' 신호를 보내기

◎ 복제본이 처음 생성되었을 때

• 개체를 화면에 보이고, x좌표 '−220'~'220', y좌표 '−80'~'−50'으로 이동하기
• '시간'이 '16'보다 작을 때까지 x좌표를 '−1'~'1'만큼 변경하기를 반복하고 x좌표 '−220'~'220', y좌표 '−80'~'−50'으로 이동하기
• '시간'이 '1'보다 작을 때까지 x좌표를 '−3'~'3'만큼 변경하기를 반복하기

◎ 힌트보기 신호를 받았을 때

• 다음 조건을 '2'번 반복하기
  − '투명도' 효과를 '0'으로 지정하고, '0.5'초 기다리기
  − '투명도' 효과를 '100'으로 지정하고, '0.5'초 기다리기

[주요 블록]

최신기출문제

코딩창의개발능력(Coding creative Development Test)

시험일	프로그램명	시험시간	수험번호	성명
202X. XX. XX	엔트리(Entry)	40분		

1급 B형   수험자 유의사항

1. 수험자는 신분증 또는 동등한 자격을 갖춘 증빙서류를 지참하여야 시험에 응시할 수 있으며, 미지참 시 퇴실 조치합니다.

2. 시험 전 시스템(PC작동여부, 네트워크 상태 등)의 이상여부를 반드시 확인하여야 하며, 시스템 이상이 있을 시에는 감독관에게 조치를 받으셔야 합니다.

3. 시험 중 부주의 또는 고의로 시스템을 파손한 경우는 수험자 부담으로 합니다.

4. 답안 파일은 답안 전송 프로그램을 통하여 다운로드 한 파일을 이용하여 작성하셔야 합니다.

5. 작성한 답안 파일은 답안 전송 프로그램을 통하여 자동으로 전송되므로, 감독관의 지시에 따라 주시기 바랍니다.
   - 답안 전송 프로그램의 사용이 불가능한 경우에는 답안 파일명을 본인의 **"수험번호–성명"**으로 지정하여 감독관의 지시에 따라 시험을 진행하시기 바랍니다(예: CDTE–2200–101234–홍길동.ent).

6. 시험 중 엔트리(Entry) 이외에 시험과 관련 없는 다른 프로그램을 작동 시 부정행위로 간주하여 실격 처리됨을 유의하시기 바랍니다.

7. 다음 사항의 경우 실격(0점) 혹은 부정행위 처리됩니다.
   - 답안을 저장하지 않았거나, 미제출 또는 저장한 파일이 손상되었을 경우
   - 답안 파일을 다른 보조 기억장치(USB) 또는 이메일(E–mail) 등으로 전송할 경우
   - 휴대용 전화기 등 통신장비를 사용할 경우
   - 시스템 조작의 미숙으로 시험이 불가능할 경우

8. 시험의 완료는 작성이 완료된 답안을 저장하고, 답안 전송이 완료된 상태를 확인한 것으로 합니다. 답안 전송 확인 후 문제지는 감독관에게 제출한 후 퇴실하여야 합니다.

9. 주어진 시험시간 이후에는 수정 또는 정정이 불가능합니다.

10. 〈수험자 유의사항〉에 기재된 방법대로 이행하지 않아 생기는 불이익은 수험자 본인에게 책임이 있음을 알려 드립니다.

(사)창의융합인재교육원
Creative Talent Converged Education

Part 03 최신기출문제 _ **183**

답안 작성요령

- 코딩은 [작성 조건]을 준수하여 **최소한의 명령 블록으로 프로젝트가 오류 없이 실행**되도록 구성하되 반드시 [주요 블록]을 모두 포함해야 합니다.
- 불필요한 명령 블록 및 미디어를 사용한 경우, [작성 조건]을 임의로 변경 또는 추가한 경우, [주요 블록]을 사용하지 않은 경우에는 **감점 또는 실격 처리**됩니다.
- 파일 삽입 시에는 반드시 주어진 폴더 내에서 다운로드 한 파일을 사용해야 합니다.
- 별도의 조건이 없는 경우에는 기본 값(Default)으로 처리해야 합니다.

※ 다음 사항을 확인하고 주어진 조건에 따라 [문제 1-5]를 완성하시오. (전체완성도 5점)

[프로젝트 주제]	[결과 화면]

별 올리기

'60'초 동안 떨어지는 별을 올려주는 프로젝트 만들기

[프로젝트 구성]	
배경	오브젝트
① 밤 하늘 　bg1 　bg2 　bg3	② 총알 ③ 우주선 ④ 별 ⑤ 헬리콥터

---

01 **화면 구현 능력** 10점

다음 조건에 따라 프로젝트 화면을 구현하시오.

▶ 배경 구현 : ① 오브젝트를 선택하여 배경('별 헤는 밤')을 삽입하고 배경 이름('밤 하늘')을 변경한다.
　　　　　　② 파일 올리기로 배경('bg1'~'bg3')을 추가 삽입한다.
　　　　　　③ 명령 블록을 이용하여 다음과 같이 지정한다.
　　　　　　　◎ 프로그램을 시작했을 때
　　　　　　　　• 모양을 'bg1'로 변경하고, 다음 조건을 '3'번 반복한 후 '시작' 신호를 보내기
　　　　　　　　　– '1'초 후 모양을 변경하기

▶ 개체 구현 : 오브젝트를 선택하여 다음과 같이 개체를 순서대로(왼쪽→오른쪽) 삽입한다.

오브젝트 선택하기			
'신호'	'로켓(3)'	'회전하는 별'	'헬리콥터(1)'
• 이름('총알') • 크기(5) • 시작위치(x:0, y:0)	• 이름('우주선') • 크기(30) • 시작위치(x:180, y:0)	• 이름('별') • 크기(15) • 시작위치(x:0, y:140)	• 이름('헬리콥터') • 크기(40) • 시작위치(x:-280, y:0) • 회전방식('회전 안함')

– 단, 개체의 모양은 기본값으로 처리하고, 크기 및 시작 위치는 명령 블록을 이용하여 지정할 것

심화 능력 15점

다음 설명을 읽고 [주요 블록]을 참고하여 [작성 조건]에 따라 코딩하시오.

	[설명]
	'총알' : '시작' 신호를 받으면 복제되어 색상을 변경하면서 화면의 오른쪽으로 이동한다. '벽'에 닿거나 '우주선'에 닿으면 복제본이 삭제된다.

[작성 조건]	[주요 블록]

◎ 프로그램을 시작했을 때
 	
 • 개체를 화면에서 숨기기
 	
 ◎ 시작 신호를 받았을 때
 	
 • 다음 조건을 계속 반복하기
   – '새깔' 효과를 '25'만큼 변경하고 이동 방향과 방향을 각각 '위쪽'으로 지정한 후 다음 조건을 '3'번 반복하기
   ▶ 위치를 '헬리콥터'로 지정하고 방향을 시계 방향으로 '45'만큼 회전한 후 나 자신('총알')을 복제하기
   – '0.1'초 기다리기
 	
 ◎ 복제본이 처음 생성되었을 때
 	
 • 개체를 화면에 보이고, 화면의 '벽'에 닿을 때까지 다음 조건을 반복하기
   – '5'만큼 이동하다 '우주선'에 닿으면 '0.1'초 후 해당 복제본을 삭제하기
 • 해당 복제본을 삭제하기
 	
 ◎ 성공 신호를 받았을 때 / ◎ 실패 신호를 받았을 때 / ◎ 충돌 신호를 받았을 때
 	
 • 개체의 다른 코드를 종료하고, 해당 복제본을 삭제하기

03 응용 능력(변수) 20점

다음 설명을 읽고 [주요 블록]을 참고하여 [작성 조건]에 따라 코딩하시오.

[설명]
'우주선' : 프로젝트가 시작되면 화면의 오른쪽 임의의 위치에 나타나 왼쪽으로 이동한다. '총알'에 닿으면 사라지고 '간격'에 따라 '속도'를 변경한다.

[작성 조건]	[주요 블록]

◎ 프로그램을 시작했을 때 [변수 : 모든 오브젝트에서 사용]

• '간격', '속도' 변수를 생성하고, 초기 값을 각각 '0', '1'로 지정하기
• 변수와 개체를 화면에서 모두 숨기고, 방향을 '왼쪽'으로 지정하기

◎ 시작 신호를 받았을 때

• '간격체크' 신호를 보내고, 다음 조건을 계속 반복하기
  – 나 자신('우주선')을 복제하고 '1'~'3'초 기다리기

◎ 복제본이 처음 생성되었을 때

• x좌표 '250', y좌표 '−100'~'100'으로 이동하고 개체를 화면에 보이기
• 개체의 'x좌푯값'이 '−240'보다 작을 때까지 다음 조건을 반복하기
  – 왼쪽으로 '속도'만큼 이동하다 '헬리콥터'에 닿으면 다음 조건을 실행하기
    ▶ '충돌' 신호를 보내고, 해당 복제본을 삭제하기
  – '총알'에 닿으면 '0.1'초 후 해당 복제본을 삭제하기
• '실패' 신호를 보내기

◎ 간격체크 신호를 받았을 때

• 다음 조건을 계속 반복하기
  – '1'초 후 '간격'을 '1'만큼 증가하기
  – '간격'이 '10'이면 '속도'를 '1'만큼 증가하고, '간격'을 '0'으로 지정하기

◎ 성공 신호를 받았을 때 / ◎ 실패 신호를 받았을 때 / ◎ 충돌 신호를 받았을 때

• 개체의 다른 코드를 종료하기

04 응용 능력(변수/함수) 25점

다음 설명을 읽고 [주요 블록]을 참고하여 [작성 조건]에 따라 코딩하시오.

	[설명]
	'별' : 프로젝트가 시작되면 복제되어 화면의 위쪽에서 아래쪽으로 이동한다. '헬리콥터'에 닿으면 '점수'를 증가하고, 위쪽으로 올라간다. '성공' 신호를 받으면 모든 '별'이 위로, '실패' 신호를 받으면 모든 '별'이 아래로 이동한다.

[작성 조건] / [주요 블록]

◎ 프로그램을 시작했을 때 [변수 : 모든 오브젝트에서 사용]
- '별 속도', '점수' 변수를 생성하고, 초기 값을 각각 '1'과 '0'으로 지정하기
- '별 속도' 변수와 개체를 화면에서 숨기기

◎ 함수 정의 [이름 : '별 이동', 매개변수('문자/숫자값 1', '문자/숫자값 2')]
- '색깔' 효과를 '문자/숫자값 1'만큼 변경하고, '0.5'초 동안 x좌표 개체의 'x좌푯값', y좌표 '문자/숫자값 2'로 이동하기
- 해당 복제본을 삭제하기

◎ 시작 신호를 받았을 때
- 다음 조건을 계속 반복하기
  - 나 자신('별')을 복제하고 크기를 '5'~'30'으로 지정한 후 '2'~'4'초 기다리기

◎ 복제본이 처음 생성되었을 때
- x좌표 '-200'~'200', y좌표 '140'으로 이동한 후 개체를 화면에 보이기
- 개체의 'y좌푯값'이 '-130'보다 작을 때까지 다음 조건을 반복하기
  - 아래쪽으로 '별 속도'만큼 이동한 후 '헬리콥터'에 닿으면 다음 조건을 실행하기
    ▶ '점수'를 '1'만큼 증가하고 '점수'를 '10'으로 나눈 나머지가 '0'이면 '별 속도'를 '1'만큼 증가하기
    ▶ '1'초 동안 x좌표 '-180'~'180', y좌표 '140'으로 이동한 후 해당 복제본을 삭제하기
- '실패' 신호를 보내기

◎ 성공 신호를 받았을 때 / ◎ 실패 신호를 받았을 때
- 개체의 다른 코드를 종료하고, '문자/숫자값 1'과 '문자/숫자값 2'에 (성공 신호를 받았을 때) '50'과 '130'을, (실패 신호를 받았을 때) '100'과 '-130'을 지정하여 '별 이동'을 호출하기

◎ 충돌 신호를 받았을 때
- 개체의 다른 코드를 종료하기

05 응용 능력(변수/리스트/함수) 25점

다음 설명을 읽고 [주요 블록]을 참고하여 [작성 조건]에 따라 코딩하시오.

[설명]
'헬리콥터' : 키보드의 방향키로 이동 방향을 제어하고, '충돌' 신호를 받으면 아래쪽으로 이동한다. '성공'과 '실패' 신호를 받으면 해당 메시지를 말한다.

[작성 조건]

◎ 프로그램을 시작했을 때 [변수 : 모든 오브젝트에서 사용]

　[리스트 : 공유 리스트 사용, 모든 오브젝트에서 사용]

- '시간' 변수를 생성하고, 초기 값을 '0'으로 지정하기
- '이름', '획득점수' 리스트를 각각 생성하기
- 리스트와 대답을 화면에서 모두 숨기고 모양을 좌우로 변경하기
- '0.5'초 동안 x좌표 '−180', y좌표 '0'으로 이동하기

◎ 함수 정의 [이름 : '미션', 매개변수('문자/숫자값 1', '문자/숫자값 2')]

- '1'초 동안 '문자/숫자값 2'를 말한 후 '문자/숫자값 1'이 '1'이면 다음 조건을 실행한 후 모든 코드를 종료하기
  - "플레이어 이름은?"을 묻고 대답을 기다린 후 입력 받은 값과 '점수'를 '이름'과 '획득점수'의 '1'번째에 각각 저장하기
  - '2'초 동안 '이름'의 '1'번째 항목과 "님의 획득 점수는 " 텍스트와 '획득점수'의 '1'번째 항목과 "입니다." 텍스트를 결합하여 말하기

◎ 시작 신호를 받았을 때

- '시간체크' 신호를 보낸 후 다음 조건을 계속 반복하기
  - '3'만큼 이동하다 '위쪽 화살표', '아래쪽 화살표', '왼쪽 화살표', '오른쪽 화살표' 키를 누르면 이동 방향을 해당 방향으로 각각 지정하기

◎ 시간체크 신호를 받았을 때

- 다음 조건을 계속 반복하기
  - '1'초 후 '시간'을 '1'만큼 증가하고, '시간'이 '60'이면 '성공' 신호를 보내기

◎ 성공 신호를 받았을 때 / ◎ 실패 신호를 받았을 때

- 개체의 다른 코드를 종료하고, '문자/숫자값 1'과 '문자/숫자값 2'에 (성공 신호를 받았을 때) '1'과 "별 올리기 성공!", 지정하여 '미션'을 호출하기 (실패 신호를 받았을 때) '2'와 "별 올리기 실패!"

◎ 충돌 신호를 받았을 때

- 개체의 다른 코드를 종료하고, '0.5'초 동안 x좌표 '헬리콥터'의 'x좌푯값', y좌표 '−130'으로 이동하기
- '0.1'초 후 '실패' 신호를 보내기

[주요 블록]

제03회 최신기출문제

코딩창의개발능력(Coding creative Development Test)

시험일	프로그램명	시험시간	수험번호	성명
202X. XX. XX	엔트리(Entry)	40분		

1급 C형　　수험자 유의사항

1. 수험자는 신분증 또는 동등한 자격을 갖춘 증빙서류를 지참하여야 시험에 응시할 수 있으며, 미지참 시 퇴실 조치합니다.

2. 시험 전 시스템(PC작동여부, 네트워크 상태 등)의 이상어부를 빈드시 확인하여야 하며, 시스템 이상이 있을 시에는 감독관에게 조치를 받으셔야 합니다.

3. 시험 중 부주의 또는 고의로 시스템을 파손한 경우는 수험자 부담으로 합니다.

4. 답안 파일은 답안 전송 프로그램을 통하여 다운로드 한 파일을 이용하여 작성하셔야 합니다.

5. 작성한 답안 파일은 답안 전송 프로그램을 통하여 자동으로 전송되므로, 감독관의 지시에 따라 주시기 바랍니다.
   • 답안 전송 프로그램의 사용이 불가능한 경우에는 답안 파일명을 본인의 "수험번호-성명"으로 지정하여 감독관의 지시에 따라 시험을 진행하시기 바랍니다(예: CDTE-2200-101234-홍길동.ent).

6. 시험 중 엔트리(Entry) 이외에 시험과 관련 없는 다른 프로그램을 작동 시 부정행위로 간주하여 실격 처리됨을 유의하시기 바랍니다.

7. 다음 사항의 경우 실격(0점) 혹은 부정행위 처리됩니다.
   • 답안을 저장하지 않았거나, 미제출 또는 저장한 파일이 손상되었을 경우
   • 답안 파일을 다른 보조 기억장치(USB) 또는 이메일(E-mail) 등으로 전송할 경우
   • 휴대용 전화기 등 통신장비를 사용할 경우
   • 시스템 조작의 미숙으로 시험이 불가능할 경우

8. 시험의 완료는 작성이 완료된 답안을 저장하고, 답안 전송이 완료된 상태를 확인한 것으로 합니다. 답안 전송 확인 후 문제지는 감독관에게 제출한 후 퇴실하여야 합니다.

9. 주어진 시험시간 이후에는 수정 또는 정정이 불가능합니다.

10. 〈수험자 유의사항〉에 기재된 방법대로 이행하지 않아 생기는 불이익은 수험자 본인에게 책임이 있음을 알려 드립니다.

CTCE |사)창의융합인재교육원
Creative Talent Converged Education

답안 작성요령

- 코딩은 [작성 조건]을 준수하여 <u>최소한의 명령 블록으로 프로젝트가 오류 없이 실행</u>되도록 구성하되 반드시 [주요 블록]을 모두 포함해야 합니다.
- 불필요한 명령 블록 및 미디어를 사용한 경우, [작성 조건]을 임의로 변경 또는 추가한 경우, [주요 블록]을 사용하지 않은 경우에는 <u>감점 또는 실격 처리</u>됩니다.
- 파일 삽입 시에는 반드시 주어진 폴더 내에서 다운로드 한 파일을 사용해야 합니다.
- 별도의 조건이 없는 경우에는 기본 값(Default)으로 처리해야 합니다.

※ 다음 사항을 확인하고 주어진 조건에 따라 [문제 1–5]를 완성하시오.　　(전체완성도 5점)

[프로젝트 주제]	[결과 화면]

바닷속 체험하기
'30'초 동안 공기방울과 물고기를 피해
바닷속을 여행하는 프로젝트 만들기

[프로젝트 구성]	
배경	오브젝트
① 바닷속	② 물고기
	③ 공기방울
	④ 다이버
	⑤ 꽃게

01　화면 구현 능력　　　　10점

다음 조건에 따라 프로젝트 화면을 구현하시오.

▶ 배경 구현 : ① 오브젝트를 선택하여 배경('바닷속(2)')을 삽입하고 배경 이름('바닷속')을 변경한다.

　　　　② 명령 블록을 이용하여 다음과 같이 지정한다.

　　　　　◎ 프로그램을 시작했을 때

　　　　　　• '1'초 후 '여행 시작' 신호를 보내고, '30'초 후 '게임 성공' 신호를 보내기

▶ 개체 구현 : 오브젝트를 선택하여 다음과 같이 개체를 순서대로(왼쪽→오른쪽) 삽입한다.

오브젝트 선택하기			
'빨간 물고기'	'신호'	'우주인(1)'	'꽃게'
• 이름('물고기')	• 이름('공기방울')	• 이름('다이버')	• 크기(40)
• 크기(20)	• 크기(5)	• 크기(50)	• 시작위치(x:0, y:-115)
• 시작위치(x:-167, y:100)	• 시작위치(x:0, y:0)	• 시작위치(x:0, y:0)	• 회전방식('좌우 회전')
• 회전방식('좌우 회전')		• 회전방식('좌우 회전')	

– 단, 개체의 모양은 기본값으로 처리하고, 크기 및 시작 위치는 명령 블록을 이용하여 지정할 것

02 심화 능력 15점

다음 설명을 읽고 [주요 블록]을 참고하여 [작성 조건]에 따라 코딩하시오.

[설명]
'**물고기**' : 프로젝트가 시작되면 임의의 시간 간격으로 색깔과 크기를 변경하며 자신을 복제하여 임의의 위치로 이동하다 '다이버'에 닿으면 다른 임의의 위치로 이동한다.

[작성 조건]	[주요 블록]

◎ **프로그램을 시작했을 때**
 	
 • 개체를 화면에서 숨기기
 	
◎ **여행 시작 신호를 받았을 때**
 	
 • 다음 조건을 '2'번 반복하기
  – 다음 조건을 '5'번 반복하고, '10'~'20'초 기다리기
   ▶ '색깔' 효과를 '25'만큼 변경하고 크기를 '15'~'30'으로 지정한 후 나 자신('물고기')을 복제하기
 	
◎ **복제본이 처음 생성되었을 때**
 	
 • 이동 방향을 '0'~'360'으로 지정하고, 개체를 화면에 보이기
 • 다음 조건을 계속 반복하기
  – '1'~'3'만큼 이동하다 화면의 벽에 닿으면 방향을 바꾸기
  – '다이버'에 닿으면 '0.05'초 후 x좌표 '–210'~'210', y좌표 '–110'~'110'으로 이동하기
 	
◎ **게임 성공 신호를 받았을 때** / ◎ **게임종료 신호를 받았을 때**
 	
 • 개체의 다른 코드를 종료하기

03 응용 능력(변수) 20점

다음 설명을 읽고 [주요 블록]을 참고하여 [작성 조건]에 따라 코딩하시오.

[설명]
'공기방울' : 프로젝트가 시작되면 임의의 시간 간격으로 '방울 발사' 신호를 보고 '피한 공기방울'을 증가하면서 자신을 복제한다. '다이버'에 닿으면 복제본을 삭제한다.

[작성 조건]	[주요 블록]
◎ 프로그램을 시작했을 때 [변수 : 모든 오브젝트에서 사용]	

◎ 프로그램을 시작했을 때 [변수 : 모든 오브젝트에서 사용]

• '피한 공기방울' 변수를 생성하고, 초기 값을 '0'으로 지정하기
• 개체를 화면에서 숨기기

◎ 여행 시작 신호를 받았을 때

• 다음 조건을 계속 반복하기
  – '1'~'2'초 후 '방울 발사' 신호를 보내기
  – 다음 조건을 '3'~'5'번 반복하기
    ▸ '피한 공기방울'을 '1'만큼 증가하고, '색깔' 효과를 '25'만큼 변경한 후 나 자신('공기방울')을 복제하기

◎ 복제본이 처음 생성되었을 때

• 이동 방향을 '-15'~'15'로 지정하고, 위치를 '꽃게'로 지정하기
• 개체를 화면에 보이고, 화면의 '벽'에 닿을 때까지 다음 조건을 반복하기
  – '1'~'4'만큼 이동하다 '다이버'에 닿으면 '0.1'초 후 해당 복제본을 삭제하기
• 해당 복제본을 삭제하기

◎ 게임 성공 신호를 받았을 때 / ◎ 게임종료 신호를 받았을 때

• 개체의 다른 코드를 종료하기

04 응용 능력(변수/함수)   25점

다음 설명을 읽고 [주요 블록]을 참고하여 [작성 조건]에 따라 코딩하시오.

[설명]
'다이버' : '여행 시작' 신호를 받으면 '마우스 포인터'를 따라 이동하다 '물고기'나 '공기방울'에 닿으면 '기회'를 감소한다. '기회'가 '2'면 크기를 크게 변경한다.

[작성 조건]	[주요 블록]

◎ 프로그램을 시작했을 때 [변수 : 모든 오브젝트에서 사용]

• '기회' 변수를 생성하고, 초기 값을 '3'으로 지정하기
• '1'초 동안 "체험 시작"을 말하기

◎ 함수 정의 [이름 : '미션', 매개변수('문자/숫자값 1', '문자/숫자값 2')]

• 개체의 다른 코드를 종료하고, '1'초 동안 '문자/숫자값 1'을 말하기
• '문자/숫자값 2'가 '2'면 다음 조건을 실행하기
  – '0.2'초 동안 x좌표 '다이버'의 'x좌푯값', y좌표 '−125'로 이동하고, 모든 코드를 종료하기

◎ 여행 시작 신호를 받았을 때

• '기회 확인' 신호를 보내고 다음 조건을 계속 반복하기
  – '마우스 포인터' 쪽을 바라보며 '3'만큼 이동하기

◎ 기회 확인 신호를 받았을 때

• 다음 조건을 계속 반복하기
  – '물고기'에 닿거나 '공기방울'에 닿으면 다음 조건을 실행하기
    ▸ '기회'를 '1'만큼 감소하고, '0.1'초 기다리기
    ▸ '기회'가 '2'면 크기를 '10'만큼 크게 변경하기
    ▸ '기회'가 '1'보다 작으면 '게임종료' 신호를 보내기

◎ 게임 성공 신호를 받았을 때 / ◎ 게임종료 신호를 받았을 때

• '문자/숫자값 1'과 '문자/숫자값 2'에 (게임 성공 신호를 받았을 때) "바다 여행이 끝났습니다."와 '1'을, (게임종료 신호를 받았을 때) "게임이 종료 되었습니다."와 '2'를 지정하여 '미션'을 호출하기
• 모든 코드를 종료하기

05 응용 능력(변수/리스트)
25점

다음 설명을 읽고 [주요 블록]을 참고하여 [작성 조건]에 따라 코딩하시오.

[설명]

 '꽃게' : 프로젝트가 시작되면 화면의 좌우로 이동하다 '방울 발사' 신호를 받으면 색깔과 크기를 변경했다 원상태로 다시 돌아온다. '게임 성공' 신호를 받으면 '플레이어'의 이름과 '피한 공기방울'을 '모니터' 리스트에 저장한 후 결과를 보여준다.

[작성 조건]	[주요 블록]

◎ 프로그램을 시작했을 때 [리스트 : 공유 리스트 사용, 모든 오브젝트에서 사용]

- '모니터' 리스트를 생성한 후 리스트를 화면에서 숨기기
- 대답과 개체를 화면에서 모두 숨기기

◎ 여행 시작 신호를 받았을 때

- 개체를 화면에 보이고 다음 조건을 계속 반복하기
  - '0.5'~'2'초 동안 x좌표 '−200'~'200', y좌표 '−115'로 이동하기

◎ 방울 발사 신호를 받았을 때

- '색깔' 효과를 '25'만큼 변경하고, 크기를 '10'만큼 크게 변경하기
- '0.2'초 후 크기를 '10'만큼 작게 변경하고, '색깔' 효과를 모두 삭제하기

◎ 게임 성공 신호를 받았을 때

- 개체의 다른 코드를 종료하고, "플레이어 이름은?"을 묻고 대답을 기다리기
- 입력 받은 값과 "님이 피한 공기방울" 텍스트, '피한 공기방울'과 "개 입니다." 텍스트를 결합하여 '모니터'에 저장하기
- '모니터' 리스트를 화면에 보이고, '1'초 후 모든 코드를 종료하기

◎ 게임종료 신호를 받았을 때

- 개체의 다른 코드를 종료하기

[주요 블록]

- ◯ 부터 ◯ 사이의 무작위 수
- 효과 모두 지우기 ❂
- 크기를 ◯ 만큼 바꾸기 ❂
- 대답
- ◯ 과(와) ◯ 를 합치기

시험일	프로그램명	시험시간	수험번호	성명
202X. XX. XX	엔트리(Entry)	40분		

1급 **D형** 수험자 유의사항

1. 수험자는 신분증 또는 동등한 자격을 갖춘 증빙서류를 지참하여야 시험에 응시할 수 있으며, 미지참 시 퇴실 조치합니다.

2. 시험 전 시스템(PC작동여부, 네트워크 상태 등)의 이상여부를 반드시 확인하여야 하며, 시스템 이상이 있을 시에는 감독관에게 조치를 받으셔야 합니다.

3. 시험 중 부주의 또는 고의로 시스템을 파손한 경우는 수험자 부담으로 합니다.

4. 답안 파일은 답안 전송 프로그램을 통하여 다운로드 한 파일을 이용하여 작성하셔야 합니다.

5. 작성한 답안 파일은 답안 전송 프로그램을 통하여 자동으로 전송되므로, 감독관의 지시에 따라 주시기 바랍니다.
   • 답안 전송 프로그램의 사용이 불가능한 경우에는 답안 파일명을 <u>본인의 "수험번호-성명"</u>으로 지정하여 감독관의 지시에 따라 시험을 진행하시기 바랍니다(예: CDTE-2200-101234-홍길동.ent).

6. 시험 중 엔트리(Entry) 이외에 시험과 관련 없는 다른 프로그램을 작동 시 부정행위로 간주하여 실격 처리됨을 유의하시기 바랍니다.

7. 다음 사항의 경우 실격(0점) 혹은 부정행위 처리됩니다.
   • 답안을 저장하지 않았거나, 미제출 또는 저장한 파일이 손상되었을 경우
   • 답안 파일을 다른 보조 기억장치(USB) 또는 이메일(E-mail) 등으로 전송할 경우
   • 휴대용 전화기 등 통신장비를 사용할 경우
   • 시스템 조작의 미숙으로 시험이 불가능할 경우

8. 시험의 완료는 작성이 완료된 답안을 저장하고, 답안 전송이 완료된 상태를 확인한 것으로 합니다. 답안 전송 확인 후 문제지는 감독관에게 제출한 후 퇴실하여야 합니다.

9. 주어진 시험시간 이후에는 수정 또는 정정이 불가능합니다.

10. 〈수험자 유의사항〉에 기재된 방법대로 이행하지 않아 생기는 불이익은 수험자 본인에게 책임이 있음을 알려 드립니다.

CTCE |사|창의융합인재교육원
Creative Talent Converged Education

> **답안 작성요령**

- 코딩은 [작성 조건]을 준수하여 <u>최소한의 명령 블록으로 프로젝트가 오류 없이 실행</u>되도록 구성하되 반드시 [주요 블록]을 모두 포함해야 합니다.
- 불필요한 명령 블록 및 미디어를 사용한 경우, [작성 조건]을 임의로 변경 또는 추가한 경우, [주요 블록]을 사용하지 않은 경우에는 **감점 또는 실격** 처리됩니다.
- 파일 삽입 시에는 반드시 주어진 폴더 내에서 다운로드 한 파일을 사용해야 합니다.
- 별도의 조건이 없는 경우에는 기본 값(Default)으로 처리해야 합니다.

※ 다음 사항을 확인하고 주어진 조건에 따라 [문제 1~5]를 완성하시오. (전체완성도 5점)

[프로젝트 주제]	[결과 화면]

외계인 물리치기
'60'초 동안 외계인을 펀치로 막는 프로젝트 만들기

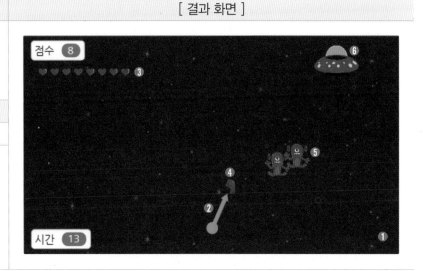

[프로젝트 구성]	
배경	오브젝트
① bg 　bg2 　bg3	② 화살표 ③ 하트 ④ 펀치 ⑤ 외계인 ⑥ UFO

---

01 화면 구현 능력　　　　10점

다음 조건에 따라 프로젝트 화면을 구현하시오.

▶ 배경 구현 : ① 파일 올리기로 배경('bg1')을 삽입한 후 배경 이름('배경')을 변경하고, 기존 배경('새그림')은 삭제한다.
　　　　　　　② 파일 올리기로 배경('bg2', 'bg3')을 추가 삽입한다.
　　　　　　　③ 명령 블록을 이용하여 배경(프로그램을 시작했을 때 : 'bg1', 성공 신호를 받았을 때 : 'bg3', 실패 신호를 받았을 때 : 'bg2')을 지정한다.

▶ 개체 구현 : 오브젝트 선택 및 파일 올리기로 다음과 같이 개체를 순서대로(왼쪽→오른쪽) 삽입한다.

오브젝트 선택하기			파일 올리기	
'룰렛 화살표'	'하트(1)'	'글러브'	'외계인'	'UFO'
• 이름('화살표') • 크기(200) • 시작위치 　(x:-150, y:0)	• 이름('하트') • 크기(10) • 시작위치 　(x:-230, y:90)	• 이름('펀치') • 크기(15) • 시작위치 　(x:-1, y:-103)	• 크기(10) • 시작위치 　(x:0, y:130)	• 크기(50) • 시작위치 　(x:163, y:102) • 회전방식('좌우 회전')

– 단, 개체의 모양은 기본값으로 처리하고, 크기 및 시작 위치는 명령 블록을 이용하여 지정할 것

02 심화 능력 15점

다음 설명을 읽고 [주요 블록]을 참고하여 [작성 조건]에 따라 코딩하시오.

[설명]
'화살표' : 키보드의 방향키로 방향을 회전한다. '하트' : '표시' 신호를 받을 때마다 오른쪽으로 이동하며 도장을 찍는다.

[작성 조건]	[주요 블록]
◎ [화살표] 프로그램을 시작했을 때 　[개체의 모양 중심을 '화살표' 아래쪽 노란색으로 지정하기] • 방향을 '오른쪽'으로 지정하고, '2'초 후 '2'초 동안 "외계인 물리치기"를 말하기 ◎ [화살표] 시작 신호를 받았을 때 • '색상변경' 신호를 보낸 후 x좌표 '0', y좌표 '-103'으로 이동하기 • 크기를 '35'로 지정하고, 방향을 '위쪽'으로 지정하기 • 이동 방향을 '위쪽'으로 지정한 후 다음 조건을 계속 반복하기 　– '왼쪽 화살표' 키를 누르면 방향과 이동 방향을 각각 반시계 방향으로 '5'만큼 회전하고, '오른쪽 화살표' 키를 누르면 방향과 이동 방향을 각각 시계 방향으로 '5'만큼 회전하기 ◎ [화살표] 색상변경 신호를 받았을 때 • '0.5'초 후 '색깔' 효과를 '25'만큼 변경하기를 계속 반복하기 ◎ [화살표] 성공 신호를 받았을 때 / ◎ 실패 신호를 받았을 때 • 개체의 다른 코드를 종료하기 ◎ [하트] 프로그램을 시작했을 때 • 개체를 화면에서 숨기고, 모든 붓을 삭제하기 ◎ [하트] 표시 신호를 받았을 때 • '15'만큼 이동한 후 개체를 화면에 보이고, 개체를 도장 찍기 • '1'이 '1'~'2' 사이의 무작위 수면 '색깔' 효과를 '25'로 지정하고, 그렇지 않으면 '색깔' 효과를 '0'으로 지정하기 • '1'초 동안 "화이팅"을 말하고, 개체를 화면에서 숨기기	

03 응용 능력(변수)

20점

다음 설명을 읽고 [주요 블록]을 참고하여 [작성 조건]에 따라 코딩하시오.

[설명]

'외계인' : 프로젝트가 시작되면 복제되어 'UFO' 위치에서 아래쪽으로 이동한다. '펀치'에 닿으면 복제본을 삭제하고 개체의 'y좌푯값'이 '−130'보다 작으면 '성공' 신호를 보낸다.

[작성 조건]	[주요 블록]

◎ 프로그램을 시작했을 때 [변수 : 모든 오브젝트에서 사용]

• '복제컨트롤' 변수를 생성하고, 초기 값을 '10'으로 지정하기
• '복제컨트롤' 변수와 개체를 화면에서 숨기기

◎ 시작 신호를 받았을 때

• 개체를 화면에서 숨기고, 다음 조건을 계속 반복하기
    − 크기를 '10'으로 지정하고, 효과를 모두 삭제하기
    − '복제컨트롤'을 '1'~'3'으로 지정한 후 '복제컨트롤' 번 반복하여 나 자신('외계인')을 복제하기
    − '2'~'5'초 기다리기

◎ 복제본이 처음 생성되었을 때

• 위치를 'UFO'로 지정하고, 이동 방향을 '150'~'200'으로 지정하기
• 개체를 화면에 보인 후 개체의 'y좌푯값'이 '−130'보다 작을 때까지 다음 조건을 반복한 후 '성공' 신호를 보내기
    − '0.5'만큼 이동한 후 크기를 '0.1'만큼 크게 변경하기
    − '펀치'에 닿으면 다음 조건을 실행하기
        ▶ '표시' 신호를 보내고, '색깔' 효과를 '10'만큼 변경하기
        ▶ '0.1'초 후 해당 복제본을 삭제하기

◎ 성공 신호를 받았을 때 / ◎ 실패 신호를 받았을 때

• 개체의 다른 코드를 종료하기

04 응용 능력(변수/리스트) 25점

다음 설명을 읽고 [주요 블록]을 참고하여 [작성 조건]에 따라 코딩하시오.

[설명]

'펀치' : '스페이스' 키를 누르면 복제되어 '화살표'의 이동 방향으로 이동한다. '결과기록' 신호를 받으면 입력 받은 값과 '점수'를 리스트에 저장하고, 프로젝트를 종료한다.

[작성 조건]	[주요 블록]

[작성 조건]

◎ 프로그램을 시작했을 때 [변수 : 모든 오브젝트에서 사용]

　[리스트 : 공유 리스트 사용, 모든 오브젝트에서 사용]

- '점수', '체크' 변수를 생성한 후 초기 값을 각각 '0'으로 지정하고, '체크' 변수를 화면에서 숨기기
- '플레이어', '제거횟수' 리스트를 생성한 후 리스트와 개체를 화면에서 모두 숨기고, 방향을 '위쪽'으로 지정하기

◎ 시작 신호를 받았을 때

- '결과기록' 신호를 보낸 후 다음 조건을 계속 반복하기
  - '스페이스' 키를 누르면 나 자신('펀치')을 복제하고 '0.3'초 기다리기

◎ 복제본이 처음 생성되었을 때

- 위치를 '화살표'로 지정하고 이동 방향을 '화살표'의 '이동방향'으로 지정하기
- 화면의 '위쪽 벽'에 닿을 때까지 다음 조건을 반복한 후 해당 복제본을 삭제하기
  - '3'만큼 이동하다 '외계인'에 닿으면 다음 조건을 실행하기
    ▸ '점수'를 '1'만큼 증가하고, '0.1'초 후 해당 복제본을 삭제하기

◎ 복제본이 처음 생성되었을 때

- '0.1'초 후 개체를 화면에 보이기

◎ 결과기록 신호를 받았을 때

- 다음 조건을 계속 반복하기
  - '체크'가 '1'이면 다음 조건을 실행하기
    ▸ 개체의 다른 코드를 종료한 후 '체크'를 '0'으로 지정하기
    ▸ "플레이어 이름은?"을 묻고 대답을 기다린 후 입력 받은 값을 '플레이어'에, '점수'를 '제거횟수'에 각각 저장하기
    ▸ '플레이어', '제거횟수' 리스트를 화면에 보인 후 모든 코드를 종료하기

◎ 실패 신호를 받았을 때

- 개체의 다른 코드를 종료하기

[주요 블록]

05 응용 능력(변수/함수) 25점

다음 설명을 읽고 [주요 블록]을 참고하여 [작성 조건]에 따라 코딩하시오.

[설명]
'UFO' : 프로젝트가 시작되면 화면의 좌우로 이동하는 것을 반복한다. '시간체크' 신호를 받으면 '시간'을 증가하다 '시간'이 '60'보다 크면 '실패' 신호를 보낸다.

[작성 조건]	[주요 블록]

◎ 프로그램을 시작했을 때 [변수 : 모든 오브젝트에서 사용]

- '시간' 변수를 생성한 후 초기 값을 '0'으로 지정하기
- 대답을 화면에서 숨기고 개체를 화면에 보이기
- '2'초 동안 "제한시간은 60초!"를 말하고 '2'초 기다리기
- '시작', '시간체크' 신호를 보내고, 다음 조건을 계속 반복하기
  - '3'만큼 이동하다 화면의 벽에 닿으면 방향을 바꾸기

◎ 함수 정의 [이름 : '미션확인', 매개변수('문자/숫자값 1', '문자/숫자값 2')]

- 개체의 다른 코드를 종료하고, '체크'를 '문자/숫자값 2'로 지정하기
- '문자/숫자값 2'가 '1'이면 다음 조건을 실행하기
  - x좌표 '0', y좌표 '0'으로 이동하기
  - 개체의 '크기'가 '200'보다 클 때까지 크기를 '10'만큼 크게 변경하기를 반복하기
- '1'초 동안 '문자/숫자값 1'을 말하고, '문자/숫자값 2'가 '2'면 모든 코드를 종료하기

◎ 시간체크 신호를 받았을 때

- 다음 조건을 계속 반복하기
  - '1'초 후 '시간'을 '1'만큼 증가하기
  - '시간'이 '60'보다 크면 '실패' 신호를 보내기

◎ 성공 신호를 받았을 때 / ◎ 실패 신호를 받았을 때

- '문자/숫자값 1'과 '문자/숫자값 2'에 (성공 신호를 받았을 때) "지구 점령 성공", '2'를, (실패 신호를 받았을 때) "지구 점령 실패", '1'을 지정하여 '미션확인'을 호출하기

시험일	프로그램명	시험시간	수험번호	성명
202X. XX. XX	엔트리(Entry)	40분		

1급 A형 수험자 유의사항

1. 수험자는 신분증 또는 동등한 자격을 갖춘 증빙서류를 지참하여야 시험에 응시할 수 있으며, 미지참 시 퇴실 조치합니다.

2. 시험 전 시스템(PC작동여부, 네트워크 상태 등)의 이상여부를 반드시 확인하여야 하며, 시스템 이상이 있을 시에는 감독관에게 조치를 받으셔야 합니다.

3. 시험 중 부주의 또는 고의로 시스템을 파손한 경우는 수험자 부담으로 합니다.

4. 답안 파일은 답안 전송 프로그램을 통하여 다운로드 한 파일을 이용하여 작성하셔야 합니다.

5. 작성한 답안 파일은 답안 전송 프로그램을 통하여 자동으로 전송되므로, 감독관의 지시에 따라 주시기 바랍니다.
   • 답안 전송 프로그램의 사용이 불가능한 경우에는 답안 파일명을 본인의 "수험번호–성명"으로 지정하여 감독관의 지시에 따라 시험을 진행하시기 바랍니다(예: CDTE–2200–101234–홍길동.ent).

6. 시험 중 엔트리(Entry) 이외에 시험과 관련 없는 다른 프로그램을 작동 시 부정행위로 간주하여 실격 처리됨을 유의하시기 바랍니다.

7. 다음 사항의 경우 실격(0점) 혹은 부정행위 처리됩니다.
   • 답안을 저장하지 않았거나, 미제출 또는 저장한 파일이 손상되었을 경우
   • 답안 파일을 다른 보조 기억장치(USB) 또는 이메일(E–mail) 등으로 전송할 경우
   • 휴대용 전화기 등 통신장비를 사용할 경우
   • 시스템 조작의 미숙으로 시험이 불가능할 경우

8. 시험의 완료는 작성이 완료된 답안을 저장하고, 답안 전송이 완료된 상태를 확인한 것으로 합니다. 답안 전송 확인 후 문제지는 감독관에게 제출한 후 퇴실하여야 합니다.

9. 주어진 시험시간 이후에는 수정 또는 정정이 불가능합니다.

10. 〈수험자 유의사항〉에 기재된 방법대로 이행하지 않아 생기는 불이익은 수험자 본인에게 책임이 있음을 알려 드립니다.

- 코딩은 [작성 조건]을 준수하여 <u>최소한의 명령 블록으로 프로젝트가 오류 없이 실행</u>되도록 구성하되 반드시 [주요 블록]을 모두 포함해야 합니다.
- 불필요한 명령 블록 및 미디어를 사용한 경우, [작성 조건]을 임의로 변경 또는 추가한 경우, [주요 블록]을 사용하지 않은 경우에는 <u>감점 또는 실격</u> 처리됩니다.
- 파일 삽입 시에는 반드시 주어진 폴더 내에서 다운로드 한 파일을 사용해야 합니다.
- 별도의 조건이 없는 경우에는 기본 값(Default)으로 처리해야 합니다.

※ 다음 사항을 확인하고 주어진 조건에 따라 [문제 1-5]를 완성하시오. (전체완성도 5점)

[프로젝트 주제]	[결과 화면]

행성 막기
'60'초 동안 행성이 레이저에 닿지 않게 막대로 막는 프로젝트 만들기

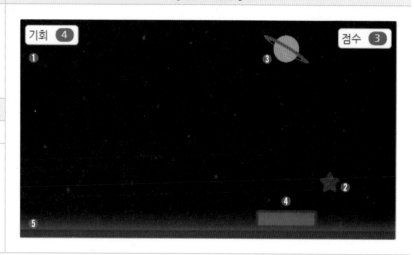

[프로젝트 구성]	
배경	오브젝트
① 우주	② 별
	③ 행성
	④ 막대
	⑤ 레이저

01 화면 구현 능력 10점

다음 조건에 따라 프로젝트 화면을 구현하시오.

▶ **배경 구현** : ① 오브젝트를 선택하여 배경('별 헤는 밤')을 삽입한 후 배경 이름('우주')을 변경한다.

② 명령 블록을 이용하여 다음과 같이 지정한다.

◎ 프로그램을 시작했을 때

• '방어시작' 신호를 보내고 '60'초 후 '방어성공' 신호를 보내기

▶ **개체 구현** : 오브젝트를 선택하여 다음과 같이 개체를 순서대로(왼쪽→오른쪽) 삽입한다.

오브젝드 신택하기			
'큰별(노랑)'	'행성(5)'	'빼기'	'판'
• 이름('별')	• 이름('행성')	• 이름('막대')	• 이름('레이저')
• 크기(25)	• 크기(50)	• 크기(100)	• 크기(350)
• 시작위치(x:0, y:110)	• 시작위치(x:140, y:90)	• 시작위치(x:0, y:-110)	• 시작위치(x:0, y:-170)
		• 회전방식('좌우 회전')	

– 단, 개체의 모양은 기본값으로 처리하고, 크기 및 시작 위치는 명령 블록을 이용하여 지정할 것

02 심화 능력 15점

다음 설명을 읽고 [주요 블록]을 참고하여 [작성 조건]에 따라 코딩하시오.

	[설명]
	'**별**' : 임의의 시간 간격으로 복제되어 색깔을 변경하며 나타난다. 아래쪽으로 이동하다 '레이저' 또는 화면의 '벽'에 닿으면 삭제되고, '막대'에 닿으면 '효과' 신호를 보낸다.

[작성 조건]	[주요 블록]
◎ 프로그램을 시작했을 때 　• 개체를 화면에서 숨기기 ◎ 방어시작 신호를 받았을 때 　• 다음 조건을 계속 반복하기 　　– '3'~'5'초 후 나 자신('별')을 복제하기 ◎ 복제본이 처음 생성되었을 때 　• x좌표 '–200'~'200', y좌표 '110'으로 이동하기 　• '색깔' 효과를 '1'~'100'으로 지정한 후 개체를 화면에 보이기 　• 화면의 '벽'에 닿을 때까지 다음 조건을 반복한 후 해당 복제본을 삭제하기 　　– 아래쪽으로 '3'~'7'만큼 이동하다 '막대'에 닿으면 다음 조건을 실행하기 　　　▶'효과' 신호를 보내고, '0.1'초 후 해당 복제본을 삭제하기 　　– '레이저'에 닿으면 해당 복제본을 삭제하기 ◎ 방어성공 신호를 받았을 때 / ◎ 충돌 신호를 받았을 때 　• 개체의 다른 코드를 종료하기	

03 응용 능력(변수)

20점

다음 설명을 읽고 [주요 블록]을 참고하여 [작성 조건]에 따라 코딩하시오.

[설명]

'행성' : 프로젝트가 시작되면 임의의 위치로 이동하다 '막대'에 닿으면 튕겨져 위쪽으로 이동하고 '공격' 신호를 받으면 '속도'가 빨라진다. '레이저'에 닿으면 '기회'를 감소하고, '기회'가 '1'보다 작으면 '충돌' 신호를 보낸다.

[작성 조건]	[주요 블록]

◎ 프로그램을 시작했을 때 [변수 : 모든 오브젝트에서 사용]

- '속도', '기회' 변수를 생성하고, 초기 값을 각각 '2', '5'로 지정하기
- '속도' 변수와 개체를 화면에서 숨기고, 이동 방향을 '160'으로 지정하기

◎ 방어시작 신호를 받았을 때

- 개체를 화면에 보이고, 다음 조건을 계속 반복하기
  - '막대'에 닿으면 다음 조건을 실행하기
    ▶ '막대 충돌' 신호를 보내고, 이동 방향을 '180'-'행성'의 '이동방향'으로 지정하기
    ▶ 위쪽으로 '10'만큼 이동하기
  - '레이저'에 닿으면 다음 조건을 실행하기
    ▶ '기회'를 '1'만큼 감소한 후 '0.1'초 기다리기
    ▶ '기회'가 '1'보다 작으면 '충돌' 신호를 보내기
    ▶ 시작 위치로 이동하기

◎ 공격 신호를 받았을 때

- '2'초 후 다음 조건을 계속 반복하기
  - '속도'만큼 이동하다 화면의 벽에 닿으면 방향을 바꾸기

◎ 막대 충돌 신호를 받았을 때

- '색깔' 효과를 '50'만큼 변경하고, '0.2'초 후 '색깔' 효과를 모두 삭제하기

◎ 방어성공 신호를 받았을 때 / ◎ 충돌 신호를 받았을 때

- 개체의 다른 코드를 종료하기

04 응용 능력(변수/함수) 25점

다음 설명을 읽고 [주요 블록]을 참고하여 [작성 조건]에 따라 코딩하시오.

	[설명]
▬	'막대' : 프로젝트가 시작되면 키보드의 방향키로 좌우 움직임을 제어한다. '충돌' 신호를 받으면 실패 메시지를 알리고, '방어성공' 신호를 받으면 성공 메시지를 알린다.

[작성 조건]

◎ 프로그램을 시작했을 때 [변수 : 모든 오브젝트에서 사용]
- '점수' 변수를 생성하고, 초기 값을 '0'으로 지정하기
- '2'초 동안 "60초 동안 떨어지는 행성을 쳐냅니다."를 말하기

◎ 함수 정의 [이름 : '미션', 매개변수('문자/숫자값 1', '문자/숫자값 2')]
- 개체의 다른 코드를 종료하고, '2'초 동안 '문자/숫자값 1'을 말하기
- '문자/숫자값 2'가 '2'면 모든 코드를 종료하기

◎ 방어시작 신호를 받았을 때
- '위치설정', '크기확인' 신호를 각각 보내고, 다음 조건을 계속 반복하기
  - '왼쪽 화살표' 키를 누르고 '막대'의 'x좌푯값'이 '-200'보다 크면 왼쪽으로 '5'만큼 이동하기
  - '오른쪽 화살표' 키를 누르고 '막대'의 'x좌푯값'이 '200'보다 작으면 오른쪽으로 '5'만큼 이동하기

◎ 막대 충돌 신호를 받았을 때
- '색깔' 효과를 '50'만큼 변경하고, '0.3'초 후 '색깔' 효과를 모두 삭제하기

◎ 위치설정 신호를 받았을 때
- y좌표를 '-110'으로 지정하기를 계속 반복하기

◎ 크기확인 신호를 받았을 때
- 다음 조건을 계속 반복하기
  - '별'에 닿으면 다음 조건을 실행하기
    ▸ '점수'를 '1'만큼 증가하고, '크기변경' 신호를 보낸 후 '0.1'초 기다리기

◎ 크기변경 신호를 받았을 때
- 크기를 '15'만큼 크게 변경하고 '2'초 후 크기를 '15'만큼 작게 변경하기

◎ 방어성공 신호를 받았을 때 / 충돌 신호를 받았을 때
- '문자/숫자값 1', '문자/숫자값 2'에 (방어성공 신호를 받았을 때) "방어 성공", '1'을, (충돌 신호를 받았을 때) "방어 실패", '2'를 지정하여 '미션'을 호출하기

[주요 블록]

05 응용 능력(변수/리스트) 25점

다음 설명을 읽고 [주요 블록]을 참고하여 [작성 조건]에 따라 코딩하시오.

[설명]	
▬▬▬▬▬	'레이저' : 프로젝트가 시작되면 '15'초 간격으로 속도 메시지를 나타낸다. '효과' 신호를 받으면 사라졌다 다시 나타난다.

[작성 조건]	[주요 블록]

◎ 프로그램을 시작했을 때 [변수 : 모든 오브젝트에서 사용]

　[리스트 : 공유 리스트 사용, 모든 오브젝트에서 사용]

• '제어' 변수를 생성하고, 초기 값을 '0'으로 지정하기
• '플레이어', '기록' 리스트를 생성하고, 리스트를 화면에서 모두 숨기기
• '제어' 변수, 대답, 개체를 화면에서 숨기기

◎ 방어시작 신호를 받았을 때

• '공격' 신호를 보내고, 개체를 화면에 보이기
• 다음 조건을 계속 반복하기
　– '1'초 후 '제어'를 '1'만큼 증가하기
　– '제어'가 '15'면 다음 조건을 실행하기
　　▶ '1'초 동안 "속도가 빨라진다!"를 말하고, '속도'를 '3'~'6'으로 지정하기
　– '제어'가 '20'이면 다음 조건을 실행하기
　　▶ '1'초 동안 "속도 복구"를 말하기
　　▶ '속도'와 '제어'를 각각 '2'와 '0'으로 지정하기

◎ 방어성공 신호를 받았을 때

• 개체의 다른 코드를 종료하고, "플레이어 이름은?"을 묻고 대답을 기다리기
• 입력 받은 값을 '플레이어'에, '점수'를 '기록'에 각각 저장하기
• '플레이어', '기록' 리스트를 화면에 보인 후 모든 코드를 종료하기

◎ 효과 신호를 받았을 때

• 개체를 화면에서 숨기고, '2'초 후 다시 개체를 화면에 보이기

◎ 충돌 신호를 받았을 때

• 개체의 다른 코드를 종료하기

시험일	프로그램명	시험시간	수험번호	성명
202X. XX. XX	엔트리(Entry)	40분		

1급 **B형** 수험자 유의사항

1. 수험자는 신분증 또는 동등한 자격을 갖춘 증빙서류를 지참하여야 시험에 응시할 수 있으며, 미지참 시 퇴실 조치합니다.

2. 시험 전 시스템(PC작동여부, 네트워크 상태 등)의 이상여부를 반드시 확인하여야 하며, 시스템 이상이 있을 시에는 감독관에게 조치를 받으셔야 합니다.

3. 시험 중 부주의 또는 고의로 시스템을 파손한 경우는 수험자 부담으로 합니다.

4. 답안 파일은 답안 전송 프로그램을 통하여 다운로드 한 파일을 이용하여 작성하셔야 합니다.

5. 작성한 답안 파일은 답안 전송 프로그램을 통하여 자동으로 전송되므로, 감독관의 지시에 따라 주시기 바랍니다.
   • 답안 전송 프로그램의 사용이 불가능한 경우에는 답안 파일명을 **본인의 "수험번호-성명"**으로 지정하여 감독관의 지시에 따라 시험을 진행하시기 바랍니다(예: CDTE-2200-101234-홍길동.ent).

6. 시험 중 엔트리(Entry) 이외에 시험과 관련 없는 다른 프로그램을 작동 시 부정행위로 간주하여 실격 처리됨을 유의하시기 바랍니다.

7. 다음 사항의 경우 실격(0점) 혹은 부정행위 처리됩니다.
   • 답안을 저장하지 않았거나, 미제출 또는 저장한 파일이 손상되었을 경우
   • 답안 파일을 다른 보조 기억장치(USB) 또는 이메일(E-mail) 등으로 전송할 경우
   • 휴대용 전화기 등 통신장비를 사용할 경우
   • 시스템 조작의 미숙으로 시험이 불가능할 경우

8. 시험의 완료는 작성이 완료된 답안을 저장하고, 답안 전송이 완료된 상태를 확인한 것으로 합니다. 답안 전송 확인 후 문제지는 감독관에게 제출한 후 퇴실하여야 합니다.

9. 주어진 시험시간 이후에는 수정 또는 정정이 불가능합니다.

10. 〈수험자 유의사항〉에 기재된 방법대로 이행하지 않아 생기는 불이익은 수험자 본인에게 책임이 있음을 알려 드립니다.

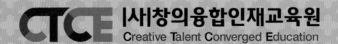

- 코딩은 [작성 조건]을 준수하여 <u>최소한의 명령 블록으로 프로젝트가 오류 없이 실행</u>되도록 구성하되 반드시 [주요 블록]을 모두 포함해야 합니다.
- 불필요한 명령 블록 및 미디어를 사용한 경우, [작성 조건]을 임의로 변경 또는 추가한 경우, [주요 블록]을 사용하지 않은 경우에는 **감점 또는 실격** 처리됩니다.
- 파일 삽입 시에는 반드시 주어진 폴더 내에서 다운로드 한 파일을 사용해야 합니다.
- 별도의 조건이 없는 경우에는 기본 값(Default)으로 처리해야 합니다.

※ 다음 사항을 확인하고 주어진 조건에 따라 [문제 1-5]를 완성하시오. (전체완성도 5점)

[프로젝트 주제]	[결과 화면]

드래곤 무찌르기

'60'초 동안 마우스를 클릭하여 드래곤을 무찌르는 프로젝트 만들기

[프로젝트 구성]

배경	오브젝트
① 우주 bg2	② 파일럿무기 ③ 드래곤 ④ 파일럿 ⑤ 박쥐

01 화면 구현 능력 10점

다음 조건에 따라 프로젝트 화면을 구현하시오.

▶ 배경 구현 : ① 오브젝트를 선택하여 배경('우주(1)')을 삽입하고 배경 이름('우주')을 변경한다.

② 파일 올리기로 배경('bg2')을 추가 삽입한다.

③ 명령 블록을 이용하여 다음과 같이 지정한다.

◎ 프로그램을 시작했을 때 : 모양을 'bg2'로 변경하고 '2'초 후 모양을 변경하고 '준비' 신호를 보내기

▶ 개체 구현 : 오브젝트 선택 및 파일 올리기로 다음과 같이 개체를 순서대로(왼쪽→오른쪽) 삽입한다.

오브젝트 선택하기			파일 올리기
'신호'	'용(1)'	'파일럿 엔트리봇'	'박쥐'
• 이름('파일럿무기') • 크기(10) • 시작위치(x:-200, y:0)	• 이름('드래곤') • 크기(70) • 시작위치(x:180, y:0)	• 이름('파일럿') • 크기(65) • 시작위치(x:-200, y:0) • 회전방식('회전 안함')	• 크기(30) • 시작위치(x:200, y:0) • 모양 추가('박쥐2')

– 단, 개체의 모양은 기본값으로 처리하고, 크기 및 시작 위치는 명령 블록을 이용하여 지정할 것

02 심화 능력 15점

다음 설명을 읽고 [주요 블록]을 참고하여 [작성 조건]에 따라 코딩하시오.

[설명]

'파일럿무기' : 프로젝트가 시작되고, 마우스를 클릭하면 복제되어 '파일럿'의 위치에서 화면의 오른쪽으로 이동하다가 '드래곤'에 닿으면 사라진다.

[작성 조건]	[주요 블록]

[작성 조건]

◎ **프로그램을 시작했을 때**
- 개체를 화면에서 숨기기

◎ **무기발사 신호를 받았을 때**
- 다음 조건을 계속 반복하기
  – 마우스를 클릭하면 나 자신('파일럿무기')을 복제하고 '0.5'초 기다리기

◎ **복제본이 처음 생성되었을 때**
- 위치를 '파일럿'으로 지정하고, 개체를 화면에 보이기
- 화면의 '벽'에 닿을 때까지 다음 조건을 반복한 후 해당 복제본을 삭제하기
  – 모양을 변경하고, '5'만큼 이동하기
  – '드래곤'에 닿으면 '0.1'초 후 해당 복제본을 삭제하기

◎ **미션성공 신호를 받았을 때** / ◎ **미션실패 신호를 받았을 때**
- 개체의 다른 코드를 종료하고, 해당 복제본을 삭제하기

[주요 블록]

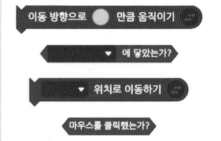

이동 방향으로 ⬤ 만큼 움직이기

▼ 에 닿았는가?

▼ 위치로 이동하기

마우스를 클릭했는가?

03 응용 능력(변수)

20점

다음 설명을 읽고 [주요 블록]을 참고하여 [작성 조건]에 따라 코딩하시오.

[설명]

'박쥐' : 프로젝트가 시작되면 복제되어 '드래곤'의 위치에서 화면의 왼쪽으로 이동한다. '파일럿'에 닿으면 '미션실패' 신호를 보내고, '파일럿무기'에 닿으면 복제본이 삭제된다.

[작성 조건]	[주요 블록]

◎ 프로그램을 시작했을 때 [변수 : 모든 오브젝트에서 사용]

• '점수' 변수를 생성하고, 초기 값을 '0'으로 지정하기
• 개체를 화면에서 숨기기

◎ 프로젝트 시작 신호를 받았을 때

• '미션확인' 신호를 보내고, 다음 조건을 계속 반복하기
  – '0.5'~'2'초 후 나 자신('박쥐')을 복제하기

◎ 복제본이 처음 생성되었을 때

• '0.1'초 후 모양을 변경하기를 계속 반복하기

◎ 복제본이 처음 생성되었을 때

• 위치를 '드래곤'으로 지정하고, 개체를 화면에 보이기
• 개체의 'x좌푯값'이 '-220'보다 작을 때까지 다음 조건을 반복하기
  – '-3'만큼 이동하다 '파일럿무기'에 닿으면 다음 조건을 실행하기
    ▶ '점수'를 '1'만큼 증가하고, '0.1'초 후 해당 복제본을 삭제하기
  – '파일럿'에 닿으면 '미션실패' 신호를 보내기
• 해당 복제본을 삭제하기

◎ 미션성공 신호를 받았을 때 / ◎ 미션실패 신호를 받았을 때

• 개체의 다른 코드를 종료하고, 해당 복제본을 삭제하기

▼ 에 닿았는가?

▼ 위치로 이동하기

◯ 부터 ◯ 사이의 무작위 수

▼ 의 ▼

04 응용 능력(변수/리스트) 25점

다음 설명을 읽고 [주요 블록]을 참고하여 [작성 조건]에 따라 코딩하시오.

[설명]
'드래곤' : 프로젝트가 시작되면 화면의 오른쪽에서 위아래로 이동한다. '파일럿무기'에 닿으면 '에너지'를 감소하고, '에너지'가 '1'보다 작으면 '미션성공'과 '기록 출력' 신호를 보낸다. '기록 출력' 신호를 받으면 '현황판'을 화면에 출력한다.

[작성 조건]	[주요 블록]
◎ 프로그램을 시작했을 때 [변수 : 모든 오브젝트에서 사용]	

◎ 프로그램을 시작했을 때 [변수 : 모든 오브젝트에서 사용]

  [리스트 : 공유 리스트 사용, 모든 오브젝트에서 사용]

- '에너지', '순서' 변수를 생성하고, 초기 값을 각각 '30', '0'으로 지정하기
- '플레이어', '기록', '현황판' 리스트를 생성한 후 리스트를 화면에서 모두 숨기기
- '순서' 변수와 대답을 화면에서 숨기기
- 개체의 순서를 맨 앞으로 지정하고 모양을 좌우로 변경하기

◎ 프로젝트 시작 신호를 받았을 때

- '드래곤이동하기' 신호를 보낸 후 다음 조건을 계속 반복하기
  - '파일럿무기'에 닿으면 다음 조건을 실행하기
    ▶ '에너지'를 '1'만큼 감소하고, '0.1'초 기다리기
  - '에너지'가 '1'보다 작으면 다음 조건을 실행하기
    ▶ '미션성공' 신호를 보내고, "플레이어 이름은?"을 묻고 대답을 기다리기
    ▶ 입력 받은 값을 '플레이어'에, '점수'를 '기록'에 각각 저장하기
    ▶ '기록 출력' 신호를 보내기

◎ 드래곤이동하기 신호를 받았을 때

- 다음 조건을 계속 반복하기
  - '2'초 동안 x좌표 '180', y좌표 '-120'~'120'으로 이동하기

◎ 기록 출력 신호를 받았을 때

- 개체의 다른 코드를 종료하고, 다음 조건을 '현황판' 항목 수 번 반복하기
  - '현황판'의 '1'번째 항목을 삭제하기
- 다음 조건을 '플레이어' 항목 수 번 반복하기
  - '순서'를 '1'만큼 증가하고, '플레이어'의 '순서' 번째 항목과 "님 점수 : " 텍스트, '기록'의 '순서' 번째 항목을 결합하여 '현황판'에 저장하기
- '현황판' 리스트를 화면에 보이고, 모든 코드를 종료하기

◎ 미션실패 신호를 받았을 때

- 개체의 다른 코드를 종료하기

[주요 블록]

05 응용 능력(변수/함수)

25점

다음 설명을 읽고 [주요 블록]을 참고하여 [작성 조건]에 따라 코딩하시오.

[설명]

'파일럿' : 프로젝트가 시작되면 미션을 설명하고, 키보드의 방향키를 이동하여 상하로 이동 방향을 제어한다. '시간'이 '59'보다 크면 '미션실패' 신호를 보낸다.

[작성 조건]	[주요 블록]

◎ 프로그램을 시작했을 때 [변수 : 모든 오브젝트에서 사용]
- '시간' 변수를 생성하고, 초기 값을 '0'으로 지정하기
- 대답을 화면에서 숨긴 후 모양을 좌우로 변경하기

◎ 함수 정의 [이름 : '출력', 매개변수('문자/숫자값 1', '문자/숫자값 2')]
- 개체의 다른 코드를 종료하고, '2'초 동안 '문자/숫자값 1'을 말하기
- '문자/숫자값 2'가 '2'면 모든 코드를 종료하기

◎ 준비 신호를 받았을 때
- '2'초 동안 "60초 동안 드래곤 무찌르기"를 말하기
- 이동 방향을 '위쪽'으로 지정한 후 '프로젝트 시작' 신호를 보내기

◎ 프로젝트 시작 신호를 받았을 때
- '무기발사'와 '시간체크' 신호를 각각 보내기
- '1'초 후 다음 조건을 계속 반복하기
  - '1'만큼 이동하다 화면의 벽에 닿으면 방향을 바꾸기
  - '위쪽 화살표' 키를 누르면 이동 방향을 '위쪽'으로 지정하기
  - '아래쪽 화살표' 키를 누르면 이동 방향을 '아래쪽'으로 지정하기

◎ 시간체크 신호를 받았을 때
- 다음 조건을 계속 반복하기
  - '1'초 후 '시간'을 '1'만큼 증가하기
  - '시간'이 '59'보다 크면 '미션실패' 신호를 보내기

◎ 미션성공 신호를 받았을 때 / 미션실패 신호를 받았을 때
- '문자/숫자값 1', '문자/숫자값 2'에 (미션성공 신호를 받았을 때) "드래곤 무찌르기 성공", '1'을, (미션실패 신호를 받았을 때) "드래곤 무찌르기 실패", '2'를 지정하여 '출력'을 호출하기

이동 방향을 ⬤ (으)로 정하기

화면 끝에 닿으면 튕기기

▼ 코드 멈추기 ⚡

◀ ▼ 키가 눌러져 있는가?

제07회 최신기출문제

코딩창의개발능력(Coding creative Development Test)

시험일	프로그램명	시험시간	수험번호	성명
202X. XX. XX	엔트리(Entry)	40분		

1급 C형

CTCE |사|창의융합인재교육원
Creative Talent Converged Education

※ 다음 사항을 확인하고 주어진 조건에 따라 [문제 1-5]를 완성하시오.   (전체완성도 5점)

[프로젝트 주제]	[결과 화면]

풍선 터트리기
시간벌레가 화면을 벗어나지 못하게 하면서 풍선을 터트리는 프로젝트 만들기

[프로젝트 구성]

배경	오브젝트
① 배경 bg2~bg6	② 엔트리봇 ③ 풍선 ④ 시간벌레 ⑤ 알림

01 화면 구현 능력   10점

다음 조건에 따라 프로젝트 화면을 구현하시오.

▶ **배경 구현** : ① 파일 올리기로 배경('배경')을 삽입하고, 기존 배경('새그림')은 삭제한다.
　　　　　　② 파일 올리기로 배경('bg2'~'bg6')을 추가 삽입한다.
　　　　　　③ 명령 블록을 이용하여 다음과 같이 지정한다.
　　　　　　　◎ 프로그램을 시작했을 때
　　　　　　　　• 모양을 '배경'으로 변경하고, '1'초 후 모양을 변경하기를 '5'번 반복하기

▶ **개체 구현** : 오브젝트를 선택하여 다음과 같이 개체를 순서대로(왼쪽→오른쪽) 삽입한다

오브젝트 선택하기			
'블록왕 엔트리봇'	'풍선'	'고추잠자리'	'노란LED'
• 이름('엔트리봇') • 크기(70) • 시작위치(x:-200, y:-100)	• 크기(30) • 시작위치(x:0, y:-130)	• 이름('시간벌레') • 크기(30) • 시작위치(x:-200, y:-100)	• 이름('알림') • 크기(70) • 시작위치(x:0, y:110)

– 단, 개체의 모양은 기본값으로 처리하고, 크기 및 시작 위치는 명령 블록을 이용하여 지정할 것

02 심화 능력 15점

다음 설명을 읽고 [주요 블록]을 참고하여 [작성 조건]에 따라 코딩하시오.

[설명]
'엔트리봇' : 프로젝트가 시작되면 화면의 좌우로 이동한다. '풍선 날리기' 신호를 받으면 방향을 지정하여 흔들리는 모습을 표현한다.

[작성 조건]	[주요 블록]

◎ 프로그램을 시작했을 때

• 방향을 '위쪽'으로 지정하기

◎ 시작 신호를 받았을 때

• '풍선 날리기' 신호를 보내고, 다음 조건을 계속 반복하기
 – '엔트리봇'의 'x좌푯값'이 '–180'보다 작을 때까지 왼쪽으로 '3'만큼 이동하기를 반복하기
 – '엔트리봇'의 'x좌푯값'이 '180'보다 클 때까지 오른쪽으로 '3'만큼 이동하기를 반복하기

◎ 풍선 날리기 신호를 받았을 때

• 다음 조건을 계속 반복하기
 – '10'초 후 '풍선 위치 이동' 신호를 보내기
 – 다음 조건을 '4'번 반복한 후 방향을 '위쪽'으로 지정하기
  ▸ 방향을 '15'로 지정하고 '0.1'초 기다리기
  ▸ 방향을 '–15'로 지정하고 '0.1'초 기다리기

◎ 성공 신호를 받았을 때 / ◎ 실패 신호를 받았을 때

• 개체의 다른 코드를 종료하기

03 응용 능력(변수)   20점

다음 설명을 읽고 [주요 블록]을 참고하여 [작성 조건]에 따라 코딩하시오.

[설명]
'풍선' : 프로젝트가 시작되면 '10'초 간격으로 '엔트리봇' 위치에서 위쪽으로 이동한다. '마우스 포인터'에 닿고 마우스를 클릭하면 크기가 커지고 개체의 '크기'가 '80'보다 크면 사라진다.

[작성 조건]	[주요 블록]

◎ **프로그램을 시작했을 때** [변수 : 모든 오브젝트에서 사용]

- '점수' 변수를 생성하고, 초기 값을 '0'으로 지정하기
- 개체를 화면에서 숨기고 '5'초 후 '시작' 신호를 보내기

◎ **풍선 위치 이동 신호를 받았을 때**

- 나 자신('풍선')을 복제하기

◎ **복제본이 처음 생성되었을 때**

- 크기를 '30'으로 지정하고, 위치를 '엔트리봇'으로 지정하기
- 위쪽으로 '20'만큼 이동한 후 개체를 화면에서 보이기
- 화면의 '위쪽 벽'에 닿을 때까지 다음 조건을 반복한 후 '실패' 신호를 보내기
  – 위쪽으로 '0.5'만큼 이동하다 '마우스 포인터'에 닿고 마우스를 클릭하면 다음 조건을 실행하기
    ▶ '0.1'초 후 '색깔' 효과를 '10'만큼 변경하고, 크기를 '10'만큼 크게 변경하기
  – 개체의 '크기'가 '80'보다 크면 다음 조건을 실행하기
    ▶ '점수'를 '1'만큼 증가하고, '0.1'초 후 해당 복제본을 삭제하기

◎ **성공 신호를 받았을 때** / ◎ **실패 신호를 받았을 때**

- 개체의 다른 코드를 종료하기

04 응용 능력(변수/함수) 25점

다음 설명을 읽고 [주요 블록]을 참고하여 [작성 조건]에 따라 코딩하시오.

	[설명]
	'시간벌레' : '마우스 포인터'에 닿으면 임의의 방향으로 회전하며 이동하고, '10'초 간격으로 '속도'를 증가한다. 화면의 '벽'에 닿으면 '실패' 신호를 보낸다.

[작성 조건]	[주요 블록]
◎ 프로그램을 시작했을 때 [변수 : 모든 오브젝트에서 사용] • '속도' 변수를 생성하고, 초기 값을 '0'으로 지정하기 • 변수와 개체를 화면에서 숨기기 ◎ 함수 정의 [이름 : '메시지', 매개변수('문자/숫자값 1')] • 개체의 다른 코드를 종료하고, '1'초 동안 '문자/숫자값 1'을 말하기 ◎ 시작 신호를 받았을 때 • 다음 조건을 계속 반복하기 　－ 개체를 화면에서 숨기고, '1'초 기다리기 　－ '속도'를 '0.2'만큼 증가하고, 방향을 '0'~'360'으로 지정하기 　－ x좌표 '0', y좌표 '0'으로 이동하고, '시간'을 '10'으로 나눈 나머지가 '0'일 때까지 다음 조건을 반복하기 　　▶ 개체를 화면에 보이고, '속도'만큼 이동하기 　　▶ '마우스 포인터'에 닿으면 방향을 '0'~'360'으로 지정하기 　　▶ 화면의 '벽'에 닿으면 '실패' 신호를 보내기 ◎ 성공 신호를 받았을 때 / ◎ 실패 신호를 받았을 때 • '문자/숫자값 1'에 (성공 신호를 받았을 때) "게임성공", (실패 신호를 받았을 때) "게임실패"를 지정하여 '메시지'를 호출하기	

05 응용 능력(변수/리스트)

25점

다음 설명을 읽고 [주요 블록]을 참고하여 [작성 조건]에 따라 코딩하시오.

[설명]
'알림' : 프로젝트가 시작되면 프로그램을 설명하고, '시간'이 '59'보다 크면 플레이어의 이름과 점수를 리스트에 기록하여 화면에 출력한다.

[작성 조건]	[주요 블록]

[작성 조건]

◎ 프로그램을 시작했을 때 [변수 : 모든 오브젝트에서 사용]

　[리스트 : 공유 리스트 사용, 모든 오브젝트에서 사용]

- '시간'과 '순서' 변수를 생성하고, 초기 값을 각각 '0'으로 지정하기
- '플레이어', '기록', '출력' 리스트를 생성한 후 리스트를 화면에서 모두 숨기기
- '순서' 변수와 대답을 화면에서 숨기기
- 모양을 상하로 변경하고, '2'초 동안 "60초 동안 날아가는 풍선을 터트리세요."를 말하기

◎ 시작 신호를 받았을 때

- 다음 조건을 계속 반복하기
  - '1'초 후 '시간'을 '1'만큼 증가하고, '시간'이 '59'보다 크면 다음 조건을 실행하기
    - ▶ '성공' 신호를 보내고, "플레이어 이름은?"을 묻고 대답을 기다리기
    - ▶ 입력 받은 값을 '플레이어'에, '점수'를 '기록'에 각각 저장하기
    - ▶ '기록 보이기' 신호를 보내기

◎ 기록 보이기 신호를 받았을 때

- 개체의 다른 코드를 종료하고, 다음 조건을 '출력'의 항목 수 번 반복하기
  - '출력'의 '1'번째 항목을 삭제하기
- 다음 조건을 '플레이어'의 항목 수 번 반복하기
  - '순서'를 '1'만큼 증가하고, '플레이어'의 '순서' 번째 항목과 "님 점수 : " 텍스트, '기록'의 '순서' 번째 항목을 결합하여 '출력'에 저장하기
- '출력' 리스트를 화면에 보이고, 모든 코드를 종료하기

◎ 실패 신호를 받았을 때

- 개체의 다른 코드를 종료하기

[주요 블록]

시험일	프로그램명	시험시간	수험번호	성명
202X. XX. XX	엔트리(Entry)	40분		

1급 D형   수험자 유의사항

1. 수험자는 신분증 또는 동등한 자격을 갖춘 증빙서류를 지참하여야 시험에 응시할 수 있으며, 미지참 시 퇴실 조치합니다.

2. 시험 전 시스템(PC작동여부, 네트워크 상태 등)의 이상여부를 반드시 확인하여야 하며, 시스템 이상이 있을 시에는 감독관에게 조치를 받으셔야 합니다.

3. 시험 중 부주의 또는 고의로 시스템을 파손한 경우는 수험자 부담으로 합니다.

4. 답안 파일은 답안 전송 프로그램을 통하여 다운로드 한 파일을 이용하여 작성하셔야 합니다.

5. 작성한 답안 파일은 답안 전송 프로그램을 통하여 자동으로 전송되므로, 감독관의 지시에 따라 주시기 바랍니다.
   • 답안 전송 프로그램의 사용이 불가능한 경우에는 답안 파일명을 본인의 "수험번호–성명"으로 지정하여 감독 관의 지시에 따라 시험을 진행하시기 바랍니다(예: CDTE–2200–101234–홍길동.ent).

6. 시험 중 엔트리(Entry) 이외에 시험과 관련 없는 다른 프로그램을 작동 시 부정행위로 간주하여 실격 처리됨을 유의하시기 바랍니다.

7. 다음 사항의 경우 실격(0점) 혹은 부정행위 처리됩니다.
   • 답안을 저장하지 않았거나, 미제출 또는 저장한 파일이 손상되었을 경우
   • 답안 파일을 다른 보조 기억장치(USB) 또는 이메일(E-mail) 등으로 전송할 경우
   • 휴대용 전화기 등 통신장비를 사용할 경우
   • 시스템 조작의 미숙으로 시험이 불가능할 경우

8. 시험의 완료는 작성이 완료된 답안을 저장하고, 답안 전송이 완료된 상태를 확인한 것으로 합니다. 답안 전송 확인 후 문제지는 감독관에게 제출한 후 퇴실하여야 합니다.

9. 주어진 시험시간 이후에는 수정 또는 정정이 불가능합니다.

10. 〈수험자 유의사항〉에 기재된 방법대로 이행하지 않아 생기는 불이익은 수험자 본인에게 책임이 있음을 알려 드립니다.

답안 작성요령

- 코딩은 [작성 조건]을 준수하여 <u>최소한의 명령 블록으로 프로젝트가 오류 없이 실행</u>되도록 구성하되 반드시 [주요 블록]을 모두 포함해야 합니다.
- 불필요한 명령 블록 및 미디어를 사용한 경우, [작성 조건]을 임의로 변경 또는 추가한 경우, [주요 블록]을 사용하지 않은 경우에는 <u>감점 또는 실격 처리</u>됩니다.
- 파일 삽입 시에는 반드시 주어진 폴더 내에서 다운로드 한 파일을 사용해야 합니다.
- 별도의 조건이 없는 경우에는 기본 값(Default)으로 처리해야 합니다.

※ 다음 사항을 확인하고 주어진 조건에 따라 [문제 1-5]를 완성하시오. (전체완성도 5점)

[프로젝트 주제]	[결과 화면]

옥토끼 막기

'60'초 동안 옥토끼가 지구에 도착하지 못하도록 셔틀콕을 던져 막는 프로젝트 만들기

[프로젝트 구성]	
배경	오브젝트
① 숲 bg2 bg3	② 셔틀콕 ③ 용사 ④ 옥토끼 ⑤ 보름달

---

01 화면 구현 능력 10점

다음 조건에 따라 프로젝트 화면을 구현하시오.

▶ 배경 구현 : ① 파일 올리기로 배경('숲')을 삽입하고, 기존 배경('새그림')은 삭제한다.

② 파일 올리기로 배경('bg2', 'bg3')을 추가 삽입한다.

③ 명령 블록을 이용 하여 다음과 같이 지정한다.

◎ 프로그램을 시작했을 때

- 모양을 '숲'으로 변경하고 '2'번 반복하여 '1'초 후 모양을 변경하고 '시작' 신호를 보내기

▶ 개체 구현 : 오브젝트를 선택하여 다음과 같이 개체를 순서대로(왼쪽→오른쪽) 삽입한다.

오브젝트 선택하기			
'셔틀콕'	'난쟁이(2)'	'나만의 토끼'	'달'
• 크기(10) • 시작위치(x:0, y:−130)	• 이름('용사') • 크기(30) • 시작위치(x:0, y:−200)	• 이름('옥도끼') • 크기(20) • 시작위치(x:0, y:100)	• 이름('보름달') • 크기(30) • 시작위치(x:0, y:100)

– 단, 개체의 모양은 기본값으로 처리하고, 크기 및 시작 위치는 명령 블록을 이용하여 지정할 것

02 심화 능력 15점

다음 설명을 읽고 [주요 블록]을 참고하여 [작성 조건]에 따라 코딩하시오.

	[설명]
	'셔틀콕' : '스페이스' 키를 누르면 '3'개씩 복제되어 화면의 위쪽으로 이동하고, '옥토끼'에 닿거나 화면의 '위쪽 벽'에 닿으면 사라진다.

[작성 조건]	[주요 블록]
◎ 프로그램을 시작했을 때	
• 개체를 화면에서 숨기기	
◎ 시작 신호를 받았을 때	
• 다음 조건을 계속 반복하기	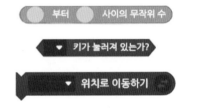
– '스페이스' 키를 누르면 다음 조건을 실행하기	
▸ 이동 방향을 '위쪽'으로 지정하고, 다음 조건을 '3'번 반복하기	
▪ 나 자신('셔틀콕')을 복제하고 이동 방향을 '−15'∼'15'로 지정하기	
▸ '0.5'초 기다리기	
◎ 복제본이 처음 생성되었을 때	
• 위치를 '용사'로 지정한 후 '셔틀콕 던지기' 신호를 보내기	
• 개체를 화면에 보이고 화면의 '위쪽 벽'에 닿을 때까지 다음 조건을 반복한 후 해당 복제본을 삭제하기	
– '5'만큼 이동한 후 '옥토끼'에 닿으면 '0.1'초 후 해당 복제본을 삭제하기	
◎ 미션 성공 신호를 받았을 때 / ◎ 미션 실패 신호를 받았을 때	
• 개체의 다른 코드를 종료하고, 해당 복제본을 삭제하기	

03 응용 능력(변수)　20점

다음 설명을 읽고 [주요 블록]을 참고하여 [작성 조건]에 따라 코딩하시오.

[설명]

'**옥토끼**' : 복제되어 화면의 아래쪽으로 이동하다 '셔틀콕'에 닿으면 '점수'를 증가하고, 복제본을 삭제한다. 개체의 'y좌푯값'이 '-130'보다 작으면 '미션 실패' 신호를 보낸다.

[작성 조건]	[주요 블록]

◎ 프로그램을 시작했을 때 [변수 : 모든 오브젝트에서 사용]

- '점수' 변수를 생성하고, 초기 값을 '0'으로 지정하기
- 개체를 화면에서 숨기기

◎ 시작 신호를 받았을 때

- 다음 조건을 계속 반복하기
  - '2'~'5'초 후 '옥토끼 생성' 신호를 보내기
  - '1.5'초 후 다음 조건을 '5'번 반복하기
    ▶ 나 자신('옥토끼')을 복제하고, 이동 방향을 '40'만큼 회전하기

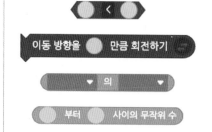

◎ 복제본이 처음 생성되었을 때

- 위치를 '보름달'로 지정하고, 개체를 화면에 보이기
- '15'만큼 이동하기를 '5'번 반복하기
- '1'초 후 개체의 'y좌푯값'이 '-130'보다 작을 때까지 다음 조건을 반복하기
  - 아래쪽으로 '0.5'만큼 이동하고, '셔틀콕'에 닿으면 다음 조건을 실행하기
    ▶ '점수'를 '1'만큼 증가하고, '0.1'초 후 해당 복제본을 삭제하기
- '미션 실패' 신호를 보내고, 개체의 다른 코드를 종료하기
- 해당 복제본을 삭제하기

◎ 미션 성공 신호를 받았을 때 / ◎ 미션 실패 신호를 받았을 때

- 개체의 다른 코드를 종료하기

04 응용 능력(변수/함수) 25점

다음 설명을 읽고 [주요 블록]을 참고하여 [작성 조건]에 따라 코딩하시오.

[설명]
'용사' : 키보드의 방향키로 움직임을 제어한다. '옥토끼'에 닿으면 '기회'를 감소하고 '기회'가 '1'보다 작으면 '미션 실패' 신호를 보낸다.

[작성 조건]	[주요 블록]

◎ 프로그램을 시작했을 때 [변수 : 모든 오브젝트에서 사용]

- '기회' 변수를 생성하고, 초기 값을 '3'으로 지정하기
- '1'초 동안 x좌표 '0' y좌표 '−110'으로 이동한 후 다음 조건을 계속 반복하기
  - '옥토끼'에 닿으면 다음 조건을 실행하기
    ▶ '기회'를 '1'만큼 감소하고, '0.1'초 기다리기
    ▶ '기회'가 '1'보다 작으면 '미션 실패' 신호를 보내기

◎ 함수 정의 [이름 : '위치크기변경', 매개변수('문자/숫자값 1', '문자/숫자값 2')]

- '1'초 동안 x좌표 '0', y좌표 '문자/숫자값 1'로 이동하기
- 크기를 '문자/숫자값 2'로 지정하기

◎ 시작 신호를 받았을 때

- 다음 조건을 계속 반복하기
  - '위쪽 화살표' 키를 누르면 위쪽으로 '3'만큼 이동하기
  - '아래쪽 화살표' 키를 누르면 아래쪽으로 '3'만큼 이동하기
  - '왼쪽 화살표' 키를 누르면 왼쪽으로 '3'만큼 이동하기
  - '오른쪽 화살표' 키를 누르면 오른쪽으로 '3'만큼 이동하기

◎ 셔틀콕 던지기 신호를 받았을 때

- 크기를 '5'만큼 크게 변경하고, '0.1'초 후 크기를 '5'만큼 작게 변경하기

◎ 미션 성공 신호를 받았을 때 / ◎ 미션 실패 신호를 받았을 때

- 개체의 다른 코드를 종료하고 '문자/숫자값 1'과 '문자/숫자값 2'에 (미션 성공 신호를 받았을 때) '0'과 '150'을, (미션 실패 신호를 받았을 때) '−100'과 '10'을 지정하여 '위치크기변경'을 호출하기

크기를 ◯ (으)로 정하기

x 좌표를 ◯ 만큼 바꾸기

◯ 초 동안 x: ◯ y: ◯ 위치로 이동하기

y 좌표를 ◯ 만큼 바꾸기

05 응용 능력(변수/리스트)

25점

다음 설명을 읽고 [주요 블록]을 참고하여 [작성 조건]에 따라 코딩하시오.

[설명]
'보름달' : '시작' 신호를 받으면 반복하여 화면의 좌우로 이동한다. '옥토끼'가 복제될 때 크기를 변경하고 '미션 성공' 신호를 받으면 '점수'를 '결과'에 기록한 후 프로젝트를 종료한다.

[작성 조건]	[주요 블록]

◎ 프로그램을 시작했을 때 [변수 : 모든 오브젝트에서 사용]

　[리스트 : 공유 리스트 사용, 모든 오브젝트에서 사용]

• '시간' 변수를 생성하고, 초기 값을 '60'으로 지정하기
• '결과' 리스트를 생성한 후 리스트와 대답을 화면에서 모두 숨기기

◎ 시작 신호를 받았을 때

• '시간 체크' 신호를 보내고, 다음 조건을 계속 반복하기
　– '1'초 동안 x좌표 '–200'~'200', y좌표 '100'으로 이동하기

◎ 시간 체크 신호를 받았을 때

• 다음 조건을 계속 반복하기
　– '1'초 후 '시간'을 '1'만큼 감소하기
　– '시간'이 '1'보다 작으면 '미션 성공' 신호를 보내기

◎ 옥토끼 생성 신호를 받았을 때

• 크기를 '1'만큼 작게 변경하기를 '30'번 반복하기
• 크기를 '3'만큼 크게 변경하기를 '15'번 반복하기
• '0.1'초 후 크기를 '50'으로 지정하기

◎ 미션 성공 신호를 받았을 때

• 개체의 다른 코드를 종료하고 "당신의 이름은?"을 묻고 대답을 기다리기
• '점수'와 "번을 물리친 " 텍스트, 입력 받은 값과 "님은 영웅입니다!" 텍스트를 결합하여 '결과'에 저장하기
• '결과' 리스트를 화면에 보이고, 모든 코드를 종료하기

◎ 미션 실패 신호를 받았을 때

• 개체의 다른 코드를 종료한 후 '1'초 동안 "지구에 도착했군"을 말하고 모든 코드를 종료하기

시험일	프로그램명	시험시간	수험번호	성명
202X. XX. XX	엔트리(Entry)	40분		

1급 A형 수험자 유의사항

1. 수험자는 신분증 또는 동등한 자격을 갖춘 증빙서류를 지참하여야 시험에 응시할 수 있으며, 미지참 시 퇴실 조치합니다.

2. 시험 전 시스템(PC작동여부, 네트워크 상태 등)의 이상여부를 반드시 확인하여야 하며, 시스템 이상이 있을 시에는 감독관에게 조치를 받으셔야 합니다.

3. 시험 중 부주의 또는 고의로 시스템을 파손한 경우는 수험자 부담으로 합니다.

4. 답안 파일은 답안 전송 프로그램을 통하여 다운로드 한 파일을 이용하여 작성하셔야 합니다.

5. 작성한 답안 파일은 답안 전송 프로그램을 통하여 자동으로 전송되므로, 감독관의 지시에 따라 주시기 바랍니다.
   • 답안 전송 프로그램의 사용이 불가능한 경우에는 답안 파일명을 **본인의 "수험번호–성명"**으로 지정하여 감독관의 지시에 따라 시험을 진행하시기 바랍니다(예: CDTE–2200–101234–홍길동.ent).

6. 시험 중 엔트리(Entry) 이외에 시험과 관련 없는 다른 프로그램을 작동 시 부정행위로 간주하여 실격 처리됨을 유의하시기 바랍니다.

7. 다음 사항의 경우 실격(0점) 혹은 부정행위 처리됩니다.
   • 답안을 저장하지 않았거나, 미제출 또는 저장한 파일이 손상되었을 경우
   • 답안 파일을 다른 보조 기억장치(USB) 또는 이메일(E–mail) 등으로 전송할 경우
   • 휴대용 전화기 등 통신장비를 사용할 경우
   • 시스템 조작의 미숙으로 시험이 불가능할 경우

8. 시험의 완료는 작성이 완료된 답안을 저장하고, 답안 전송이 완료된 상태를 확인한 것으로 합니다. 답안 전송 확인 후 문제지는 감독관에게 제출한 후 퇴실하여야 합니다.

9. 주어진 시험시간 이후에는 수정 또는 정정이 불가능합니다.

10. 〈수험자 유의사항〉에 기재된 방법대로 이행하지 않아 생기는 불이익은 수험자 본인에게 책임이 있음을 알려드립니다.

CTCE I사l창의융합인재교육원
Creative Talent Converged Education

※ 다음 사항을 확인하고 주어진 조건에 따라 [문제 1–5]를 완성하시오. (전체완성도 5점)

[프로젝트 주제]	[결과 화면]

모험을 떠나요!

불사조가 떨어뜨리는 보물지도 '20'개를 모아 모험을 떠나는 프로젝트 만들기

[프로젝트 구성]	
배경	오브젝트
① 배경 　알라딘 배경_1	② 양탄자 ③ 자스민 ④ 불사조 ⑤ 보물지도

---

01 화면 구현 능력 10점

다음 조건에 따라 프로젝트 화면을 구현하시오.

▶ **배경 구현** : ① 오브젝트를 선택하여 배경('이집트 풍경')을 삽입한 후 배경 이름('배경')을 변경한다.
　　　　　　② 오브젝트를 선택하여 배경('알라딘 배경_1')을 추가 삽입한다.
　　　　　　③ 명령 블록을 이용하여 배경(프로그램을 시작했을 때 : '이집트 풍경_1', 성공 신호를 받았을 때 : '알라딘 배경_1')을 지정한다.

▶ **개체 구현** : 오브젝트를 선택하여 다음과 같이 개체를 순서대로(왼쪽→오른쪽) 삽입한다.

오브젝트 선택하기			
'마법 양탄자(2)'	'아랍 공주'	'불사조'	'보물지도'
• 이름('양탄자') • 크기(80) • 시작위치(x:-4, y:-53) • 회전방식('좌우 회전')	• 이름('자스민') • 크기(45) • 시작위치(x:-8, y:-44) • 회전방식('좌우 회전')	• 크기(150) • 시작위치(x:150, y:0)	• 크기(15) • 시작위치(x:-6, y:94)

– 단, 개체의 모양은 기본값으로 처리하고, 크기 및 시작 위치는 명령 블록을 이용하여 지정할 것

02 심화 능력 15점

다음 설명을 읽고 [주요 블록]을 참고하여 [작성 조건]에 따라 코딩하시오.

[설명]

'양탄자' : 프로젝트가 시작되면 키보드의 좌우 방향키로 이동 방향을 제어한다. '아래쪽 화살표' 키를 누르면 '아래쪽'으로 내려갔다 올라오고, '스페이스' 키를 누르면 튕겨지는 모습을 표현한다. '실패' 신호를 받으면 아래로 떨어진다.

[작성 조건]	[주요 블록]

[작성 조건]

◎ **프로그램을 시작했을 때**

• 개체를 화면에서 숨기기

◎ **시작 신호를 받았을 때**

• 개체를 화면에 보이고 다음 조건을 계속 반복하기
  – '왼쪽 화살표' 키를 누르면 이동 방향을 '왼쪽'으로 지정하고, 왼쪽으로 '4'만큼 이동하기
  – '오른쪽 화살표' 키를 누르면 이동 방향을 '오른쪽'으로 지정하고, 오른쪽으로 '4'만큼 이동하기
  – '아래쪽 화살표' 키를 누르면 다음 조건을 실행하기
    ▶ '0.2'초 동안 x좌표 개체의 'x좌푯값', y좌표 '–130'으로 이동하기
    ▶ '0.2'초 동안 x좌표 개체의 'x좌푯값', y좌표 '–53'으로 이동하기
  – '스페이스' 키를 누르면 다음 조건을 실행하기
    ▶ '0.4'초 후 아래쪽으로 '4'만큼 이동하기
    ▶ '0.05'초 후 위쪽으로 '4'만큼 이동하기

◎ **성공 신호를 받았을 때**

• 개체의 다른 코드를 종료하기

◎ **실패 신호를 받았을 때**

• 개체의 다른 코드를 종료하고, '0.5'초 동안 x좌표 개체의 'x좌푯값', y좌표 '–130'으로 이동한 후 모든 코드를 종료하기

[주요 블록]

03 응용 능력(변수)

20점

다음 설명을 읽고 [주요 블록]을 참고하여 [작성 조건]에 따라 코딩하시오.

[설명]
'**자스민**' : 프로그램이 시작되면 '양탄자'를 타고 이동한다. '스페이스' 키를 누르면 점프를 하고, '보물지도'에 닿으면 '점수'를 '1'만큼 증가한다.

[작성 조건]	[주요 블록]

[작성 조건]

◎ 프로그램을 시작했을 때 [변수 : 모든 오브젝트에서 사용]

• '점수' 변수를 생성하고, 초기 값을 '0'으로 지정한 후 개체를 화면에서 숨기기

◎ 시작 신호를 받았을 때

• '획득확인' 신호를 보낸 후 개체의 순서를 맨 앞으로 지정하기
• 개체를 화면에 보이고, 다음 조건을 계속 반복하기
  – 이동 방향을 '양탄자'의 '이동방향'으로 지정하기

◎ 이동 신호를 받았을 때

• 다음 조건을 계속 반복하기
  – 위치를 '양탄자'로 지정한 후 위쪽으로 '30'만큼 이동하기
  – '스페이스' 키를 누르면 다음 조건을 실행하기
    ▶ '0.2'초 동안 x좌표 '자스민'의 'x좌푯값', y좌표 '50'으로 이동하기
    ▶ '0.2'초 동안 x좌표 '자스민'의 'x좌푯값', y좌표 '–32'로 이동하기
    ▶ '0.05'초 후 위쪽으로 '2'만큼 이동하기

◎ 획득확인 신호를 받았을 때

• 다음 조건을 계속 반복하기
  – '보물지도'에 닿으면 '점수'를 '1'만큼 증가한 후 '0.5'초 기다리기

◎ 성공 신호를 받았을 때

• 개체의 다른 코드를 종료하고 '2'초 동안 x좌표 '240', y좌표 '135'로 이동하기

◎ 실패 신호를 받았을 때

• '1'초 후 개체의 다른 코드를 종료하기

04 응용 능력(변수) 25점

다음 설명을 읽고 [주요 블록]을 참고하여 [작성 조건]에 따라 코딩하시오.

[설명]
'불사조' : 프로젝트가 시작되면 "20개의 보물지도를 모아 모험을 떠나요~"를 말한다. "모험가의 이름은?"을 묻고 '시작' 신호를 보내고, '성공' 신호를 받으면 "모험 출발~"을 말한다.

[작성 조건]	[주요 블록]

◎ 프로그램을 시작했을 때 [변수 : 모든 오브젝트에서 사용]

- '시간' 변수를 생성한 후 초기 값을 '0'으로 지정하기
- 변수를 화면에서 숨기고, 이동 방향을 '왼쪽'으로 지정하기
- '2'초 동안 "20개의 보물지도를 모아 모험을 떠나요~"를 말한 후 "모험가의 이름은?"을 묻고 대답을 기다리기
- 다음 조건을 '13'번 반복하기
  - 크기를 '10'만큼 작게 변경하고, '0.1'초 기다리기
  - '색깔' 효과를 '25'만큼 변경하기
- '색깔' 효과를 모두 삭제하고, 크기를 '40'으로 지정하기
- '시작' 신호를 보내고, 다음 조건을 계속 반복하기
  - '1'초 후 '시간'을 '1'만큼 증가하기

◎ 시작 신호를 받았을 때

- '이동' 신호를 보낸 후 x좌표 '−240', y좌표 '110'으로 이동하기
- 다음 조건을 계속 반복하기
  - 이동 방향을 '왼쪽'으로 지정한 후 개체의 'x좌푯값'이 '180'보다 클 때까지 오른쪽으로 '3'만큼 이동하기
  - 이동 방향을 '오른쪽'으로 지정한 후 개체의 'x좌푯값'이 '−180'보다 작을 때까지 왼쪽으로 '3'만큼 이동하기

◎ 이동 신호를 받았을 때

- '0.1'초 후 모양을 변경하기를 계속 반복하기

◎ 성공 신호를 받았을 때

- 개체의 다른 코드를 종료하고, '2'초 동안 "모험 출발~"을 말하기

◎ 실패 신호를 받았을 때

- 개체의 다른 코드를 종료하기

05 응용 능력(변수/리스트) 25점

다음 설명을 읽고 [주요 블록]을 참고하여 [작성 조건]에 따라 코딩하시오.

	[설명]
	'보물지도' : 복제되어 아래쪽으로 이동하다 특정 위치 아래쪽으로 내려가면 '기회'를 감소하고, '기회'가 '1'보다 작으면 '실패' 신호를 보낸다. '점수'가 '20'이면 '성공' 신호를 보내고, '모험가'와 '성공시간'을 리스트에 기록한다.

[작성 조건]

◎ 프로그램을 시작했을 때 [변수 : 모든 오브젝트에서 사용]

[리스트 : 공유 리스트 사용, 모든 오브젝트에서 사용]

- '기회', '빠르기' 변수를 생성한 후 초기 값을 각각 '5'와 '0'으로 지정하기
- '모험가'와 '성공시간' 리스트를 생성하고, 리스트를 화면에서 모두 숨기기
- '빠르기' 변수와 대답, 개체를 화면에서 숨기기

◎ 시작 신호를 받았을 때

- '점수'가 '20'일 때까지 다음 조건을 반복하기
  - '0.5'~'2'초 후 크기를 '10'~'20'으로 지정하고, 나 자신('보물지도')을 복제하기
- 개체의 다른 코드를 종료하고 '성공' 신호를 보내기

◎ 복제본이 처음 생성되었을 때

- x좌표 '−200'~'200', y좌표 '100'으로 이동하기
- 개체를 화면에 보이고, '빠르기'를 '−1'~'−2'로 지정하기
- 개체의 'y좌푯값'이 '−130'보다 작을 때까지 다음 조건을 반복하기
  - 아래쪽으로 '빠르기'만큼 이동한 후 '자스민'에 닿으면 다음 조건을 실행하기
    ▶ '0.1'초 후 '0.5'초 동안 x좌표 '−200'~'200', y좌표 '130'으로 이동한 후 해당 복제본을 삭제하기
- '기회'를 '1'만큼 감소한 후 '기회'가 '1'보다 작으면 '실패' 신호를 보내기
- '0.1'초 후 해당 복제본을 삭제하기

◎ 성공 신호를 받았을 때

- 해당 복제본을 삭제하기

◎ 성공 신호를 받았을 때

- 입력 받은 값을 '모험가'에, '시간'을 '성공시간'에 각각 저장하기
- '3'초 후 '모험가'와 '성공시간'을 화면에 보이고, 모든 코드를 종료하기

◎ 실패 신호를 받았을 때

- 개체의 다른 코드를 종료하기

[주요 블록]

제10회 최신기출문제

코딩창의개발능력(Coding creative Development Test)

시험일	프로그램명	시험시간	수험번호	성명
202X. XX. XX	엔트리(Entry)	40분		

1급 B형 · 수험자 유의사항

1. 수험자는 신분증 또는 동등한 자격을 갖춘 증빙서류를 지참하여야 시험에 응시할 수 있으며, 미지참 시 퇴실 조치합니다.

2. 시험 전 시스템(PC작동여부, 네트워크 상태 등)의 이상여부를 반드시 확인하여야 하며, 시스템 이상이 있을 시에는 감독관에게 조치를 받으셔야 합니다.

3. 시험 중 부주의 또는 고의로 시스템을 파손한 경우는 수험자 부담으로 합니다.

4. 답안 파일은 답안 전송 프로그램을 통하여 다운로드 한 파일을 이용하여 작성하셔야 합니다.

5. 작성한 답안 파일은 답안 전송 프로그램을 통하여 자동으로 전송되므로, 감독관의 지시에 따라 주시기 바랍니다.
   • 답안 전송 프로그램의 사용이 불가능한 경우에는 답안 파일명을 **본인의 "수험번호-성명"**으로 지정하여 감독 관의 지시에 따라 시험을 진행하시기 바랍니다(예: CDTE-2200-101234-홍길동.ent).

6. 시험 중 엔트리(Entry) 이외에 시험과 관련 없는 다른 프로그램을 작동 시 부정행위로 간주하여 실격 처리됨을 유의하시기 바랍니다.

7. 다음 사항의 경우 실격(0점) 혹은 부정행위 처리됩니다.
   • 답안을 저장하지 않았거나, 미제출 또는 저장한 파일이 손상되었을 경우
   • 답안 파일을 다른 보조 기억장치(USB) 또는 이메일(E-mail) 등으로 전송할 경우
   • 휴대용 전화기 등 통신장비를 사용할 경우
   • 시스템 조작의 미숙으로 시험이 불가능할 경우

8. 시험의 완료는 작성이 완료된 답안을 저장하고, 답안 전송이 완료된 상태를 확인한 것으로 합니다. 답안 전송 확인 후 문제지는 감독관에게 제출한 후 퇴실하여야 합니다.

9. 주어진 시험시간 이후에는 수정 또는 정정이 불가능합니다.

10. 〈수험자 유의사항〉에 기재된 방법대로 이행하지 않아 생기는 불이익은 수험자 본인에게 책임이 있음을 알려 드립니다.

CTCE |(사)창의융합인재교육원
Creative Talent Converged Education

※ 다음 사항을 확인하고 주어진 조건에 따라 [문제 1-5]를 완성하시오. (전체완성도 5점)

[프로젝트 주제]	[결과 화면]

드래곤 길들이기

'60'초 동안 엔트리봇이 드래곤을 타고 박쥐 맞히기 연습을 하는 프로젝트 만들기

[프로젝트 구성]	
배경	오브젝트
① 협곡 bg2	② 박쥐 ③ 엔트리봇 ④ 좌표 ⑤ 드래곤

01 화면 구현 능력 10점

다음 조건에 따라 프로젝트 화면을 구현하시오.

▶ **배경 구현** : ① 오브젝트를 선택하여 배경('협곡')을 삽입하고 파일 올리기로 배경('bg2')을 추가 삽입한다.

② 명령 블록을 이용하여 다음과 같이 지정한다.

◎ 프로그램을 시작했을 때 : '2'초 후 '준비' 신호를 보내기

◎ 끝 신호를 받았을 때 : 모양을 'bg2'로 변경하기

▶ **개체 구현** : 오브젝트를 선택하여 다음과 같이 개체를 순서대로(왼쪽→오른쪽) 삽입한다.

오브젝트 선택하기			
'박쥐(1)'	'운동하는 엔트리봇'	'곱하기'	'용(1)'
• 이름('박쥐')	• 이름('엔트리봇')	• 이름('좌표')	• 이름('드래곤')
• 크기(30)	• 크기(30)	• 크기(30)	• 크기(55)
• 시작위치(x:152, y:0)	• 시작위치(x:-189, y:-100)	• 시작위치(x:0, y:0)	• 시작위치(x:5, y:-100)
• 회전방식('좌우 회전')	• 회전방식('좌우 회전')		• 회전방식('좌우 회전')

– 단, 개체의 모양은 기본값으로 처리하고, 크기 및 시작 위치는 명령 블록을 이용하여 지정할 것

02 심화 능력 15점

다음 설명을 읽고 [주요 블록]을 참고하여 [작성 조건]에 따라 코딩하시오.

[설명]
'박쥐' : 프로젝트가 시작되면 복제되어 화면의 임의의 위치로 이동하다 '좌표'에 닿으면 '점수 출력' 신호를 보낸 후 사라진다.

[작성 조건]	[주요 블록]

◎ 프로그램을 시작했을 때

• 개체를 화면에 보이기

◎ 출발 신호를 받았을 때

• 개체를 화면에서 숨기고 다음 조건을 계속 반복하기
  − 나 자신('박쥐')을 복제하고 '2'~'4'초 기다리기

◎ 복제본이 처음 생성되었을 때

• 개체를 화면에 보이고, x좌표 '−180'~'180', y좌표 '100'으로 이동하기
• 이동 방향을 '−45'~'45'로 지정한 후 '엔트리봇'에 닿을 때까지 다음 조건을 반복하기
  − '1'~'3'만큼 이동하다 화면의 벽에 닿으면 방향을 바꾸기
  − '좌표'에 닿으면 다음 조건을 실행하기
    ▶ '0.1'초 후 '점수 출력' 신호를 보내고, 해당 복제본을 삭제하기
• '0.1'초 후 해당 복제본을 삭제하기

◎ 복제본이 처음 생성되었을 때

• 다음 조건을 계속 반복하기
  − '0.1'초 후 모양을 '박쥐(1)_1'로 변경하기
  − '0.1'초 후 모양을 '박쥐(1)_2'로 변경하기

◎ 끝 신호를 받았을 때 / ◎ 실패 신호를 받았을 때

• 개체의 다른 코드를 종료하고, 해당 복제본을 삭제하기

03 응용 능력(변수) 20점

다음 설명을 읽고 [주요 블록]을 참고하여 [작성 조건]에 따라 코딩하시오.

[설명]
'엔트리봇' : 프로젝트가 시작되면 '드래곤' 위치로 이동한다. '박쥐'에 닿으면 '기회'를 감소하고 '기회'가 '1'보다 작으면 "연습실패!"를 말한 후 프로젝트를 종료한다.

[작성 조건]	[주요 블록]
◎ 프로그램을 시작했을 때 [변수 : 모든 오브젝트에서 사용] 　[개체의 모양 중심을 '엔트리봇'의 아래쪽 중간(발 끝)으로 지정하기] 　• '기회' 변수를 생성한 후 초기 값을 '5'로 지정하기 　• 모양을 '운동하는 엔트리봇_앉기'로 변경한 후 방향을 '위쪽'으로 지정하기 ◎ 시작 신호를 받았을 때 　• 개체의 순서를 맨 앞으로 지정한 후 '드래곤'에 닿을 때까지 다음 조건을 반복하기 　　– '드래곤' 쪽을 바라보고, '2'만큼 이동하기 　• '출발' 신호를 보낸 후 다음 조건을 계속 반복하기 　　– 위치를 '드래곤'으로 지정한 후 이동 방향을 '드래곤'의 '이동방향'으로 지정하기 ◎ 준비 신호를 받았을 때 　• "연습생 이름이 뭐야?"를 묻고 대답을 기다리기 　• '시작' 신호를 보내고 다음 조건을 계속 반복하기 　　– '박쥐'에 닿으면 다음 조건을 실행하기 　　▸ '기회'를 '1'만큼 감소한 후 '0.2'초 기다리기 　　▸ '기회'가 '1'보다 작으면 다음 조건을 실행하기 　　　■ 개체의 다른 코드를 종료하고, '실패' 신호를 보내기 　　　■ 방향을 시계 방향으로 '15'만큼 회전한 후 '0.5'초 동안 x좌표 '0', y좌표 '−130'으로 이동하기 　　　■ '1'초 동안 '연습실패!'를 말하고, 모든 코드 종료하기	

04 응용 능력(변수) 25점

다음 설명을 읽고 [주요 블록]을 참고하여 [작성 조건]에 따라 코딩하시오.

[설명]
'좌표' : 마우스를 클릭하면 복제되어 '드래곤'의 이동 방향으로 이동한다. '박쥐'에 닿으면 '점수'를 '1'만큼 증가하고, 복제본을 삭제한다.

[작성 조건]	[주요 블록]

◎ 프로그램을 시작했을 때 [변수 : 모든 오브젝트에서 사용]

- '점수' 변수를 생성한 후 초기 값을 '0'으로 지정하기
- 변수를 숨기고, 개체를 화면에서 보이기
- 다음 조건을 '20'번 반복하기
  - x좌표 '−100'~'100', y좌표 '0'~'90'으로 이동하고, '0.1'초 후 '색깔' 효과를 '25'만큼 변경하기
- 다음 조건을 '20'번 반복하기
  - 방향을 시계 방향으로 '5'만큼 회전한 후 크기를 '2'만큼 작게 변경하고, '색깔' 효과를 '25'만큼 변경하기
- 개체를 화면에서 숨기고, 방향을 '위쪽'으로 지정하기

◎ 시작 신호를 받았을 때

- 다음 조건을 계속 반복하기
  - 마우스를 클릭하면 나 자신('좌표')을 복제하고 '0.5'초 기다리기

◎ 복제본이 처음 생성되었을 때

- 크기를 '20'으로 지정하고, 위치를 '드래곤'으로 지정하기
- 이동 방향을 '드래곤'의 '이동방향'으로 지정하고, 개체를 화면에 보이기
- 화면의 '벽'에 닿을 때까지 다음 조건을 반복한 후 해당 복제본을 삭제하기
  - '3'만큼 이동하다 '박쥐'에 닿으면 다음 조건을 실행하기
    ▶ '점수'를 '1'만큼 증가하고, '0.1'초 후 해당 복제본을 삭제하기

◎ 끝 신호를 받았을 때 / ◎ 실패 신호를 받았을 때

- 개체의 다른 코드를 종료하고, 해당 복제본을 삭제하기

05 응용 능력(변수/리스트)
25점

다음 설명을 읽고 [주요 블록]을 참고하여 [작성 조건]에 따라 코딩하시오.

[설명]

'드래곤' : 프로젝트가 시작되면 '마우스 포인터'를 따라 이동하다 키보드의 'a', 'd', 'w', 's' 키를 누르면 이동 방향을 해당 방향으로 지정한다. '시간'이 '60'이면 리스트에 입력 받은 값과 '점수'를 각각 저장하고 '점수 출력' 신호를 받으면 '점수'를 출력한다.

[작성 조건]	[주요 블록]

◎ 프로그램을 시작했을 때 [변수 : 모든 오브젝트에서 사용]

[리스트 : 공유 리스트 사용, 모든 오브젝트에서 사용]

[개체의 모양 중심을 '드래곤'의 날개로 지정하기]

- '시간' 변수를 생성한 후 초기 값을 '0'으로 지정하기
- 방향을 '위쪽'으로 지정하고 모양을 '용(1)_2'로 변경하기
- '연습생', '기록' 리스트를 생성한 후 리스트와 대답을 화면에서 모두 숨기기

◎ 시간체크 신호를 받았을 때

- 다음 조건을 계속 반복하기
  - '1'초 후 '시간'을 '1'만큼 증가하기
  - '시간'이 '60'이면 다음 조건을 실행하기
    ▶ '시간'을 '60'으로 지정하고, 개체의 다른 코드를 종료하기
    ▶ '끝' 신호를 보낸 후 입력 받은 값을 '연습생'에, '점수'를 '기록'에 각각 저장하기
    ▶ '연습생', '기록' 리스트를 화면에 보인 후 모든 코드를 종료하기

◎ 출발 신호를 받았을 때

- '시간체크' 신호를 보내고, 다음 조건을 계속 반복하기
  - x좌표 '마우스'의 'x좌표', y좌표 '마우스'의 'y좌표'로 이동하기
  - 'a' 키를 누르면 이동 방향을 '왼쪽'으로 지정하기
  - 'd' 키를 누르면 이동 방향을 '오른쪽'으로 지정하기
  - 'w' 키를 누르면 이동 방향을 '위쪽'으로 지정하기
  - 's' 키를 누르면 이동 방향을 '아래쪽'으로 지정하기

◎ 점수 출력 신호를 받았을 때

- '0.5'초 동안 "점수 : " 텍스트와 '점수'를 결합하여 말하기

◎ 실패 신호를 받았을 때

- 개체의 다른 코드를 종료하기